PETER BEER

MEDITATION

Stress und Ängste loswerden und endlich den Geist beruhigen

arkana

Sollte diese Publikation Links auf Webseiten Dritter enthalten, so übernehmen wir für deren Inhalte keine Haftung, da wir uns diese nicht zu eigen machen, sondern lediglich auf deren Stand zum Zeitpunkt der Erstveröffentlichung verweisen.

Die hier vorgestellten Informationen und Ratschläge sind nach bestem Wissen und Gewissen geprüft. Dennoch übernehmen Autor und Verlag keinerlei Haftung für Schäden irgendeiner Art, die sich direkt oder indirekt aus dem Gebrauch dieser Informationen, Tipps und Ratschläge ergeben. Im Zweifelsfall holen Sie bitte ärztlichen Rat ein.

Dieses Buch ist auch als E-Book erhältlich.

MIX
Papier aus verantwortungsvollen Quellen
FSC® C083411

Penguin Random House Verlagsgruppe FSC® N001967

3. Auflage
Originalausgabe

in der Penguin Random House Verlagsgruppe GmbH,
Neumarkter Straße 28, 81673 München
Lektorat: Diane Zilliges
Umschlaggestaltung: ki 36 Editorial Design, München, Sabine Krohberger
Umschlagfoto: © Sandra Eichenseher
Satz: Satzwerk Huber, Germering
Druck und Bindung: CPI books GmbH, Leck
Printed in Germany
ISBN 978-3-442-34277-8
www.arkana-verlag.de

Inhalt

Ein Buch für meinen Sohn

Gerade sitze ich auf meinem bequemen hellgrauen Sofa im Wohnzimmer, umringt von Büchern aus der buddhistischen und der westlichen Psychologie, wissenschaftlichen Arbeiten und Notizen. Konzentriert tippe ich Text für dieses Buch in den Computer, als ich im Augenwinkel sehe, wie mich mein neun Wochen alter Sohn anlächelt. Tiefe Liebe durchströmt mich in diesem Moment und bringt mich selbst zum Strahlen. Dieser kleine Mann zeigt mir, was Leben und Liebe bedeuten; unschuldig und unwissend und doch voller Weisheit. Ich darf in jedem Moment von ihm lernen, das Leben wieder so direkt zu sehen, wie es wirklich ist – unbefangen, ohne Vorurteile. Ich darf lernen, es ungefiltert, frei von allen sozialen und gesellschaftlichen Konditionierungen und Programmierungen zu betrachten. Lernen, frei, lachend, liebend dem Geschenk, den Erfahrungen des Lebens zu begegnen.

In einem Text aus dem Hinduismus, der neben mir liegt, heißt es so schön: »Der kindliche Geist ist der erleuchtete Geist.« Die Buddhisten nennen es »Anfängergeist«, und auch Jesus sagte: »Wenn ihr nicht umkehrt und werdet wie die Kinder, so werdet ihr nicht ins Himmelreich kommen.«

Im Grunde deuten alle Weisheitslehren der Menschheitsgeschichte darauf hin, dass es unsere Aufgabe ist zu lernen, unbefangen und voller Neugier die Welt zu betrachten – so wie ein

Kind es tut. Und dennoch sind so viele von uns gefangen in engen Denkmustern und gesellschaftlichen Vorstellungen. Aus tiefstem Herzen bin ich dankbar dafür mitzuerleben, wie mein Sohn diese Welt erfährt.

Und doch beunruhigt mich manchmal ein wenig zu wissen, dass er in unserer heutigen Gesellschaft aufwachsen und entsprechend von ihr beeinflusst wird. Die Leistungsgesellschaft, die laut »Höher, schneller, weiter!« schreit, die Konsumgesellschaft, die uns einredet, dass unser Glück von dem abhängig ist, was wir besitzen. Gleichzeitig wird er natürlich auch von meiner Frau und mir geprägt und vielen anderen Einflüssen ausgesetzt sein. Es kann passieren, dass auch er sich in der Welt der unzähligen Möglichkeiten und Ablenkungen verliert, wie die meisten es tun.

Mit diesem Buch will ich ihm ein Werk hinterlassen, in dem er alles erfährt, was er braucht, um immer wieder nach Hause zu sich selbst zu finden. Dieses Buch soll ihm alles zeigen, was nötig ist, um sich von altem emotionalen Ballast und ungesunden gesellschaftlichen Prägungen zu befreien, um ein wahrhaftig glückliches, freies, erfülltes und erwachtes Leben zu führen. Im gleichen Sinne soll es dir dienen, Altes und Ungesundes loszulassen und dir mit dem Verständnis, wie Körper, Geist und Seele zusammenwirken, bewusst ein Leben zu kreieren, das du mit Freude leben kannst.

Denn sobald du ein bewusstes und freudvolles Leben führst, dient das nicht nur dir, sondern auch jedem Menschen in deinem Umfeld und letztendlich der ganzen Welt. Wenn wir aufwachen und nicht mehr aus Angst, sondern aus Liebe handeln, aus Fülle statt aus Gier, aus Mitgefühl statt aus Hass, dann erschaffen wir auf diesem Planeten ein Paradies, in dem nicht nur wir alle, sondern auch die zukünftigen Generationen mit Freude leben werden.

Ein neuer Weg beginnt

Meine Geschichte

Sehr wahrscheinlich hast du dieses Buch gekauft, um etwas über dich und dein Leben herauszufinden. Das freut mich, denn das ist tatsächlich der beste Grund, dieses Buch zu lesen. Ich möchte darin meine Geschichte mit dir teilen – und es wird keine typische Motivationstrainer-Geschichte sein von jemandem, der komplett am Boden war und jetzt nach seiner Transformation glorreich die letzte Weisheit verkündet. Nein, denn auch ich muss mich nach wie vor herausfordernden Momenten stellen, und die letzte Weisheit habe ich auch nicht für dich. Was ich mit dir teilen möchte, ist mein ganz persönlicher Weg und was ich aus ihm lernen und letztendlich entwickeln konnte. Damit hoffe ich, dir – ebenso wie den Tausenden Menschen, die ich bisher begleiten durfte – dabei helfen zu können, ein ausgeglicheneres, freudvolleres und wirklich zufriedenes Leben zu führen. In diesem Buch erlebst du Peter ganz nackt und ungeschönt, weil ich davon überzeugt bin, dass wir wieder mehr

Menschlichkeit, Verletzlichkeit und Aufrichtigkeit brauchen und keinen weiteren Guru, der uns predigt, wie wir zu leben haben.

Meine Veränderung begann, wie es vielen anderen Menschen auch passiert, an einem besonders schwierigen Punkt im Leben. Völlig ausgebrannt habe ich damals als junger Ingenieur in der Automobilbranche versucht, allen nur denkbaren Ansprüchen gerecht zu werden – meinen eigenen und denen anderer. Ich war viel mehr getrieben von Ängsten und Sorgen als von dem, was mir wirklich wichtig war. Wenn ich ehrlich bin, wusste ich gar nicht, was das eigentlich war. Alles, was ich noch hörte, war die endlos plappernde negative Stimme in meinem Kopf, die mich unerbittlich antrieb, allem gerecht zu werden.

Wie war ich an diesen Punkt gekommen?

Es begann nach einem Studium in Rekordzeit. Ich war nicht so schnell, weil es meine Leidenschaft war, sondern weil ich es einfach nur hinter mich bringen wollte. Ich hoffte, dass ich mich deutlich besser fühlen würde, wenn ich erst einmal als Ingenieur arbeiten könnte. Denn während des Studiums plagten mich Magenschmerzen, Stechen in der Brust, Schwindel und eine ständige innere Unruhe, um nur ein paar der Symptome zu nennen. Es waren Signale meines Körpers, die ich damals aber nicht deuten konnte, und einen Zugang zu meinen Emotionen hatte ich auch nicht. Ich nahm nur meinen inneren Anspruch zu funktionieren wahr und quälte mich durch ein Studium, an dem ich keine Freude hatte. Dann, als Ingenieur, entflammte mein Ego. Ich wollte beweisen, was ich konnte, wollte Karriere machen und erfolgreich sein. Ich merkte nicht, dass ich letztlich von der Hoffnung getrieben war, durch meine Leistung endlich Anerkennung zu bekommen.

Ich wollte nichts anderes,
als einfach nur akzeptiert
und geliebt zu werden.

Davon allerdings fühlte ich mich meilenweit entfernt, während ich sehr schnell erkennen musste, dass die Realität von Karriere und Erfolg alles andere als erfüllend ist. Tausende E-Mails, Hunderte To-dos und ständige Dienstreisen und Deadlines. Und weil ja alles so wichtig war und es um so viel Geld ging, kämpfte ich mich Tag für Tag irgendwie durch. Mein Körper gab mir deutlich zu verstehen, dass das alles andere als gesund war. Ich entwickelte Ängste, die mich Stück für Stück immer mehr einnahmen. Zuerst waren es mittelschwere Ängste, die sich in Form von starker innerer Unruhe, Schwindel und einem immer schlechter werdenden Nachtschlaf äußerten. Sie kamen immer im zeitlichen Zusammenhang mit Kundenbesuchen oder anspruchsvollen Meetings auf. Später reichte schon eine zusätzliche Aufgabe, die in mein E-Mail-Postfach flatterte, um Herzrasen auszulösen. Aber selbst als mein Körper mit Panikattacken reagierte, hielt mich das nicht davon ab weiterzumachen. Die Angst vorm Versagen oder genauer: die Angst, als Versager dazustehen, trieb mich weiter an.

Bis zu einem Punkt, an dem es einfach nicht mehr ging. An diesen Tag erinnere ich mich noch ganz genau. Ich kam wieder einmal von einer zweiwöchigen Dienstreise zurück. Ständig hatte ich mich vor Lieferanten und Kunden rechtfertigen müssen, und in den Nächten hatte ich kaum Schlaf gefunden. Regelmäßig war ich mitten in der Nacht panisch und schweißgebadet mit Herzrasen aufgewacht. Am Sonntagabend landete dann endlich mein Flieger in der Heimat, und am nächsten

Morgen sollte ich schon wieder im Büro sein und einen Statusreport über diese Dienstreise abliefern. Als ich am Montagmorgen, nach einer weiteren fast schlaflosen Nacht, vor dem Spiegel im Badezimmer stand, erkannte ich mich kaum wieder. Tiefe dunkle Augenringe, hängende Schultern, kurzer Atem. Was mich aber wirklich schockierte, waren diese leeren traurigen Augen, die mir aus dem Spiegel entgegenblickten. In diesem Moment gestand ich mir ein, dass es so nicht weitergehen konnte. Ich hörte meinen Körper regelrecht schreien, dass er so nicht mehr weitermachen würde.

Ich konnte nicht mehr.

Wie hatte es so weit kommen können, fragte ich mich erschrocken. Warum ging es mir so beschissen, während ich doch eigentlich alles hatte? In diesem dunklen Moment gab es nur einen kleinen Funken, der mir Kraft gab, und das war die Frage: Was brauche ich, um wieder zu mir zu finden?

Was muss ich ändern, um ein glückliches Leben führen zu können? Diese Frage ging mir nicht mehr aus dem Kopf und wirkte wie eine Stütze, an der ich mich festhalten konnte. Ich fing an, alles zu lesen, was mir darauf vielleicht eine Antwort geben konnte: Ratgeber, Psychologiebücher, Studien über positive Psychologie und Resilienz. Kurz darauf schrieb ich mich wieder an der Uni ein und begann ein Psychologiestudium. Dabei spürte ich einen völlig anderen Schwung als damals bei meinem Ingenieurstudium. Es war ein Brennen, das wirklich tief aus meinem Inneren kam. Alles, was ich tat, hatte den gleichen Fokus. Ich wollte wissen: Was brauche ich, um glücklich zu leben? Was brauchen wir Menschen, um glücklich zu sein? Ich besuchte die besten Seminare, die ich finden konnte, und probierte wirklich alles aus, was mir Antworten zu versprechen schien. Ich ließ mich zum Seminarleiter und zum Coach ausbilden. Ich wollte es wissen!

Mit diesem immer stärker brennenden Feuer, das meine Frage nach einem glücklichen Leben in mir erweckt hatte, stieß ich eines Tages auf das Thema Meditation und wollte mich auch darin üben. Bereits in meinem ersten Studium zum Ingenieur hatte ich es ausprobiert, es aber schnell wieder sein lassen, weil es irgendwie nicht funktionieren wollte. Heute weiß ich, dass ich falsche Erwartungen hatte. Diesmal aber war es anders. Ich wollte wirklich wissen, was Glück, Frieden und Liebe bedeuten, und die buddhistische Psychologie schien mich dem Geheimnis dahinter näherzubringen. Ich wollte mich nicht mehr mit oberflächlichen Antworten zufriedengeben, sondern die Wahrheit erkennen. Und diese Wahrheit schien in der Meditation auf mich zu warten.

So saß ich Stunde um Stunde, Meditationsretreat für Meditationsretreat, um in mich hineinzublicken und meine Frage endlich beantworten zu können. Teilweise meditierte ich bis zu sechzehn Stunden täglich innerhalb bestimmter Retreats. In den Meditationsräumen fand ich die Stille, die nötig war, um mir selbst zu lauschen. Unzählige Erkenntnisse über mich und die Natur der Wirklichkeit eröffneten sich mir in dieser Zeit. Zu Beginn waren es einfache Wahrheiten. Ich lernte, wie ich das ganze Chaos in meinem Kopf sortieren und die Unruhe in meinem Körper besänftigen konnte. Ich erkannte, was Leiden bedeutet und dass wir uns davon befreien können. Dass Glückseligkeit nicht von äußeren Bedingungen abhängig, sondern in uns selbst zu finden ist. Letztendlich brachte mich die Stille zurück nach Hause – ein Empfinden, das ich mit Worten kaum beschreiben könnte.

In den Retreats lernte ich auch meinen Meditationslehrer Zen-Meister Hyon Gak Sunim kennen, dem ich unendlich dankbar für seine Weisheit bin. In sein Meditationszentrum habe ich mich zum Schreiben dieses Buches zurückgezogen.

Heute, viele Jahre später, blicke ich auf meine hektische, schmerzvolle, aber vor allem lehrreiche Zeit als junger Ingenieur mit einem Lächeln zurück. Nicht, weil ich jetzt alles verstanden hätte und erleuchtet auf einer Wolke schweben würde, sondern weil ich Mitgefühl für den »alten« Peter empfinde, der sich völlig in der betriebsamen Karrierewelt verloren hatte und nicht wusste, dass es noch eine vollkommen andere Welt jenseits von »Schneller, höher, weiter!« gibt. Eine Welt voller Tiefgang, Liebe, Freude und Mitgefühl. Das Mitgefühl, das ich für mein damaliges »Ich« habe, entfacht sich genauso jeden Tag in meiner Arbeit für die mittlerweile Hunderttausende Menschen, die ich in meinen Seminaren, der Achtsamkeits-Academy und vor allem online unterstützen darf.

Und jetzt, während ich diese Zeilen schreibe, geht mir das Herz auf, weil ich weiß, dass ich dich ein Stück auf deiner Reise begleiten darf und dass du aus diesem Buch sicher etwas für dich mitnehmen kannst, das dein Leben leichter, entspannter und freudvoller machen wird. Es ist so schön, dass du hier bist!

Ein Blick in den Spiegel der Welt

Gerade sitze ich auf einer Bank unter einer Linde in einem kleinen Park in der Nähe eines belebten Bahnhofs. Mit geschlossenen Augen halte ich mein Gesicht in die warme Frühlingssonne, während mich gleichzeitig ein leichter Wind erfrischt. Ich suche Inspiration für dieses Buch.

Langsam öffne ich die Augen und schaue mich um. Ich sehe Hunderte hektisch herumlaufende Menschen, die aus den Bussen neben dem Bahnhof strömen. Ein Mann im schwarzen Nadelstreif zwängt sich mit seinem Kaffee-to-go durch eine Traube von Schülern und schimpft, als diese nicht schnell genug aus dem

Weg gehen. Ein Schüler zeigt ihm den Mittelfinger, während die anderen lachen. Zwei Mädchen direkt daneben posen für Selfies. Gegenüber schaltet eine Ampel auf Rot, und mindestens die Hälfte der Menschen, die dadurch zum Stehen kommen, ziehen sofort ihr Smartphone aus der Tasche und blicken aufs Display. Kaum schaltet die Ampel auf Grün, laufen alle eilig wieder los. Kaum jemand geht langsam oder nimmt sich gar die Zeit, diesen wundervollen Moment zu genießen – die Frühlingssonne, die gleich neben den Wegen erblühenden Blumen und den frischen Wind.

Und ich sitze auf meiner Bank und denke über das Leben nach. Wann immer ich das tue, sehe ich Widersprüche. Einerseits leben wir hier im Westen in einer Welt, die uns viel Freiheit lässt, aber auch mit einer großen Unsicherheit belastet. Einerseits können wir uns zu jedem Zeitpunkt unseres Lebens frei für einen neuen Weg entscheiden – wir können den Job wechseln oder ganz hinschmeißen, den Partner verlassen oder einen zusätzlichen Lover ins Leben holen, wir können Karriere machen oder auswandern, die Welt bereisen oder in nicht allzu ferner Zukunft sogar zum Mars fliegen. All diese Freiheiten bringen jedoch andererseits eine große Unsicherheit mit sich. Die Unsicherheit darüber, was wir wirklich wollen, was wirklich wichtig ist für uns im Leben. Die Unsicherheit, ob wir nicht unsere Zeit vergeuden, wenn wir nicht das absolut Richtige wählen oder nicht genügend spektakuläre Erfahrungen aneinanderreihen.

Weil wir nicht wissen, wie wir mit dieser Unsicherheit umgehen sollen, lenken wir uns mit Instagram, Facebook und Co. ab und hetzen Produkten, Ideen und Zielen hinterher, von denen wir nicht einmal wissen, ob wir sie wirklich brauchen und ob sie zu uns passen. Und doch hoffen wir, darin unser Glück zu finden.

Einerseits nehmen Konsum und die Nutzung der elektronischen Pflaster und Ablenkungen nach wie vor rasant zu, andererseits klagen immer mehr Menschen über Erschöpfung, Burn-out oder depressive Episoden. Wir scheinen fast alles haben zu können, doch es macht uns nicht nur nicht glücklich, sondern tendenziell sogar immer unglücklicher.

Es scheint sehr schwer zu sein, in unserer Welt all die Anforderungen, Belastungen, Herausforderungen, aber auch Möglichkeiten in Balance zu bringen. Die Medien suggerieren uns allerdings, dass es ganz einfach sei, »alles« zu haben, wenn wir nur hart genug arbeiten und unsere Arbeitsweise optimieren, wenn wir produktiver werden, genügend Sport machen und für den Rest ein paar Vitaminpillen einwerfen. Schaffen wir es einmal nicht, der Selbstgeißelung gerecht zu werden, bleibt das schlechte Gewissen. Schließlich scheinen unsere Freunde und Kontakte oder die Menschen, denen wir online folgen, all das zu schaffen. Es muss also möglich sein. Glauben wir.

Wenn ich über all diese Zusammenhänge nachdenke, spüre ich Traurigkeit. Anstatt mit Mitgefühl für uns selbst, reagieren wir mit Selbstoptimierung, noch mehr Druck und Selbstkritik. Statt innezuhalten und uns zu fragen, was uns hier und jetzt wichtig ist, hetzen wir Neuheiten auf dem Markt des vermeintlich käuflichen Glücks hinterher. Anstatt der inneren Stimme zu lauschen, hören wir auf Influencer und Sternchen auf Instagram oder aus dem Fernsehen. Wir laufen Gefahr, in einen Grundton von ständiger Anspannung und ständigem Stress zu verfallen, der – möglicherweise von wenigen Urlaubstagen unterbrochen – unser ganzes Leben bestimmt. Kommt zu dieser Grundanspannung noch ein unerwartetes Ereignis wie eine längere Krankheit, der Tod eines Familienangehörigen, der Verlust des Jobs oder der finanziellen Sicherheit dazu, brechen wir zusammen.

In meiner Arbeit sehe ich täglich, wie sich eine ganze Gesellschaft nach einer Neuorientierung sehnt. Immer mehr Menschen erkennen, dass uns unsere gegenwärtige Art zu leben langfristig krank, unglücklich und einsam macht.

Wir wünschen uns mehr Authentizität statt noch mehr retuschierter Promibilder, mehr Mitgefühl statt Selbstoptimierung, mehr Liebe statt immer neuer Konsumartikel.

Als ich damals fast ausgebrannt meinen Job als Ingenieur an den Nagel hängte und anfing Psychologie zu studieren, fragte ich mich immer und immer wieder: »Was brauchen wir wirklich in dieser Gesellschaft, um ein glückliches und zufriedenes Leben zu führen?« Leider trauen sich die meisten Menschen nicht einmal mehr, eine solche Frage zu stellen, oder kommen durch all die Ablenkungen und die alltägliche Überreizung gar nicht auf die Idee, darüber nachzudenken.

Versteh mich bitte nicht falsch. Ich möchte niemanden kritisieren, ich strampelte selbst im Hamsterrad, steckte in meiner Unbewusstheit fest. Es ist etwas, das automatisch entsteht, wenn man sich vom Strom der Gesellschaft mitreißen lässt. Genauso wenig möchte ich das Lebensmodell vieler Menschen angreifen. Ich glaube sogar, dass ein Leben im Eigenheim mit einem »sicheren« Job sehr erfüllend sein kann. Auch ich kann mir gut vorstellen, später in einem kleinen Haus im Grünen zu wohnen, wenn ich mich bewusst dafür entschieden habe. Und bewusst entscheiden bedeutet nicht, sich lange Gedanken darüber zu machen, welche Fliesen ins Badezimmer kommen. Bewusstheit bedeutet, die gesellschaftliche Norm auszuklammern, die eigenen Bedürfnisse zu kennen, seine eigenen Ziele, Träume und Vorstellungen vom Leben klar zu haben. Bewusstheit bedeutet, dass wir verstehen, wie das eigene Gehirn tickt, und nicht blind der Werbeindustrie oder den gesellschaftlichen Normen zu folgen. Bewusstheit beginnt nicht damit, ob Reihenhaus oder Drei-Zimmer-Wohnung. Bewusstheit beginnt bei den elementaren Fragen im Leben. Was will ich? Was brauche ich? Und vor allem: Wer bin ich wirklich? Ich bin davon überzeugt, dass wir genau dort beginnen müssen.

Um diese Fragen beantworten zu können, benötigst du einen klaren Geist. Damit meine ich einen Geist, der die Welt so sieht, wie sie ist. Denn genau das kann dein Geist erst einmal nicht.

Von Geburt an wirken unaufhörlich Meinungen, Wünsche und Bedürfnisse anderer Menschen auf dich ein, die dich geprägt und geformt haben. Erst die Eltern, dann die Lehrer, andere Bezugspersonen, Freunde … Dazu kommt die leistungsorientierte Gesellschaft, in der nur zählt, was man erreicht oder geschaffen hat. Unaufhörlich drehen bereits ab der ersten Klasse (bei vielen mittlerweile sogar noch früher) die Zahnräder des Leistens, Vergleichens und Konsumierens. Du wirst getrimmt und getrieben, um das Hamsterrad der Gesellschaft am Laufen zu halten. Du wirst gebürstet und gestriegelt, um in der Arbeitswelt deine Rolle ausfüllen zu können. Dazu versucht noch eine milliardenschwere Werbeindustrie, dich mit allen psychologischen Verkaufstricks davon zu überzeugen, dass du stets die neusten Produkte brauchst. Und die sozialen Medien wissen durch dein Verhalten im Netz bereits besser über deine Bedürfnisse Bescheid als du selbst. So können sie dir stetig suggerieren, dass du etwas Bestimmtes konsumieren musst, um endlich das verdiente Glück zu finden. Hast du es dann gekauft, erfreust du dich allerdings nur kurz daran, weil du bereits an das Hetzen gewöhnt wurdest und weil natürlich schon das nächste Produkt, das du unbedingt haben musst, auf dich wartet.

Am Ende deines Lebens wird niemand von der Werbeindustrie, kein Lehrer oder Arbeitgeber an deinem Sterbebett sitzen, um sich bei dir zu bedanken. Am Ende deiner Tage wirst nur du übrig bleiben, und die leise innere Stimme wird dich fragen, ob du dein Leben voll gelebt und erfahren, ob du geliebt und gelacht hast.

> Du wirst dich fragen, worauf du die ganze Zeit gewartet hast. Wofür du all die Jahre geschuftet hast. Hast du wirklich dein Leben gelebt?

Ich weiß, dass ich an dieser Stelle gern etwas überdramatisiere und ein sehr schwarzes Bild der Gesellschaft und des individuellen Lebens male. Das tue ich nicht, weil ich die Welt dort draußen kritisieren möchte – nein, ich will dich aufwecken. Mein größter Wunsch ist es, Menschen noch vor dem großen Knall wachzurütteln. Bevor »Burn-out«, »Depression« oder »Angsterkrankung« auf dem Diagnosezettel des Psychiaters steht. Ich weiß nur zu gut, wie schmerzvoll und anstrengend es ist, sich aus einer solchen Phase im Leben wieder herauszurappeln. Und manchmal müssen wir auch durch eine so schwierige Phase gehen. Auch das habe ich zu akzeptieren gelernt.

Der Blick nach innen

Es ist ganz egal, wo du gerade stehst und warum du zu diesem Buch gegriffen hast. Ob du mitten im Kampf deines Alltags gefangen bist, noch versuchst, dich zu optimieren, und dich jetzt vielleicht durch Meditation leistungsfähiger machen möchtest. Ob du dich ausgebrannt fühlst oder unter Ängsten und Hoffnungslosigkeit leidest. Ob deine Beziehungen unbefriedigend sind oder deine Partnerschaft gescheitert ist. Ob sich nur noch negative Gedanken in deinem Kopf drehen oder ob du vielleicht schon lange auf der Suche nach mehr Tiefgang, Wahrheit und Liebe bist. Du bist hier genau richtig!

Sicherlich fragst du dich, wo es langgehen könnte. »Wo soll ich anfangen? Soll ich alles hinschmeißen? Mich von der Gesellschaft, der Industrie, den Medien abwenden?« Das kannst du gern tun, die Freiheit hast du – aber in diesem Buch geht es nicht darum. Es geht nicht darum, aus allem auszubrechen, um auf einer fernen Insel Tauchlehrer zu werden. Es geht auch nicht darum, der Gesellschaft den Kampf anzusagen. Denn dann spielen wir das gleiche Spiel weiter – nur diesmal als Gegenspieler.

Worum es geht, das ist deine ganz persönliche innere Freiheit. Die Freiheit, die wirklich zählt. Die äußere Freiheit besitzt du bereits, wenn du ehrlich darüber nachdenkst: Du könntest eine Beziehung beenden, die dir nicht guttut (tust es aber nicht, aus Angst, etwas zu verlieren). Du könntest deinen Job hinschmeißen, der dich ausbrennt (tust es aber nicht, weil du dich so sehr an die Sicherheit gewöhnt hast). Du könntest ein gesundes und vitales Leben führen (tust es aber nicht, weil der »innere Schweinehund« dich in alten Mustern gefangen hält). Es sind nicht die äußeren Begrenzungen, die uns zurückhalten, sondern die inneren. Die Welt, in der wir leben, ist immer nur ein Spiegel unseres Innenlebens. Darum hilft es nichts, im Außen herumzudoktern, sondern wir müssen aufrichtig und ehrlich nach innen blicken. Dieser Blick nach innen, das ist Meditation.

In meinen Seminaren, Coachings, im persönlichen und beruflichen Umfeld treffe ich immer wieder Menschen, die ihren

Job kündigen, um etwas Neues zu starten – aber sie schleppen die alten Probleme weiter mit sich herum und tragen sie dann auch in das Neue hinein. Andere beenden eine Beziehung, um in der nächsten denselben Kampf mit einem anderen Partner fortzuführen. Oder sie wandern aus, um am Traumstrand dieselben Schwierigkeiten und Emotionen zu durchleben, die sie im kleinen Mietapartment schon hatten. So etwas ist kein Ausbrechen, keine Freiheit, sondern einfaches Weglaufen. Es ist ein Flüchten vor dem eigenen inneren Kampfplatz. Diese Menschen haben den äußeren Kampfplatz zwar verändert, sind aber weiter eingezwängt in die alten Normen, Glaubensmuster, Verhaltensregeln, Ängste, Unsicherheiten und Überzeugungen.

Wir brauchen weder eine gesellschaftliche Revolution noch ein Ausbrechen im Außen. Wir benötigen eine individuelle und ganz persönliche Revolution. Wir dürfen die Freiheit in uns finden. Denn wenn du dich selbst erkennst, kannst du in einer kleinen Mietwohnung ebenso wie als Tauchlehrer in der Karibik erfüllt und glücklich sein.

Wenn du die Sicherheit in dir selbst spürst, kannst du weiter in einem Unternehmen arbeiten oder die Welt bereisen. Wenn du deine Bedürfnisse kennst, kannst du dich bewusst für die neusten Produkte auf dem Markt begeistern, ohne dein Glück davon abhängig zu machen. Wenn du erkennst, dass Glück und Zufriedenheit im jetzigen Moment zu finden sind, wirst du aufhören, unzufrieden in die Zukunft zu starren. Wenn du dich selbst erkennst, fängst du an zu leben. Ganz egal wo, wie und mit wem.

Dieses Buch wird wahrscheinlich nicht der erste Ratgeber in deinem Bücherregal sein. Vielleicht hast du bereits viel ausprobiert. Im Außen wie im Innen. Vielleicht bist du auch schon mal durch gut gemeinte Ratschläge auf die Schnauze gefallen. Das kann ich gut verstehen. Auch ich stand vor einigen Jahren an einer Weggabelung. Und in der Welt der tausend Möglichkeiten gibt es immer zehntausend gut gemeinte Tipps. Ich allerdings werde in diesem Buch nicht noch einen guten Tipp auf deine überfüllte To-do-Liste schreiben. Ich will dir lieber helfen, das wegzustreichen, was dir nicht dient. Was du hier finden wirst, ist die Einladung zu einer Rückkehr, zu einem Heimkommen zu dir selbst. Zu deinem natürlichen Selbst. Es ist wie bei einem Steinmetz, der eine wundervolle Figur nicht formt, indem er etwas hinzufügt, sondern indem er Überflüssiges wegnimmt.

> Dieses Buch weist dir den Weg zurück zur Natürlichkeit, zurück zur Freude, zurück zur Liebe. Es zeigt dir den Weg zurück zu dir!

Das schaffst du mithilfe der Meditation. Indem du nämlich den Blick von dem gehetzten Außen um 180 Grad drehst und nach innen blicken lernst. Indem du aufhörst, dem Ruf der Konsum- und Leistungsgesellschaft zu folgen, und anfängst, deiner inneren Stimme zu lauschen. Das wird dich unweigerlich zur Selbsterkenntnis führen und dir deinen natürlichen Seinszustand aufzeigen. Genau dadurch wirst du beginnen, die Welt und dich selbst vielleicht zum ersten Mal wirklich zu verstehen. Und dieses Verständnis führt dich zu dem, wonach du dich immer gesehnt hast: Freude, Liebe und Verbundenheit.

Und nicht nur das: Wenn du weißt, wer du bist, kannst du den Problemen und Herausforderungen unserer Zeit ganz neu begegnen. Du bist kreativ, voller Energie und Mitgefühl für alles Leben auf diesem Planeten. Die Selbsterkenntnis, die wir durch Meditation und Achtsamkeit erfahren, ist nicht nur der Schlüssel zu Glück und einem erfüllten Leben, sondern auch der Schlüssel für ein friedliches Zusammenleben mit anderen. Der aktuelle Zustand unseres Planeten ist ein Spiegel unseres Innenlebens. Die Ängste, Unsicherheiten, die Wut und die Gier, die viele Menschen unbewusst in sich tragen, führen zu viel Zerstörung im Außen. Weil wir uns selbst nicht lieben, lieben wir auch die Welt und die Menschen um uns herum nicht und behandeln sie entsprechend. Dann schleppen wir uns trotz großer Erschöpfung und Überforderung zur Arbeit – und lassen unseren Groll darüber an Kollegen aus. Dann brennen Bauern aus Angst, ihre Existenz zu verlieren, die Regenwälder ab. Und gierige Investoren nehmen sich auf Kosten der Natur und anderer Menschen immer mehr – haben dabei sich selbst aber verloren. Gier, Wut und Angst im Inneren erzeugen Zerstörung und Leid im Außen. Darum ist es so wichtig, den Blick nach innen zu richten. Wenn wir nur versuchen, äußerlich zu handeln, aber uns im Inneren nicht ändern, wird sich das destruktive Verhalten erneut durchsetzen. Wenn du dagegen anfängst, dich selbst zu erforschen und bewusster mit deinen Emotionen umzugehen, wirst du aufhören, nach Macht, Anerkennung und endlosem Konsum zu streben. Du wirst dich dann nämlich innerlich bereits reich, mächtig und geliebt fühlen.

> »Sei selbst die Veränderung, die du in der Welt sehen möchtest.« So hat bereits Gandhi den einzigen Weg zu einem friedvollen Miteinander benannt.

Ich weiß, dass unter all deinen Geschichten, deinen Lasten, deinen Schwierigkeiten, deinen Gedanken und Problemen ein wundervolles Wesen steckt. Lass uns zusammen genau dorthin reisen. Lass uns eine Reise zu dir selbst beginnen. Auf dieser Reise bin ich kein Guru, kein Lehrer, kein Gelehrter. Ich bin ein Mensch, dem es Freude bereitet, dich zu begleiten. Wir werden zusammen dein Weltbild hinterfragen, wir werden Konzepte und Vorstellungen, die du im Laufe deines Lebens angesammelt hast, auf den Prüfstand stellen. Wir werden Schicht für Schicht vom Falschen abtragen, bis dein natürliches Selbst zum Vorschein kommt.

Bist du bereit?

Für diese Reise zu dir selbst wirst du etwas Zeit brauchen. Deshalb frage ich dich: Bist du bereit, dir diese Zeit zu schenken? Nicht nur für das Lesen dieses Buches, sondern um dich und deine Gedanken zu erforschen. Bist du bereit, dir selbst neu zu begegnen, dich selbst urteilsfrei zu erforschen, dich in der Tiefe kennenzulernen? Dich zu spüren und aufrichtig wahrzunehmen? Das ganze Spektrum? Nicht nur die schönen Seiten, sondern auch alle Schattenseiten deines Lebens, deine Ängste, Sorgen, Verwirrungen?

Wenn die Antwort Ja ist, dann herzlich willkommen auf der Reise zu dir selbst! Du bringst bereits alles mit, was du dafür brauchst. Ich bin lediglich dein Wegbegleiter, ein guter Freund, der die Stolpersteine, Herausforderungen und Herangehensweisen aus seiner eigenen Erfahrung heraus bereits kennt.

Dein Warum

Bevor wir beginnen, setze einen Startpunkt und frage dich, warum du diese Reise überhaupt antreten willst. Was ist der Grund, warum du dieses Buch liest? Ganz ehrlich: Was ist der wirkliche Grund? Du möchtest wahrscheinlich Meditation in dein Leben bringen – aber warum? Möchtest du Balance finden? Möchtest du mehr über dich lernen? Möchtest du dadurch mehr Erfolg im Beruf? Möchtest du vielleicht lernen, besser mit Ängsten, schwierigen Emotionen und negativen Gedanken umzugehen? Möchtest du die Beziehung zu dir selbst verbessern? Möchtest du mehr Harmonie in deine zwischenmenschlichen Beziehungen bringen? Möchtest du gesünder werden oder gesünder leben? Oder möchtest du vielleicht sogar die Erleuchtung finden?

Ein Gedankenexperiment

Was ist es, was du mit diesem Buch und der Meditation erreichen willst - warum liest du hier? Nimm dir Zeit für diese Frage, denn sie ist wichtig. Oft genug hetzen wir durch so ein Buch auf der Suche nach einer Antwort - die aber können wir uns nur selbst geben. Darum die Bitte: Nimm dir Zeit! Warum liest du dieses Buch?

Hast du die Antwort? Wunderbar.

Dann habe ich eine zweite Frage für dich: Würdest du das, was du jetzt willst, auch wollen, wenn du sicher wüsstest, dass es dich todunglücklich machen würde? Würdest du Erfolg haben wollen, wenn du sicher wüsstest, er würde dich unglücklich machen? Würdest du mehr über dich erfahren wollen, wenn du wüsstest, es würde dich unglücklich machen? Würdest du die Erleuchtung wollen, wenn du wüsstest, sie würde dich todunglücklich machen?

Vermutlich würdest du das Ersehnte nicht wollen, wenn du wüsstest, dass es dir Unglück bringen würde, oder? Dieses kleine Gedankenexperiment mache ich auch immer zu Beginn meiner Seminare. Es zeigt auf einfache Art und Weise, warum wir die Dinge tun, die wir tun, nämlich entweder um Schmerz zu vermeiden oder um glücklich zu sein.

Wenn das also unser aller Grundmotivation ist, dann ist hier die nächste Frage, die ich dir stellen möchte.

Warst du heute glücklich?

Wenn ja, warum?
Wenn nein, warum?
Warst du gestern glücklich? Wenn ja, warum? Wenn nein, warum?
Warst du letzte Woche glücklich? Wenn ja, warum? Wenn nein, warum?
Warst du dieses Jahr überwiegend glücklich? Wenn ja, warum? Wenn nein, warum?

Vielleicht willst du einfach nur ein Buch lesen und nicht so viele Fragen beantworten und schon gar keine Übungen machen. Aber glaube mir, deine eigenen Antworten sind viel entscheidender als alle Informationen, die du in einem Buch finden könntest. Wenn du dir also aufgeschrieben hast, warum du glücklich oder unglücklich warst, dann betrachte einmal die

Antworten. Von welchen Faktoren war dein Glück abhängig? Waren die Gründe dafür im Außen? Oder waren sie im Inneren? Waren dein Partner, der Chef, die Tätigkeit, deine Kinder, dein Erfolg oder Misserfolg, die Lebensumstände dafür verantwortlich, dass du glücklich oder unglücklich warst? Oder waren es innere Faktoren, wie deine Einstellung zu den Erlebnissen im Außen, dein Umgang mit Emotionen und Gedanken, deine Fähigkeit, zu entspannen und zu genießen? Oder hast du dich einfach nur dankbar und glücklich gefühlt, hier zu sein und leben zu dürfen?

Das typische Muster, das ich bei Menschen immer wieder sehe, ist, dass sie ihr inneres Wohlbefinden fast ausschließlich von äußeren Faktoren abhängig machen. Kennst du das? Scheint gerade die Sonne und alles ist, wie du es dir vorstellst, dann bist du glücklich. Kommt ein Lebensbereich ins Wanken oder unerwartete Probleme treten auf, bist du unglücklich.

Und sobald du unglücklich bist, versuchst du im Außen alles zu tun, um wieder glücklich zu werden. Du versuchst, dich im Job noch mehr anzustrengen. Du versuchst verzweifelt, deine Partnerschaft zu retten oder einen neuen Partner zu finden. Du versuchst, mehr Geld zu verdienen, mehr Sport zu machen und gesünder zu leben. Du versuchst, dein Leben zu optimieren. Alles im unbewussten Bestreben, endlich wieder glücklich zu sein.

Der Sufi-Meister Nasrudin

Diese weit verbreitete Herangehensweise an das Leben erinnert mich an die wundervolle Geschichte des Sufi-Meisters Nasrudin, der im 13. Jahrhundert in der heutigen Türkei gelebt hat. Nasrudin war dafür bekannt, seine Schüler und Mitmenschen auf ungewöhnliche und humor-

volle Art zu erleuchten. Einmal wollte eine Gruppe von Schülern Nasrudin in den späten Abendstunden in seinem Haus für eine Lehrstunde besuchen.

Auf dem Weg dorthin fanden sie Nasrudin auf allen vieren am Rande der steinigen Straße unter einer Laterne am Boden etwas suchen. Verwundert und ein wenig besorgt fragte einer der Schüler: »Was suchst du? Hast du etwas verloren?«

»Ja!«, antwortete Nasrudin. »Ich habe die Schlüssel für mein Haus verloren. Und ich kann sie nirgends finden.«

»Lass uns dir helfen«, erwiderten die Schüler und beteiligten sich sofort an der Suche. Eine halbe Stunde lang kroch die ganze Gruppe auf dem steinigen Weg unter der Laterne herum, um die Schlüssel von Nasrudins Haus zu finden.

Sichtlich frustriert fragte schließlich einer der Schüler: »Nasrudin, bist du dir sicher, dass du deine Schlüssel überhaupt hier an diesem Platz verloren hast?« Und Nasrudin antwortete: »Nein, die Schlüssel habe ich dort hinten in der finsteren Ecke verloren.«

»Dort hinten?«, fragte der Schüler verwirrt. »Warum suchst du dann hier unter der Laterne?«

Ohne die Miene zu verziehen, antwortete Nasrudin: »Na, weil es sich im Licht viel leichter sucht!«

Bereits der Buddha predigte vor 2500 Jahren, dass wir unweigerlich leiden werden, wenn wir unser Glück von äußeren Faktoren abhängig machen. Und auch Sufi-Meister Nasrudin wollte seinen Schülern die Lektion erteilen, im Inneren (also an der richtigen Stelle!) ein Licht zu entfachen, anstatt verzweifelt im Außen zu suchen, wo es bequemer ist.

Natürlich ist das Wirken im Außen ein großer und auch wichtiger Bestandteil unseres Lebens. Zum Problem wird es nur, wenn es unsere einzige Strategie ist. Denn dann sind wir der Achterbahn des Lebens ausgeliefert. Läuft es gut, sind wir glücklich, läuft es schlecht, sind wir unglücklich. Und da das Leben zwangsläufig Vergänglichkeit bedeutet, ist die Chance groß, unglücklich zu werden.

Das Leben geschieht uns in unserer Unbewusstheit von außen nach innen, statt dass wir unser Leben bewusst von innen nach außen erschaffen. Buddha, Nasrudin, Jesus und andere Weisheitslehrer der Menschheitsgeschichte forderten uns zur Einsicht in unser Inneres auf. So wie Buddha einst sagte: »Das Glück liegt in uns, nicht in den Dingen«, formulierte es auch Jesus: »Das Reich Gottes ist in dir« (Lukas 17:20-21). Alle Erleuchteten deuten in dieselbe Richtung: nach innen!

Vielleicht hast du ja mit Erleuchteten, mit Religion und Spiritualität nichts am Hut. Das Schöne an unserer Zeit ist jedoch, dass wir lediglich einen Blick in unser Gehirn wagen müssen, um schnell zu verstehen, dass eine emotionale Reaktion nicht von der Situation an sich abhängig ist. Ob du dich nach einem Ereignis glücklich oder miserabel fühlst, hängt nämlich von den neuronalen Verknüpfungen in deinem Gehirn ab. Erkenntnisse der Medizin, Neurowissenschaft und Psychologie zeigen dies eindrucksvoll – und im vierten Kapitel, in dem es um unsere Emotionen geht, werde ich genauer darauf eingehen, wie das Gehirn funktioniert. Jetzt möchte ich zunächst einfach die Bereitschaft und die Neugier in dir wecken, deinen Blickwinkel um 180 Grad zu drehen. Statt dein Glück in der Welt dort draußen zu suchen, lade ich dich zu dem Abenteuer ein, einmal nach innen zu blicken. Dafür brauchst du das Äußere nicht zu verlieren oder zu verdammen. Ganz im Gegenteil, meine Erfahrung bestätigt immer wieder, wie sich das Äußere zum Positiven verändert, wenn wir nach innen schauen. Jetzt ist nur die Frage entscheidend: Bist du bereit, dich nach innen zu wenden? Wenn ja, dann willkommen in der Welt der Meditation!

Meditation und Achtsamkeit

Meditation und Achtsamkeit haben in den vergangenen Jahren enorm an Popularität gewonnen, Achtsamkeit erlebt einen regelrechten Boom. Das liegt meines Erachtens daran, dass das meiste, was die östlichen Weisheitslehren ihren Schülern beibrachten, heute von verschiedenen Forschungsdisziplinen bestätigt werden kann. So auch die Wirksamkeit von Meditation und Achtsamkeit. Es gibt spannende Erkenntnisse aus Tausenden Studien der Medizin, der Neurowissenschaft und der Psychologie, die zeigen: Meditation stärkt unsere Konzentrationsfähigkeit, die Gedanken beruhigen sich, und der Körper entspannt. Sie verbessert auf vielen Ebenen unsere Gesundheit, unseren Schlaf und vitalisiert. Sie hilft uns, mit körperlichen, aber auch emotionalen Schmerzen besser umzugehen. Das Praktizieren verbessert das Stressempfinden, hilft bei Angstzuständen, Depressionen und anderen psychischen Dysbalancen. Die emotionale Intelligenz und das Mitgefühl mit sich selbst steigen. Und Elizabeth Blackburn, die für ihre Forschungsarbeit den Nobelpreis erhielt, konnte sogar zeigen, dass wir durch Meditation langsamer altern.[1]

Was aber macht Meditation und Achtsamkeit aus? Diese beiden Begriffe zu definieren ist gar nicht so leicht. Außerdem gibt es nicht die *eine* Meditation sondern viele verschiedene Meditationsformen. Für mich bilden Meditation und Achtsamkeit die Kunst, das Leben so zu sehen, wie es ist. Diese Definition hilft uns aber zu Beginn wenig, darum lass uns genauer hinschauen, was Meditation bedeutet.

Grundsätzlich kann man fast bei jeder Meditationsform sagen, dass es darum geht, die Aufmerksamkeit auf ein Objekt zu richten und dort verweilen zu lassen. Das kann ein Mantra sein, eine Kerze oder, wie du später genauer erfahren wirst, der Atem. Das Verweilen auf dem Objekt erweitert automatisch Stück für Stück den Radius dessen, was wir bewusst wahrnehmen, wodurch wir Dinge erkennen, die uns früher verborgen geblieben sind.

Achtsamkeit ist für mich dagegen Meditation in Aktion. Auf dem Meditationskissen schulen und trainieren wir unseren Geist und erweitern unser Bewusstsein. Achtsamkeit bringt dann diese Bewusstheit in den Alltag. Wir nehmen, wo auch immer wir gerade sind und was wir auch tun, all das bewusst wahr, was in unserem Körper und um uns herum passiert, ohne es zu bewerten.

Achtsamkeit bedeutet, jedem Moment die volle Aufmerksamkeit zu schenken – und das kann überall sein, nicht nur auf dem Meditationskissen.

Achtsam kann ein Künstler sein, der jeden seiner Pinselstriche bewusst setzt. Ein Tischler, der voller Hingabe einen neuen Tisch baut und bewusst mit seiner Hand fühlt, wie fein die Oberfläche bereits geschliffen ist. Eine Buchhändlerin, die ganz darin aufgeht, einer Kundin von einem unglaublich spannenden Krimi zu erzählen. Ein Tennisspieler, der hochfokussiert auf den Aufschlag des Gegners wartet. Oder ein Fließbandarbeiter, der präsent jedes zu fertigende Teil in die Hand nimmt und seine Arbeitsschritte daran ausführt. Sie alle nehmen bewusst den gegenwärtigen Moment wahr und sind mit ihrer ganzen Aufmerksamkeit im jetzigen Augenblick.

Durch Achtsamkeit ist es möglich, den Moment immer bewusster zu erfahren. »Bewusster erfahren« – eine solche Aussage hätte ich früher als kompletten Unsinn abgetan. Was soll denn »bewusster« sein? Die Welt ist doch, wie die Welt ist! Doch eines kann ich dir versprechen: Es gibt noch unendlich viel zu entdecken.

Das traurige Gegenteil von Achtsamkeit kennst du wahrscheinlich von vielen deiner Tage: Sehr oft erleben wir unseren Alltag völlig unbewusst. Wir sind absorbiert von unseren Problemen und allerhand Herausforderungen in unseren Beziehungen oder im Beruf, sodass wir die Schönheit, die in jedem Moment liegt, nicht wahrnehmen.

Wir leben ein Leben ohne Tiefgang. Wir leben, ohne wirklich zu leben. Vom Weckerklingeln bis zum letzten abendlichen Scrollen durch die Handynachrichten reagieren wir auf tausend Dinge, die im Außen passieren, sind wie Getriebene und überhaupt nicht bei uns. Je nach Studie, die ich zu diesem Thema gelesen habe, ist der westlich geprägte Erwachsene bis zu 95 Prozent des Tages unbewusst. Auf Autopilot spulen wir wie eine Maschine unser Leben ab.

Und bei alldem wünschen wir uns, dass das Leben sehr lange, am besten ewig währt. Wie aber wäre es, wenn wir statt eines längeren Lebens ein bewussteres, wacheres, mit mehr Tiefgang anstreben würden? Was wäre, wenn du nur noch zehn statt 95 Prozent deiner Zeit unbewusst wärst? Das wäre rein rechnerisch eine achtzehn Mal längere wache, präsente Lebenszeit. Und je mehr Zeit wir so verbringen, umso erfüllender werden unsere Erfahrungen.

Wir hätten dann immer noch die gleiche Lebensspanne (wahrscheinlich sogar mehr, weil wir viel entspannter und gesünder leben und laut Elizabeth Blackburn dann tatsächlich langsamer altern), und diese Zeitspanne ist gefüllt mit wachen und lebendigen Momenten. Wir erfahren die volle Lebensqualität.

Neben einem Mehr an Lebensqualität gewinnen wir noch etwas, was erst einmal recht abstrakt klingt: Wir erwachen! Dieses Erwachen ist keine Illusion fernöstlicher Mystiker. Es ist ein realer Zustand, den jeder Mensch erfahren kann. Dafür müssen wir nicht gläubig sein – ein hinterfragender, kritischer Geist ist sogar von Vorteil. Ich gehe darauf im Kapitel »Wer du glaubst zu sein und wer du wirklich bist« noch genauer ein. Dort möchte ich dir auch zeigen, warum Erleuchtung wissenschaftlicher ist, als die meisten Menschen glauben.

Was einer meiner Meditationslehrer einmal dazu sagte, ist mir nie wieder aus dem Kopf gegangen, und vielleicht ist es auch für dich eine wirksame Einladung, dich auf die Meditation einzulassen. Er sagte: »Ich würde lieber nur einen Tag leben mit dem, was ich erfahre, statt ein ganzes Leben unbewusst!« Er würde ein ganzes Leben voller Unbewusstheit tauschen gegen nur einen Tag mit der Erfahrung eines erwachten Geistes. So tiefgreifend kann das sein, was du durch die Meditation erfahren kannst.

Gegenwärtigkeit – das Erleben dessen, was ist

Ich spreche in diesem Buch öfter davon, dass unser Geist in der Zukunft oder in der Vergangenheit feststeckt. Damit meine ich, dass dein Gehirn ständig innere Bilder und Gedanken von vergangenen oder zukünftigen Momenten in dein Bewusstsein trägt und du völlig davon absorbiert wirst. Wichtig für dich zu verstehen ist aber: All diese Bilder und Gedanken siehst du jetzt! Es gibt nichts anderes als den jetzigen Moment! Genau genommen ist es so, dass wir noch nie woanders waren als im Jetzt. Wir waren noch nie wirklich in der Vergangenheit oder in der Zukunft.

Auch wenn wir uns ziemlich sicher sind, dass morgen ein neuer Tag kommen wird und wir nächste Woche wieder in die Arbeit müssen, so ist das nur eine Vorstellung – so lange, bis die Vorstellung zur tatsächlichen Erfahrung wird oder etwas anderes eintritt. Alles, was du hast, was du hattest und was du je haben wirst, ist dieser Moment. Und wenn du diesen Moment bewusst erfährst, dann bist du achtsam. Du bist dir der Dinge einfach gewahr. Nicht mehr und nicht weniger.

Dieses Buch wird dir helfen, wieder in einen natürlichen Kontakt mit dem lebendigen, gegenwärtigen Moment zu kommen. Du wirst die Fähigkeit erlangen, dann zu denken, zu planen und Erinnerungen zu aktivieren, wenn du sie brauchst, und in die Stille zu finden, wenn es nicht nötig ist. Meditation hilft dir, einen natürlichen Umgang mit Emotionen zurückzugewinnen und Stück für Stück höhere, angenehmere Emotionen zu kultivieren. Doch das ist ein Weg.

Dranbleiben – mithilfe dieses Buches

Ich möchte gleich mit einem häufigen Missverständnis aufräumen: Das Erste, was uns in der Meditation begegnet, ist *nicht* Glückseligkeit, Erleuchtung oder tiefer innerer Frieden. Es sind höchstwahrscheinlich Gedanken. Und davon Tausende. Ob Tagträumereien, Zukunftssorgen, negative Gedanken über sich selbst oder über Probleme – das ist es, was der ungeschulte

Geist den lieben langen Tag und damit insbesondere zu Beginn auf der Meditationsmatte wälzt. Deshalb kümmern wir uns nach einer Einführung in das Wesen des Geistes in diesem Buch als Erstes darum: um unsere Gedankenwelt.

Neben den Gedanken dominieren Emotionen unser Leben. Wir tun alles, um Schmerz zu vermeiden und Freude zu finden. Und damit du dich auf der Suche nach Freude nicht im Außen verlierst, erforschen wir diesen Bereich im darauffolgenden Kapitel genauer. Du wirst lernen, wie du nicht nur auf dem Meditationskissen, sondern auch in jedem Moment deines Lebens gesund mit Emotionen umgehen kannst.

Im Kapitel danach geht es dann speziell um Meditation, und zwar um die formale Sitzmeditation. Dort lernst du alles, was du brauchst, um eine solide Meditationspraxis in deinem Leben zu verankern.

Danach erforschen wir die vielleicht wichtigste Frage deines Lebens: Wer bist du wirklich? Was ist deine wahre Natur? Wer ist es, der dieses Buch liest? Die Frage »Wer bin ich?« führt zur Selbsterkenntnis, zum Ziel jeder meditativen Praxis. Dabei liegt der Fokus auf dem Erkennen – du musst nicht glauben! Mein Anliegen ist es, die fernöstlichen Lehren weitgehend von ihrem kulturellen Hintergrund zu befreien, um Menschen anleiten zu können, die Essenz zu praktizieren. Das heißt, es geht allein um deine Erfahrung!

Am Ende des Buches möchte ich dann die Frage aufgreifen, wie du all die erlernten und erfahrenen Dinge in deinem Alltag umsetzen und zur Routine machen kannst, um dir ein wahrhaft bewusstes Leben zu erschaffen.

Zum einen widme ich mich in diesem Buch sehr ausführlich Themengebieten wie dem Denken und den Emotionen, weil diese in unserer Gesellschaft für das meiste Leid der Menschen verantwortlich sind. Zum anderen werde ich dir nicht nur eine einfache Meditationstechnik zeigen, sondern dir auch mit vielen geführten Meditationen gewisse Aspekte unseres Themas leichter zugänglich machen. So erlangst du schnell praktische Erfahrungen. Ich habe schon so viele Menschen erlebt, die es einmal mit Meditation versucht und danach sofort wieder aufgegeben haben. Mitverantwortlich dafür waren ihre hohen Erwartungen. Die sind durchaus gerechtfertigt, aber die Früchte zeigen sich eben erst nach einigen Jahren der Praxis und nicht nach einem einmaligen Versuch. Die hohen Erwartungen und die Diskrepanz zu dem, was den Menschen dann tatsächlich erst einmal in der Meditation begegnet, lässt viele schnell wieder ernüchtert aufgeben. Ich habe in diesem Buch daher alles unternommen, damit dir das nicht passiert. Denn ich bin fest davon überzeugt, dass Meditation der Weg ist, der dich und unseren Planeten transformieren kann. Doch hierfür ist Dranbleiben der Schlüssel.

Die drei Eckpfeiler des Buches

Lass uns also zusammen Meditation und Achtsamkeit auf eine freudvolle, liebevolle und auch humorvolle Art erforschen. Lass uns zusammen entdecken, dass das Leben noch viel mehr Tiefgang hat, als wir bislang wahrnehmen konnten. Auf drei Pfeilern steht dieses Buch dabei.

1. Weisheit der fernöstlichen Lehren

Für mich ist die buddhistische Psychologie die lebendigste und ganzheitlichste psychologische Betrachtungsweise des Menschen. Ihre Wurzeln liegen viele tausend Jahre tief in unserer

Geschichte. Sie bietet tiefgreifende Systeme für Heilung, Erkenntnis und Glück. Und vor allem hört die buddhistische Psychologie nicht bei den alltäglichen Problemen auf, sie schließt Transzendenz, Bewusstsein und Spiritualität mit ein. Sie unterscheidet nicht zwischen »weltlichen« und »spirituellen« Problemen, sondern bietet einen ganzheitlichen Ansatz für jede Lebenssituation und jedes Problem. Die Lehren des Buddhismus sind letztlich keine Religion, wie zum Beispiel auch der Dalai Lama immer wieder unterstreicht, sondern eine Schatzkammer der Weisheit, in der der menschliche Geist, seine Probleme und Möglichkeiten eingehend untersucht wurden.

Buddha selbst war ein Mensch, der einen systematischen Weg zur Glückseligkeit und zum höchsten menschlichen Potenzial entwickelte. Dieser praktische Ansatz ist es, den mittlerweile die moderne Wissenschaft in Tausenden Studien aufgreift und untermauert. Meine Kunst sehe ich darin, die Essenz, die Wahrheit und Weisheit aus einer so komplexen Tradition wie dem Buddhismus herauszufiltern und zu den Menschen zu transportieren. Mir geht es um das, was dich ganz konkret in deinem Alltag unterstützen kann. Es geht nicht um Buddhismus, nicht um Hinduismus, eine andere Strömung oder um das, was ich für wahr erachte; es geht ausschließlich um dich und deine Reise zur Wahrheit. Um deine Erfahrung, die du in der Meditation und in einem achtsamen Leben machen wirst. Das ist alles, was zählt. Dieses Buch kannst du daher als eine Landkarte für deine Reise betrachten.

2. Die wichtigsten Erkenntnisse aus der Wissenschaft

In unserer sich rasant verändernden Gesellschaft reicht es nicht aus, sich allein an die alten buddhistischen Lehren zu halten. Wir stehen heute Herausforderungen gegenüber, die es damals nicht gab. Buddha hatte kein Smartphone, auf dem er ständig von seinen Schülern angerufen wurde. Er konnte nicht über Instagram anderen Erleuchteten folgen und Herzchen verteilen, und Blogartikel, Tageszeitungen oder Bücher, in denen er von den Erkenntnissen anderer Mönche hätte lesen können, waren noch nicht erfunden.

Wir heute leben völlig anders als die Menschen zur Zeit Buddhas, und daher ist es eine besondere Kunst, die alten Weisheitslehren geschickt in unsere Lebensweise einzuflechten. Das Schöne ist, dass uns die modernen Wissenschaften dabei unterstützen. Viele Erkenntnisse aus Medizin, Psychologie und den Neurowissenschaften zeigen, wie all die technologischen Revolutionen unser Gehirn, unser Erleben und unseren Alltag verändern.

Mit diesen Informationen können wir wiederum in die umfangreiche Schatzkammer der buddhistischen Psychologie greifen, um ein entsprechendes Gegengewicht zu etablieren. Zahlreiche wissenschaftliche Studien erhöhen darüber hinaus unsere Motivation, an der Meditation dranzubleiben, indem sie uns deren großen Nutzen plausibel machen.

3. Das Beste aus der Praxis

Das dritte Standbein neben der buddhistischen Psychologie und der Wissenschaft ist die Praxis. Ich bin Praktiker, ich mag es gern simpel und anwendbar. Uns macht es nicht glücklich, Glück zu verstehen. Es erfüllt uns nicht, über Erfüllung zu philosophieren. Wir erfahren nicht, was Liebe ist, wenn wir Bücher über Liebe lesen. Und es macht uns nicht gesund, ein Medizinstudium abgeschlossen zu haben. Wissen allein ist nichts wert, wenn wir es nicht umsetzen.

Gelebtes Wissen ist wahres Wissen. Darum werde ich dich immer wieder fragen: Was hat das nun mit deinem Leben zu tun? Wie kannst du dieses Wissen integrieren? Ich werde dir Übungen und viele praktische Werkzeuge an die Hand geben, die du ganz konkret einsetzen kannst, um mehr Gelassenheit, Freude, harmonischere Beziehungen und Erfüllung in dein Leben zu bringen. Besonders der Kern dieses Buches – die Selbsterkenntnis durch Meditation – soll für dich erfahrbar werden.

Dazu werde ich dir auch einige geführte Meditationen mitgeben, die das Gelernte tiefer verankern und dir eigene Erfahrungen ermöglichen. Diese Meditationen, Übungen und weiteres Bonusmaterial zum Buch findest du auf meiner Website – siehe Anhang. Ich fände es unendlich schade, wenn du dieses Buch nur durchliest und das wertvolle Wissen nicht selbst erfährst. Denn die Erfahrung ist das, wonach wir uns alle sehnen. Das Wissen ist und bleibt nur ein Werkzeug auf diesem Weg.

Drei Tugenden auf deinem Weg

Um deine Erfahrungen mit diesem Buch so wertvoll wie möglich und deinen Nutzen daraus so groß wie möglich werden zu lassen, möchte ich dir drei Tugenden mit auf unsere gemeinsame Reise geben.

Tugend 1: Achtsam lesen

Wie schaffst du es, den feinen Unterschied zwischen Lesen und Verstehen hinzubekommen? Für mich ist der Schlüssel Zeit. Zeit, das Gelesene auf mich wirken zu lassen. In der Stille, in der Meditation. Indem ich darüber kontempliere, es betrachte, mit der Information lebe und deren Natur entdecke. Damit herumexperimentiere in meinem Leben. Es lebe, überprüfe, verinnerliche. Immer und immer wieder. So lange, bis es zu meiner Wahrheit wird.

Wenn du durch dieses Buch sprintest wie ein Usain Bolt beim olympischen Hundert-Meter-Lauf, hast du vielleicht ein paar großartige Konzepte und Ideen mitgenommen, aber dein Leben bleibt wie zuvor. Beginne daher lieber, das Buch achtsam zu lesen. Lies die Worte ganz bewusst und fühle dabei deinen Körper. Spüre die Unterlage, auf der du sitzt. Nimm deinen Atem wahr. Jetzt.

Wenn du auf diese achtsame Art und Weise liest, wirst du das Gelesene schneller verinnerlichen, und nicht nur das, du merkst beim Lesen schon, wenn in deinem Körper Widerstand oder Zustimmung auftritt. Vielleicht kämpft dein Körper an einer Stelle gegen etwas an, was du nicht sehen möchtest und was du normalerweise unbewusst überlesen würdest. Denn sobald dein Geist etwas liest, was nicht in dein bestehendes Weltbild passt, entsteht etwas, das man in der Psychologie »kognitive Dissonanz« nennt. An diesem Punkt hat dein Geist drei Möglichkeiten:

Entweder – und das ist der wahrscheinlichste Fall – blendet er die Informationen einfach aus oder interpretiert sie so um, dass sie für dich wieder stimmig sind. Die zweite Option ist, dass du alles ungefiltert annimmst. Das macht unser Gehirn meist dann, wenn wir unter großem emotionalem oder psychischem Stress leiden und unser Gehirn mit aller Macht nach einem Ausweg sucht. Die dritte Möglichkeit – und diese möchte ich dir ans Herz legen: Sei achtsam verwirrt. Halte die Empfindung von Verwirrung aus. Schenke deinem Geist die Zeit, die er braucht, um sich neu zu sortieren. Verwirrung ist immer, *immer* die Vorstufe der Erkenntnis. Wir dürfen dem Nichtwissen, der Verwirrung Raum schenken – und dieser Raum kann dann mit Verstehen gefüllt werden.

> Hinter all dem, was wir nicht fühlen oder betrachten wollen, verstecken sich neue Aspekte unseres wahren Selbst. Daher lade ich dich bereits jetzt dazu ein, all deine Gefühle aufrichtig und wertschätzend zu fühlen.

Ein weiterer wahrer Katalysator ist, beim Lesen ein Tagebuch zu führen. Es gibt viele eindrucksvolle Studien, die zeigen konnten, wie das Niederschreiben der eigenen Gedanken, Erkenntnisse und Erfahrungen die persönliche Entwicklung festigt.[2] Ein chinesisches Sprichwort bringt das schön auf den Punkt: »Die schwächste Tinte ist immer noch besser als das beste Gedächtnis.«

Wer schreibt, verarbeitet, denkt nach, überprüft und reflektiert. Und der wichtigste Aspekt davon: Er ist nicht mehr passiv, sondern aktiv. Du kannst im Laufe dieses Buches immer wieder auf das Werkzeug des Schreibens zurückgreifen. Sei es, indem du auf von mir gestellte Fragen antwortest oder deine Erfahrungen mit einer Übung notierst. Gedanken sind flüchtig, und Veränderung kann manchmal unbemerkt passieren. Da ist es schön, etwas zu haben, das dich freundlich daran erinnert, was du bei der Kultivierung deiner Gedanken und Gefühle schon alles geschafft hast.

Tugend 2: Verantwortung übernehmen

So ernüchternd es sein mag und sosehr du dir vielleicht etwas anderes wünschst: Die Antwort auf deine Fragen wirst du in diesem Buch nicht finden. Und überhaupt in keinem Buch dieser Welt. Ich möchte dich dabei unterstützen, dein Leben tatsächlich zu begreifen und zu erfahren, im Innen und im Außen. Die Verantwortung dafür musst du selbst übernehmen. Denn nur du bist für dein Leben verantwortlich!

Wenn ich auf die Idee komme, dir die Antwort auf deine Fragen zu geben und du dich danach richtest, sie kopierst und versuchst, sie in deinen Alltag zu integrieren, kann immer nur Konflikt entstehen. Ein Konflikt zwischen dir, deinem Leben und den Ideen des Ratgebers. Du hast eine Antwort bekommen, und doch passt sie nicht zu 100 Prozent zu deinem Leben.

Wenn ich zu dir sage, du sollst dreimal täglich eine Stunde lang meditieren, und du bist tatsächlich so wagemutig, das zu probieren, merkst aber bereits nach einem Tag, dass du es nicht hinbekommst, was bleibt zurück? Ein Gefühl der Unzufriedenheit, vielleicht sogar das Gefühl, unfähig zu sein, obwohl es doch so einfach sein sollte. Gedanken wie »Ich schaffe das sowieso nicht«, »Ich bin einfach nicht gut genug oder diszipliniert genug« treten in dein Bewusstsein. Statt Freude ein Haufen Selbstzweifel und ein schlechtes Gewissen.

Du hast eine einzigartige Persönlichkeit, deine Neigungen, Erfahrungen, Nöte, die ich niemals alle kennen und berücksichtigen könnte. In dem Versuch, dich irgendwelchen Ideologien oder Konzepten anzupassen, unterdrückst du dich nur selbst und entfernst dich von deiner eigenen Wahrheit. Du beraubst dich der Erfahrung, dich selbst zu erforschen, wenn du versuchst, den Tipps von Ratgebern gerecht zu werden. Und nehmen wir für einen Moment an, du wärst in der Lage, einem

Plan exakt zu folgen. Punkt für Punkt. Schritt für Schritt. Welches Leben würdest du dann führen? Dein eigenes oder das Leben eines anderen?

Dieser Konflikt ist das größte Problem der meisten Ratgeber und Philosophien! Innere Ordnung, Frieden, Glück können nie von außen geschaffen werden. Keine Autorität und kein Buch dieser Welt könnten das. Ordnung von außen erschafft immer Unordnung im Innen. Nur du selbst kannst in dir diese Ordnung hervorbringen.

Das höchste Ziel, das ich mit diesem Buch erreichen kann, ist, dass du anfängst, nicht mehr die Antworten im Außen zu suchen, sondern in dir. Dass du dir selbst folgst. Dass du deine ureigene Stimme, deine Emotionen erforschst, deinem Leben vertraust und daraus dann die Antworten auf deine Fragen erkennst. Dazu benötigst du einen klaren und wachen Geist, den wir zusammen in der Meditation kultivieren wollen.

Die Wahrheit, die du auf diesem Weg finden wirst, ist nichts Statisches, sondern etwas Lebendiges. Etwas, das sich bewegt, das in jedem Augenblick seine Schönheit neu entfaltet. Wenn du diese Wahrheit erfährst, brauchst du keine Autorität mehr, die dir das Leben erklären will.

Der schönste Nebeneffekt, der sich aus dieser radikalen Selbstverantwortung ergibt, ist, dass es kein Richtig und kein Falsch mehr gibt. Weil du niemanden im Außen akzeptierst, der dir vorgibt, was richtig und was falsch wäre. Wenn du jede äußere Autorität in Bezug auf dein Innenleben ablehnst und die Antworten in dir findest, gibt es nichts mehr, was du falsch machen könntest.

Fühlt sich diese Form der Selbstverantwortung nicht befreiend an? Abgelöst von all dem Sollen und Müssen? Du gewinnst eine enorme Energie zurück, nicht wahr? Du gewinnst Lebensfreude, Schwung und Kraft, die du nutzen kannst, dich selbst weiter zu erforschen und zu erfahren. Diese Selbsterfahrung schenkt dir wiederum noch mehr Energie, Vitalität und Lebensfreude. Eine selbstverstärkende Rückkopplung, die dich immer weiter zu dir selbst führt.

Dieser Schritt zur eigenen Verantwortung ist der erste Schritt zur inneren und äußeren Freiheit. Wenn du selbst zu der Erkenntnis kommst, wie wichtig dieser Schritt ist, wie wichtig es ist, selbst Verantwortung für sein ganzes Leben zu übernehmen, dann haben wir beide eine ganz neue Ebene in unserer Beziehung erreicht. Dann freue ich mich, dass wir ein paar Schritte dieser Reise gemeinsam gehen!

Tugend 3: Sich selbst lieben lernen

Frage dich einmal ganz ernsthaft: Wer ist die wichtigste Person in deinem Leben? Ist es dein Vater oder deine Mutter? Dein Partner oder deine Kinder? Oder ist es ein ganz besonderer Freund oder eine Freundin? Unter all den Menschen auf diesem Planeten, wer liegt dir am meisten am Herzen?

Für mich ist die Antwort einfach. Es ist die Person, mit der ich den ersten Atemzug und den letzten teile. Es ist die Person, die für mein Glück oder auch Unglück verantwortlich ist. Es ist die Person, die ich jeden Morgen im Spiegel sehe. Ich bin mir die wichtigste Person in meinem Leben.

Bevor du mir jetzt entweder lächelnd zustimmst oder mich als Egoisten beschimpfst, lass mich das kurz erklären. Der Grund, warum ich mir die wichtigste Person bin, ist einfach. Erstens mag ich es, mich gut zu fühlen. Der zweite genauso wichtige Grund ist: Wenn es mir nicht gut geht, wenn ich nicht in meiner Kraft bin, dann kann ich kein guter Partner sein. Ich kann kein guter Arbeitgeber oder Unternehmer sein. Ich kann kein guter Freund oder Vater sein. Wenn es mir nicht gut geht, bin ich ein schlechtes Vorbild für mein Umfeld. Wenn ich keine Liebe in meinem Herzen fühle, kann ich kein gutes Buch für dich schreiben!

Es ist das Flugzeugprinzip. Wenn es heftige Turbulenzen gibt und die Sauerstoffmasken von der Decke fallen, muss ich mir als Erstes selbst die Maske überziehen und erst dann anderen dabei helfen. Erst muss es mir gut gehen, dann kann ich authentisch und aufrichtig meinem Umfeld dienen.

In den letzten Jahren hat das Wort Selbstliebe an Beliebtheit gewonnen. Im Grunde bedeutet es nichts anderes als einen gesunden Egoismus, nur netter verpackt. Egoismus ist so negativ besetzt, dass wir bereits in eine Abwehrhaltung gehen, wenn wir das Wort nur hören. Dennoch ist es wichtig, eine gesunde Form des Egoismus zu entwickeln. Dabei meine ich nicht, dass du mit ausgefahrenen Ellenbogen gierig Besitz anhäufst und Macht suchst. Ganz im Gegenteil. Egoismus bedeutet »Eigeninteresse«. Es darf also zu deinem Interesse werden, dass es dir gut geht. Du wirst lernen, dass dein Wohlbefinden nicht von äußeren Faktoren abhängig sein muss. Wenn du den Kern dieses Egoismus beziehungsweise dieser Selbstliebe durchschaut hast, wenn du erkannt hast, wer sich da selbst liebt, wirst du entdecken, dass die reinste Form des Egoismus das Gleiche ist wie das Lieben von allem.

Wenn wir uns selbst lieben, können wir
alles andere lieben. Erst wenn wir in uns
aufgeräumt haben und zu uns gut sein können,
haben wir die Kraft und die Fähigkeit,
das alles in die Welt zu tragen.

In meinen Seminaren frage ich die Teilnehmer immer: Was bekommst du, wenn du eine Zitrone aufschneidest und auspresst?

Ganz einfach: Zitronensaft.

Was glaubst du, was aus Menschen voller Selbsthass und negativen Emotionen herauskommt? Vermutlich kein friedvolles und liebevolles Handeln.

Der Umgang mit der Umwelt und den Mitmenschen spiegelt im Grunde nur wider, wie die Menschen mit sich selbst umgehen. Hass, Wut und Gier im Inneren wird auf die Welt projiziert und richtet damit den Schaden an, den wir gerade miterleben müssen. Das Gegenteil davon ist Selbsterkenntnis und Selbstliebe.

Somit ist dieses Buch nicht nur eine Anleitung für dich, sondern für die Welt. Denke zum Beispiel an all die Wut, die unreflektiert in die Welt geschleudert wird. An die Angst, die die meisten Menschen haben und die zu unsäglichem Leid führt. Was wäre, wenn all diese Menschen diese Emotionen gesund verarbeiten und statt mit Kampf oder Flucht mit Liebe und Mitgefühl der Welt begegnen würden? Wie würde die Welt aussehen? Wir würden uns ein Paradies auf Erden erschaffen. Und dieses Paradies beginnt in dir, wenn du anfängst, achtsamer zu leben und Meditation in deinem Leben zu verankern.

Lass uns anfangen.

Die Qualitäten eines geschulten Geistes

Meditation ist – vor allem am Anfang – eine Schulung des Geistes. Wir trainieren unseren Geist so, dass er uns auf bestmögliche Weise dient: dass er uns im Alltag so unterstützt, dass wir ein freudvolles und erfülltes Leben führen können. Wir alle kennen das Gegenteil nur zur Genüge. Wir wissen, wie es ist, wenn sich der Geist in negative Gedanken über ein Problem verbeißt, wenn wir uns in Selbstverurteilung und Selbstzweifeln verlieren, immer wieder über bereits vergangene Ereignisse grübeln, uns Vorwürfe machen oder uns dramatische Zukunftsszenarien ausmalen, die so nie eintreten werden. Der Geist kann zerstörerisch sein, uns aber eben auch dienen. Er kann Lösungen anbieten oder sich in Problemen verlieren. Er kann uns ermutigen oder uns in Selbstzweifel stürzen. Er kann großzügig sein oder gierig. Jegliche Richtung und Facette ist möglich, und darum ist es wichtig, dass wir den Geist schulen, damit er unserem Leben und der Welt dient.

In allen buddhistischen Traditionen, die mir im Laufe der Zeit begegneten, war die Geistesschulung ein fester Grundpfeiler. Dabei gibt es in den einzelnen Strömungen unterschiedliche Herangehensweisen. Es gibt zum Beispiel das Sieben-Punkte-Geistestraining im Tibetischen Buddhismus, die acht Verse von Geshe Langri Thangpa, einem Meister der Kadampa-Tradition, unzählige Methoden des Geistestrainings im Mahayana- und im Zen-Buddhismus, die buddhistische Satipatthana-Methode und noch viele mehr. Doch jede hat im Grunde das gleiche Ziel: unseren Geist zu schulen und unser Bewusstsein dadurch zu erweitern.

Geistestraining bezieht sich in der buddhistischen Theorie und Praxis immer auf eine spezifische Form der Kultivierung geistiger Qualitäten (*bhāvanā*). Meist sind diese Lehren aber ohne den kulturellen Kontext schwer zu verstehen und ohne klare, auf den Westen ausgerichtete Übersetzung wenig praktikabel für uns. Darum habe ich versucht, die Essenz auf drei Qualitäten herunterzubrechen, die für dich leicht verständlich, nachvollziehbar und in der meditativen oder achtsamen Praxis direkt erfahrbar sein dürften. Es sind die grundlegenden Qualitäten, die wir mit Meditation und Achtsamkeit schulen. Sie sind nicht nur für die Selbst-Bewusstwerdung während der Meditation wichtig, sondern für dein ganzes Leben!

Diese drei Qualitäten sind:

- ein stabiler Geist,
- ein klarer Geist,
- ein friedvoller Geist.

Das Trainieren des Geistes durch Meditation und Achtsamkeit kannst du dir vorstellen wie gezielten Sport. Sport hat (neben dem Wichtigsten: der Freude) die Aufgabe, deinen Körper gesund und fit zu halten. Sport sorgt dafür, dass du dich in deiner Haut wohlfühlst und Energie für deinen Alltag hast. Für die körperliche Fitness gibt es unzählige Sportarten, Trainingspläne und Philosophien. Jedes Jahr neue Trends, die dich noch schneller, gezielter oder besser fit machen sollen. Für die systematische Schulung unseres Geistes hingegen gibt es im Westen erstaunlich wenig, obwohl es doch (neben dem Körper) mindestens genauso entscheidend der Geist ist, der über die Qualität unseres Lebens bestimmt.

Statt Ausdauer, Kraft und Koordination trainieren wir durch Meditation und Achtsamkeit Stabilität, Klarheit und Frieden. Diese drei Qualitäten dienen dir später nicht nur für tiefe meditative Erfahrungen, sondern auch in ausnahmslos jedem anderen Lebensbereich.

Ein stabiler Geist

Ein stabiler Geist kann sich über längere Zeit auf ein Objekt konzentrieren. Leider ist das Wort »Konzentration« in unserer Gesellschaft mit vielen negativen Assoziationen belastet. Wir verbinden es mit Schule, Anstrengung und harter Arbeit. Fast alle von uns waren lebendige, glückliche und freie Wesen, bevor wir uns dem Schulsystem unterordnen mussten. Dort galt es ja meistens, still zu sitzen und sich zu konzentrieren. Und welches Kind hat schon Freude daran? Die Assoziation, dass Konzentration etwas Schweres, Mühseliges und Kraftaufwendiges ist, entstand aber nur, weil wir uns auf Dinge konzentrieren mussten, die uns nicht interessierten. Sie entstand nicht, weil Konzentration an sich unangenehm ist. Ganz im Gegenteil: Eine erhöhte Konzentration in einem Lebensbereich, der uns interessiert, führt unweigerlich zur Flow-Erfahrung. Wir erleben, dass alles im Fluss ist, dass wir im Fluss sind. Der Vater der Flow-Forschung, Professor Mihaly Csikszentmihalyi, hat dies in seinem Buch *Flow* eindrucksvoll dargestellt.[3] Sportler würden den hochkonzentrierten Geist als »in the Zone« bezeichnen – ein echtes Hochgefühl. Dieser Zustand kommt durch einen hochkonzentrierten (stabilen) Geist, gepaart mit Leidenschaft und den daraus resultierenden Glückshormonen zustande.

Konzentration – also geistige Stabilität – erlaubt dir, tief in eine Aktivität einzutauchen und im wahrsten Sinne des Wortes in ihr aufzugehen. Du kennst bestimmt dieses Gefühl, durch die Zeit zu schweben, wenn du vertieft einer Leidenschaft nachgehst, ein spannendes Buch liest, fasziniert mit einem Freund philosophierst, hochkonzentriert Sport machst oder einfach bewusst den Vögeln auf den Bäumen lauschst. Du bist völlig vertieft, merkst weder Raum noch Zeit, keine Müdigkeit und kein Hungergefühl und manchmal nicht einmal, wenn dich andere Personen ansprechen. Egal, ob die Flow-Erfahrung Minuten oder Stunden gedauert hat – wenn du daraus wieder »auftauchst«, fühlst du dich höchst zufrieden mit dem, was du gerade erfahren oder getan hast.

Die meisten Menschen allerdings erleben tagtäglich eher das Gegenteil von Flow. Abgelenkt durch ihr Smartphone, die sozialen Medien und die unterschiedlichsten kleinen und großen Probleme sind sie nicht wirklich auf das konzentriert, was gerade ist. Konzentration ist deshalb das wundervolle Gegengewicht zur häufig zerstreuten Aufmerksamkeit und den mitunter chaotischen und widersprüchlichen Anforderungen des Alltags, die ein Gefühl der Verwirrung und Unzufriedenheit in uns hinterlassen.

Ich denke, du kennst außerdem das wundervolle Gefühl, wenn dir ein Mensch seine volle Aufmerksamkeit schenkt. Auch für gelungene zwischenmenschliche Beziehungen ist Konzentration nämlich die Geheimzutat. Das Wertvollste, was du deinen Mitmenschen geben kannst, ist deine Aufmerksamkeit. Mit einem stabilen Geist bist du in der Lage, einem anderen zuzuhören und mit ihm mitzufühlen, ohne zu werten und ohne dir bereits eine Antwort zu überlegen, während dein Gegenüber noch spricht.

Auch deine sexuellen Erfahrungen sind geprägt von der Fähigkeit, dich zu konzentrieren. Sicher kennst du das Phänomen: Wenn der Geist irgendwo anders ist als bei deinem körperlichen Erleben und beim Partner, kommen kaum sexuelle Freuden auf. Wenn du dagegen mit all deiner Aufmerksamkeit bei der intimsten aller zwischenmenschlichen Begegnungen bist, kann diese zur wirklich ekstatischen Erfahrung werden.

Aber nicht nur deine Beziehungen blühen auf, auch dein berufliches Vorankommen ist maßgeblich davon abhängig, wie gut du dich konzentrieren kannst. Wenn dich alles Mögliche ablenken kann, dann wirst du vermutlich wenig Erfolg im Berufsleben haben. Mit einem klaren und vor allem stabilen Geist hingegen kannst du zielgerichtet deine Aufmerksamkeit und damit deine Energie auf das richten, was dich voranbringt und dir Freude bereitet.

Nicht zuletzt ist ein stabiler Geist der Schlüssel für tiefere Einsichten in der Meditation. Ein Geist, der sich nach jedem zweiten Atemzug wieder in Alltagsproblemen oder Tagträumereien verliert, hat kaum die Möglichkeiten, »tiefer« in die Natur der Wirklichkeit zu blicken. Ein stabiler Geist hingegen hilft dir, ein Meditationsobjekt Atemzug für Atemzug immer tiefer zu betrachten. Dein Körper kann sich entspannen, dein Energiesystem kann sich regulieren, und du lässt einfach zu, immer tiefer zu schauen und zu begreifen.

Mir selbst gelang es in meiner täglichen Meditationspraxis und vor allem in Retreats immer schneller, diesen stabilen Geist zu kultivieren. Dabei konnte ich besonders nach den Retreats immer etwas Faszinierendes beobachten: Nachdem ich mehrere Tage oder gar Wochen täglich zehn bis sechzehn Stunden meditiert und kein Wort gesprochen hatte und mich keine unnötigen Informationen von außen berührt hatten, kam ich in die chaotische Welt mit ihren Smartphones, den Medien, dem Alltagsstress, den vielen Gesprächen und Problemen zurück. Ich konnte zusehen, wie jede Information, sei es durch eine Nachricht oder ein Gespräch, die kultivierte Stabilität meines Geistes ein bisschen mehr ins Wanken brachte. Es war spannend, friedvoll zu beobachten, wie die alltäglichen Stimulationen meinen Geist anregten, wieder zu denken. Obwohl die Stille durch meine tägliche Praxis immer stabiler wurde, spüre ich nach wie vor einen enormen Unterschied zwischen dem Leben im Kloster und dem Leben in der »normalen« Gesellschaft. Nichtsdestotrotz profitiere ich in meinem Privatleben am meisten durch die Fähigkeit, meinen Geist auf die Dinge lenken zu können, die gerade wichtig sind. Auf die Gespräche und Beziehungen, die ich gerade vertiefen möchte. Und ich gewinne enorm durch die Fähigkeit, nicht in negative Gedanken abzudriften, sondern mich auf das zu fokussieren, was mich erfreut.

> Die Fähigkeit der Konzentration gehört zum Wertvollsten, das wir für unseren Alltag erlernen können.

Um deinen Geist stabiler werden zu lassen, braucht es zwei Zutaten: Zeit und Wiederholung. So wie du beim Krafttraining das Gewicht immer und immer wieder stemmen musst, musst du deinen Geist wieder und wieder fokussieren. Durch den einmaligen Besuch des Fitnessstudios wirst du nicht wie der junge Arnold Schwarzenegger oder wie Heidi Klum aussehen und nach einem einzigen Ausdauerlauf keinen Marathon bestreiten. Genauso wirst du auch nicht gleich in deiner ersten Meditation die komplette Gedankenstille erfahren und tiefgreifende Erfahrungen machen. Doch jedes Mal, wenn du in der Meditation deinen Geist zurück zum Atem bringst, ist das, als würdest du eine Hantel stemmen. Statt gegen die Gravitationskraft zu arbeiten, arbeitest du hier gegen die unzähligen täglichen Ablenkungen. Wiederholung für Wiederholung wird dein »Konzentrationsmuskel« stärker.

Ich war – und bin immer noch, wenn auch längst nicht mehr so ausgeprägt – jemand, der es hasste, Zeit zu verschwenden. Früher versuchte ich, jede Sekunde mit etwas Sinnvollem zu füllen. Es gab für mich nichts Langweiligeres und Nervtötenderes, als in einer Schlange im Supermarkt zu stehen oder im Wartezimmer des Arztes zu sitzen. Warten war eine Qual für mich. Als ich jedoch immer mehr mit der Meditation vertraut wurde, entdeckte ich etwas Spannendes: Ich konnte jeden »langweiligen Moment« nutzen, um meine Konzentrationsfähigkeit zu stärken. Nicht nur auf dem Meditationskissen, nein, überall, wo ich warten musste, war mein wichtigstes Trainingswerkzeug bei mir: der Atem. Wann immer ich wartete oder nichts zu tun hatte, folgte ich meinem Atem. Das Schöne dabei war, dass diese ehemals öden Phasen des Wartens bereits nach kurzer Zeit zu den schönsten Momenten in meinem Alltag wurden. Ich genoss es einfach, ein paar bewusste Atemzüge zu nehmen. Jede freie Minute nutze ich seither zum genussvollen Atmen und Hineintauchen in den Moment.

Diese Praxis schenkt mir unzählige friedvolle Augenblicke, die ich ansonsten mit einem unruhigen und unzufriedenen Geist vergeuden würde.

Bewusst atmen – für einen stabiler werdenden Geist

Wo immer du bewusst deinen Atem wahrnehmen kannst, trainierst du die Stabilität deines Geistes und bereicherst dein Leben:

- An der Bushaltestelle – einfach bewusst atmen.
- An der Supermarktkasse – einfach bewusst atmen.
- Im Wartezimmer des Arztes – einfach bewusst atmen.
- Beim Warten auf einen Freund – einfach bewusst atmen.
- Am Morgen in der Dusche – einfach bewusst atmen.
- Auf der Toilette – einfach bewusst atmen.
- Auf dem Weg zur Arbeit – einfach bewusst atmen.

Jedes Mal, wenn der Geist abdriftet, gehst du einfach wieder entspannt und liebevoll zurück zum Atem.

Ein klarer Geist

Neben der Stabilität deines Geistes ist die zweite Qualität, die dir die Meditation schenkt und die du zugleich mit ihr trainierst, mindestens genauso wichtig: die Dinge klarer zu sehen. Klarheit des Geistes bedeutet, dass du dein alltägliches Erleben viel differenzierter wahrnehmen kannst. Du beginnst nicht nur, viel bewusster deine Gedankenwelt zu erfassen, deine Emotionen und andere Empfindungen, sondern lernst auch, diese Phänomene in ihren Feinheiten besser zu unterscheiden.

Lass mich das am Beispiel einer Teilnehmerin der Achtsamkeits-Academy erklären, ich nenne sie jetzt einfach mal Maria. Maria beschrieb ihr Leben als einzigen Strom von äußeren Anforderungen, denen sie verzweifelt versucht, gerecht zu werden. Das Erste, was sie morgens macht, ist, den Wecker auf ihrem Smartphone auszuschalten, um direkt danach die über Nacht eingegangenen Nachrichten zu lesen. Sie öffnet fast automatisch ihr E-Mail-Postfach, das mit ihrem Arbeitspostfach verbunden ist. Bereits jetzt geht ihr Puls nach oben, weil sie sieht, was für ein anstrengender Tag vor ihr liegt. Anstatt sich etwas Zeit für sich zu nehmen, springt sie hektisch aus dem Bett. Schnell unter die Dusche, schnell herrichten, unterwegs ein Kaffee-to-go und eine Breze, dann ab zum ersten Kunden. Maria ist im Außendienst tätig und hetzt den ganzen Vormittag von Kunde zu Kunde, führt zwischendurch im Auto Telefonate. Abgesehen von ein paar Raucherpausen, bei denen sie durch Meldungen im Smartphone scrollt, gibt es keine Erholungsphasen. Die Nachmittage verbringt sie meistens im Büro, wo sie vor lauter Meetings und Gesprächen mit Kollegen oder dem Chef kaum Zeit zum Durchatmen hat. Nach der Arbeit noch schnell einkaufen. Ein Fertiggericht in den Ofen, vor dem Fernseher essen und mit innerer Unruhe und Kopfschmerzen völlig erschöpft ins Bett, um am nächsten Tag wieder zu funktionieren. Oft hat sie eine richtige Migräne, die sie dann mit Tabletten versucht, unter Kontrolle zu bringen. So erlebt sie ihren Alltag fast ausschließlich unbewusst. Es ist, als ob am Morgen eine Welle über sie hereinbrechen würde, sie den kompletten Tag über mitreißt und am Abend völlig ausgelaugt am Strand wieder ausspuckt. Jeder Tag ist gleich. Welle für Welle. Das ist ihr Leben.

Ich glaube, vielen Menschen geht es wie Maria, und sie wissen nicht, wie sie aus so einem Kampf wieder herauskommen können. Maria gab ich dafür eine Aufgabe: Sie sollte einen Monat lang ihre Erfahrungen klarer beobachten. Dafür stellte ich ihr die sechs Ebenen des Bewusstseins vor, in die sie – und ab jetzt vielleicht auch du – all ihre Erfahrungen einsortieren konnte. Damit gewann sie nach und nach ein klareres Verständnis ihrer Wahrnehmungen.

Jede menschliche Erfahrung lässt sich auf eine dieser sechs Ebenen des Bewusstseins herunterbrechen:

- Sehen außen (Was du gerade siehst)
- Hören außen (Was du gerade hörst)
- Fühlen außen (Empfindungen auf deiner Haut)
- Sehen innen (Innere Bilderwelt)
- Hören innen (Gedanken)
- Fühlen innen (Gefühle und Emotionen)

Ein Erlebnisspaziergang

Nimm dir in dieser Woche einmal Zeit und mach einen Spaziergang durch einen Wald. Nutze diesen ganzen Spaziergang, um innerlich jeden Sinneseindruck einer der sechs Ebenen zuzuordnen. Versuche, deine Wahrnehmung dabei nicht zu lenken, sondern die Eindrücke anzunehmen, wie sie an dich herankommen. Du bist der stille Beobachter deiner Wahrnehmung.

- Was siehst du, wenn deine Augen geöffnet sind (Sehen außen)?
- Welche Geräusche nimmst du um dich herum wahr (Hören außen)?

- Was kannst du auf deiner Haut fühlen – vielleicht Wärme, Kälte, Wind (Fühlen außen)?
- Welche Bilder tauchen auf, wenn du deine Augen schließt (Sehen innen)?
- Welche Gedanken kommen in dir hoch (Hören innen)?
- Was passiert in deinem Körper? Welche Emotionen fühlst du? Wo genau in deinem Körper fühlst du die Emotionen (Fühlen innen)?

Achte nach dieser Übung einmal darauf, wie sich dein Erleben verändert. Wenn du danach beispielsweise dein Essen zubereitest, dich mit jemandem unterhältst oder ins Auto steigst, wirst du merken, dass du viel bewusster wahrnimmst.

Diese sechs Ebenen werden wir im Laufe des Buches weiter erforschen. Besonders im dritten Kapitel, wenn wir uns genauer mit dem inneren Hören, also der Ebene deiner Gedanken befassen, und im vierten Kapitel, wenn es um die Gefühle, also um das innere Fühlen geht. Im sechsten Kapitel gehen wir sogar noch einen großen Schritt weiter und versuchen zu erkennen, wer es eigentlich ist, der diese sechs Ebenen wahrnimmt. Zunächst aber möchte ich dir verdeutlichen, warum es so wichtig ist, diese Klarheit im Geist zu entwickeln. Das bezieht sich vor allem auf das Hören und Sehen innen. Sie machen letztlich die direkte Wahrnehmung deines Geistes aus. Schließ vielleicht nach dem Lesen dieses Absatzes einfach einmal deine Augen und beobachte, was passiert. Hörst du bestimmte Gedanken? Hörst du eine innere Stimme beim Denken? Was für eine Qualität hat diese Stimme? Möglicherweise tauchen auch Bilder auf. Wenn nicht, denk einfach an den letzten Urlaub – sofort werden Bilder erscheinen. Mit dem Schließen deiner Augen bist du beim Hören innen und beim Sehen innen. Es ist eine simple

Übung, die die Klarheit der Wahrnehmung bereits zu schulen beginnt.

Als Maria mit dieser Praxis begann, brauchte sie eine ganze Zeit, bis sie deutlicher wahrzunehmen begann. Unterstützt von ihrer täglichen Sitzmeditation gelang es ihr aber immer leichter und vor allem immer öfter, die innere Stimme in ihrem Kopf auch im Alltag wahrzunehmen. Nach einigen Wochen berichtete sie mir: »Ich war mir überhaupt nicht darüber bewusst, dass ich bereits morgens so viele negative Gedanken (inneres Hören) in meinem Kopf habe. Das Allererste, was mir nach dem Aufwachen kam, war regelmäßig: ›Ich hab überhaupt keinen Bock auf diesen Tag!‹ Anstatt dieser Stimme und meinen Emotionen Raum zu geben, habe ich direkt zum Smartphone gegriffen, um mich abzulenken. Das Spannende dabei war, dass ich eigentlich gar keine Lust hatte, all die Meldungen schon morgens zu lesen. Ich schaute nur deshalb ins Postfach, weil ich Angst (inneres Fühlen) vor dem hatte, was mich an dem Tag wieder erwarten würde!«

Marias Alltag blieb erst einmal noch extrem, dennoch begann sie einiges zu verändern. Sie kaufte sich einen Wecker, damit sie ihr Smartphone nicht gleich am Morgen zur Hand nehmen musste. Nach dem Aufwachen meditierte sie. Manchmal hörte sie innerlich eine Stimme, die meinte, dass sie dafür keine Zeit hätte. Sie konnte diese Stimme aber mittlerweile mit der zunehmenden Klarheit erfassen und meditierte dann trotzdem, einfach weil sie wusste, dass es ihr guttut.

»Ich will dir noch von einer spannenden Erfahrung in der letzten Woche berichten«, sagte sie bei einem unserer Termine. »Es ging um das Jahresgespräch mit meinem Chef. Normalerweise bin ich immer unendlich nervös vor solchen Terminen. Aber diesmal hab ich genauer auf meine Gedanken und inneren Bilder geachtet. Ich merkte, wie ich mir bereits am Abend davor ständig unbewusst vorgestellt habe (Sehen innen), wie mich der Chef anschnauzt, und das hat mich natürlich nervös gemacht. Ich habe dann eine geführte Meditation von dir gehört, und danach ging es mir schon deutlich besser. Am nächsten Morgen wachte ich mit dem Gedanken auf ›O Gott, heute ist dieses blöde Gespräch‹ (inneres Hören), aber anstatt mich irgendwie abzulenken, habe ich mir den Gedanken einfach angeschaut und ihn einfach so sein lassen. Allein das hat mir gutgetan. Auf dem Weg zur Arbeit merkte ich ständig, wie mein Geist Gedanken über das anstehende Gespräch formulierte. Aber da ich sie bewusst wahrgenommen habe und als bloße Gedankenangebote betrachten konnte, war es nicht mehr ganz so schlimm. Ich muss zugeben, ich war immer noch nervös. Und im Gespräch selbst ist es mir nicht gelungen, diesen klaren Geist zu wahren. Aber hey, es war hundertmal entspannter als die Jahre zuvor! Und ich habe mit dieser Praxis ja erst angefangen.«

> Warum ist Klarheit so wichtig? Ganz einfach. Deine Gedanken und deine inneren Bilder bestimmen dein ganzes Leben. Sie bestimmen deine Emotionen, deine Erfahrungen, deine Handlungsbereitschaft und deine Reaktion auf die Welt.

Anders gefragt: Wie lebt es sich ohne Klarheit? Stell dir vor, du wärst ein Koch, doch all deine Gewürze wären in gleich aussehenden, unbeschrifteten Behältnissen. Du könntest nicht sehen, was du in den Suppentopf wirfst. Du könntest nicht herausfinden, ob du gerade Salz oder Pfeffer, Curry oder Zucker in das

Essen schüttest. Das Ergebnis würde entsprechend schmecken. Genau so ist das Leben der meisten Menschen: Sie kennen die Basiselemente ihres Lebens nicht und wundern sich dann, wie ihr Leben aussieht und warum es ihnen nicht »schmeckt«. Sie erschaffen sich ihr Leben völlig unbewusst. Sobald du dir der grundlegenden Elemente des Lebens klarer bewusst wirst, kannst du beginnen, dir eine wohlschmeckende Suppe zu kochen.

Ein friedvoller Geist

Neben Klarheit und Stabilität ist die dritte Geistesqualität, die wir mithilfe der Meditation etablieren, Frieden. Wir alle wünschen uns im Grunde diesen Frieden. Nicht nur den Frieden im Außen, sondern vor allem den Frieden in uns selbst, in unserem Geist. Den Frieden mit uns selbst.

Das war vor vielen Jahren auch mein sehnlichster Wunsch: dass einfach mal Ruhe ist. Damals habe ich versucht, diesen Frieden durch Kampf zu erlangen. Das klingt genauso absurd, wie es ist. Ich habe gekämpft und wollte es allen recht machen, damit der Stress endlich aufhört. Ich habe mich selbst unbarmherzig angespornt, um meine Erwartungen zu erfüllen und dadurch endlich Ruhe zu haben: Ruhe vor mir selbst. Ich habe gegen meine Emotionen angekämpft, vor allem gegen die Ängste, die endlich verschwinden sollten. Ich war überzeugt: Wenn ich nur den hohen Ansprüchen der anderen und vor allem meinen eigenen Ansprüchen genügen würde, dann müsste sich doch endlich Frieden einstellen. Ich habe versucht, inneren Frieden durch Kampf zu erzwingen.

Wie du vermutlich bereits weißt, funktioniert diese Strategie nicht. Doch warum kämpfen wir dann immer so hart? »Ich kämpfe gegen meine Krankheit.« »Ich boxe mich da durch!«

»Ich habe gekämpft und ging als Sieger hervor!« Doch die traurige Wahrheit ist: Durch Kampf entsteht immer Leid. Wenn ich mich für Frieden entscheide, entsteht Frieden. Er stellt sich nicht ein, wenn wir uns nur lange genug durchs Leben geboxt haben. Frieden ist das, was entsteht, wenn wir den Dingen kontinuierlich friedvoll begegnen. Frieden ist (tatsächlich!) eine Entscheidung. Auf ganz wundervolle Weise zeigt das ein altes buddhistisches Gleichnis vom Mönch und dem Samurai.

Der Mönch und der Samurai

Eines Tages besuchte ein berühmter Samurai, der dem direkten Befehl des Kaisers unterstand, einen kleinen Mönch in seinem Kloster. Mit all seiner Ausrüstung, dem kaiserlichen Wappen und voller Stolz betrat er das Kloster im Wald. Er sagte zum Mönch: »Mönch! Lehre mich, was Himmel und was Hölle bedeutet.«

Der kleine Mönch hob den Kopf, blickte dem Samurai ins Gesicht und sagte abfällig: »Dich über Himmel und Hölle belehren? Jemandem wie dir kann man nichts beibringen. Du bist der Wahrheit nicht würdig. Verschwinde!«

Der Samurai, der Widerworte nicht gewohnt war, griff sofort zu seiner Waffe: »Wen, glaubst du, hast du hier vor dir stehen? Ich bin ein Samurai der kaiserlichen Garde. Ich führe die direkten Befehle des Kaisers aus. Ich habe Hunderte Männer unter mir, und du wagst es, so mit mir zu sprechen?« Rasend vor Wut erhob er sein Schwert, um den Mönch zu enthaupten.

Der Mönch aber blickte dem Samurai direkt in die Augen und sagte sanft: »Das ist die Hölle.«

Der Samurai war überwältigt, und ihm kamen die Tränen. Er erkannte die Hingabe und das Mitgefühl des

Mönches, der bereit war, sein Leben zu opfern, nur um ihm eine Lehre zu erteilen. In tiefer Demut steckte er sein Schwert zurück und senkte sein Haupt voller Dankbarkeit.

»Und das ist der Himmel«, sagte der Mönch freundlich.

Frieden ist eine Entscheidung, die wir jeden Tag treffen können. Teilnehmer meiner Seminare bekommen oft ein kleines Kärtchen als Erinnerung, auf dem das Mantra »Ich entscheide mich für Frieden!« zu lesen ist.

- Es ist eine Entscheidung, friedvoll mit seinem Körper umzugehen, statt zu kämpfen.
- Es ist eine Entscheidung, friedvoll seine Makel und Unzulänglichkeiten anzunehmen, statt sich ständig selbst kleinzumachen.
- Es ist eine Entscheidung, friedvoll seine Emotionen anzunehmen, statt davor wegzulaufen oder sie zu verdrängen.
- Es ist eine Entscheidung, friedvoll mit den eigenen Gedanken umzugehen, wenn sie sich in Sorgen verstricken.
- Es ist eine Entscheidung, friedvoll mit sich umzugehen, wenn man den eigenen Anforderungen nicht genügt.
- Es ist eine Entscheidung für Frieden, sich selbst zu lieben, auch wenn gerade alles schiefgeht.
- Es ist eine Entscheidung, friedvoll zu altern.
- Es ist eine Entscheidung, friedvoll mit seiner Sensibilität umzugehen.
- Es ist eine Entscheidung, Frieden damit zu schließen, dass es Dinge gibt, die man nicht bekommen hat, obwohl man sie verdient hätte.
- Es ist eine Entscheidung, Frieden damit zu schließen, dass es Dinge gibt, die man niemals haben wird.

- Es ist eine Entscheidung, friedvoll mit der eigenen Vergänglichkeit umzugehen.
- Es ist eine Entscheidung, in aufwühlenden Konflikten friedvoll zu bleiben.

Ganz egal, in welchem Bereich du kämpfst, du kannst dich immer für Frieden entscheiden. Frieden bedeutet dabei nicht, alles einfach nur hinzunehmen und passiv vor sich hin zu meditieren. Das ist tatsächlich eine der meistgestellten Fragen in meinen Seminaren: »Worin liegt der Unterschied zwischen friedlichem Hinnehmen und Kapitulation?«

Viele Menschen verknüpfen mit dem Akt des Friedenschließens Niederlage und Kapitulation. Sie sind es gewohnt zu kämpfen, bis sie das Ergebnis haben, das sie sich wünschen. Nur gibt es dabei ein kleines Problem: Manche Dinge lassen sich nicht erzwingen. Entweder sind andere Menschen beteiligt, die ihren eigenen Willen haben, oder die Zeit ist schlichtweg noch nicht reif. Jeder Kampf erzeugt automatisch innere Anspannung und Stress. Unser Leben soll anders sein, als es jetzt ist, und darum kämpfen wir und setzen uns auf diese Weise unbewusst unter Dauerstrom. Wir stecken mit unserem Kopf in einer Wunschvorstellung, wie das Leben sein soll, und solange das Leben dieser Idee nicht entspricht, muss dafür gekämpft werden.

Natürlich solltest du manchmal an einer Sache dranbleiben. Bestimmt, aber friedlich. Doch die Entscheidung für Frieden bringt dich zurück in den jetzigen Moment. Du kannst die Dinge dann genau so sehen, wie sie gerade nun mal sind. Sich für Frieden zu entscheiden bedeutet, die jetzige Realität anzunehmen, anstatt dagegen zu kämpfen und sich selbst damit zu schwächen.

Das Komisch-Tragische am Leben ist, dass die Realität ist, wie die Realität ist. Ob wir kämpfen oder uns für Frieden entscheiden, die Situation an sich bleibt die gleiche. Der große Unterschied ist nur, dass wir im ersten Fall angespannt sind und unter Stress stehen und im zweiten aus einer entspannten Haltung heraus in Klarheit und Frieden handeln oder reagieren können.

> Friedvolle Annahme gibt uns die Energie zurück,
> die wir zuvor im Kampf gegen uns selbst
> und die Welt vergeudet haben.

Die Entscheidung für Frieden ist wie eine Startlinie, von der aus wir entscheiden können, ob es überhaupt etwas zu tun gibt. Wenn ja, können wir handeln. Wenn nein, bleiben wir einfach friedvoll.

Um noch einmal den Unterschied zwischen Annahme und Kapitulation deutlich zu machen: Wenn du übergewichtig bist, bedeutet friedvolles Annehmen nicht, dass du für immer übergewichtig sein musst. Annehmen ist nicht das Typische »Ich war schon immer so, deswegen verändere ich nichts«. Es bedeutet lediglich, jetzt schon friedvoll und liebevoll mit dir umzugehen und zu akzeptieren, dass es jetzt so ist, wie es ist. Fang nicht erst dann an, dich zu akzeptieren, wenn du den Idealvorstellungen der Gesellschaft entsprichst – denn sie sind dafür entworfen, dass ihnen niemand zu 100 Prozent entsprechen kann. Du bist in Ordnung, so wie du bist. Du kannst aus Freude Sport treiben und dich gesund ernähren – doch du solltest es nicht unter Druck und Zwang tun. Überleg mal, wie viel mehr Entspannung und Freude dann in der Bewegung und im Entdecken neuer Wege, deinem Körper gutzutun, stecken!

Das Gleiche gilt, wenn du deinen Arbeitsplatz verloren hast. Sich für Frieden zu entscheiden bedeutet nicht, nie wieder zu arbeiten und sich in eine Höhle zurückzuziehen. Es bedeutet, friedvoll die vielleicht schmerzvollen Emotionen anzunehmen, die der Jobverlust mit sich gebracht hat. Es bedeutet, friedvoll mit den Gedanken umzugehen, die dabei entstehen. Frieden bringt Klarheit darüber, was du in der Zukunft möchtest, und die Energie, diesen Weg zu beschreiten.

Wenn du an einer Krankheit leidest, bedeutet Frieden nicht, dein Schicksal hinzunehmen und nur noch vor dich hin zu vegetieren. Es bedeutet, das Leben, auch wenn es nicht fair ist, friedvoll anzunehmen. Das entspannt deinen Organismus, stärkt dein Immunsystem, und du kannst durch die veränderte Haltung eine ganz andere Form der Energie in dir erzeugen, die letztendlich auch deine Heilung unterstützen kann.

Sich für Frieden zu entscheiden bedeutet nicht, bei jedem Streit klein beizugeben. Es bedeutet, nicht aus Wut, Zorn oder anderen schwierigen Emotionen heraus zu argumentieren und damit Leid zu erzeugen. Es bedeutet, eine friedvolle Haltung einzunehmen und aus dieser heraus zu entscheiden; etwas zu sagen, wenn es wichtig ist, oder es gut sein zu lassen, wenn es nichts bringt.

Frieden und Annahme – das sind Akte, die einer gesunden und nachhaltigen Veränderung vorausgehen. Sie bringen eine Art von Veränderung, die aus Freude, Lust und einem Ja zum Leben entsteht, statt aus Wut, Angst und Ablehnung. Sie basieren auf der Entscheidung, den Moment als das anzuerkennen, was er einfach ist, weil es ja sowieso ist, wie es ist. Erst dadurch haben wir die Chance, weise zu handeln und unserem Leben bewusst eine Richtung zu geben. Frieden ist der Startpunkt.

Geführte Meditation

Zu diesem Kapitel findest du auf meiner Website eine geführte Meditation:

- Körperbewusstsein gewinnen

Website: www.peter-beer.de/meditation
Das Passwort für den internen Bereich ist: JETZT.

Frieden im Kopf: Das Denken verstehen

Eine der spannendsten Begegnungen, die ich in meinem Leben hatte, war während eines Sommerurlaubs, nachdem ich gerade mein Psychologiestudium begonnen hatte. Fasziniert von der unendlichen Welt der Psyche hatte ich sogar im Urlaub einen ganzen Stapel Fachmagazine und Bücher mit dabei. Aber viel mehr als all die Bücher faszinierte mich eine Begegnung mit einem Herrn mittleren Alters, der im gleichen Hotel übernachtete. Er war gepflegt, hatte volles braunes Haar und meist ein Lächeln auf den Lippen. Er saß direkt am Nachbartisch, und nach zwei oder drei freundlichen Begegnungen kam ich mit ihm und seiner Ehefrau ins Gespräch. Wir unterhielten uns freundlich über den Urlaubsort, was man unternehmen konnte und wie schön es doch sei. Der übliche Urlaubssmalltalk. Am nächsten Morgen aber begegnete mir beim Frühstück ein gefühlt komplett anderer Mensch. Als ich ihn freundlich grüßte, schaute er mich nur grimmig an. Ich dachte mir erst nichts weiter und nahm einfach an, er hätte schlecht geschlafen oder vielleicht Streit mit seiner Frau. Doch als ich die beiden dann am Frühstückstisch aus dem Augenwinkel beobachtete, war ich völlig verwirrt. Der Mann benahm sich heute komplett anders, er sprach anders, seine Körperhaltung war eine andere. Sein Benehmen war, statt höflich zurückhaltend wie die Tage davor, laut und aufdringlich. Er fluchte regelmäßig, als ob er gerade am schlimmsten Ort der Welt sei. Die Ehefrau schien auch deutlich angespannter zu sein. Als er dann abrupt den Frühstückssaal verließ, schaute sie mit einem angestrengten Lächeln zu mir herüber und entschuldigte sich mit den Worten: »Sorry, mein Mann leidet unter einer multiplen Persönlichkeitsstörung, in letzter Zeit war es ziemlich entspannt, aber heute war es wieder einmal so weit.«

Die dissoziative Identitätsstörung (DIS), in der Allgemeinsprache unter dem Namen multiple Persönlichkeitsstörung bekannt, ist für mich das mit Abstand spannendste und mysteriöseste Forschungsfeld über die Macht unseres Geistes. Diese Störung ist die schwerste Form einer dissoziativen Beeinträchtigung. Dabei existieren gewissermaßen verschiedene Persönlichkeiten in einem Menschen nebeneinander und wechseln sich in ihrem Auftreten ab. In der Regel wissen sie nicht einmal voneinander. Sie haben unterschiedliche Charaktere, Vorlieben, Fähigkeiten und Erinnerungen.

Dass sich die ganze Persönlichkeitsstruktur von einem Moment zum anderen verändern kann, ist schon unglaublich genug. Aber noch viel faszinierender ist die damit einhergehende körperliche Veränderung. Es kann sich beispielsweise die Körperhaltung komplett verändern, der Menstruationszyklus, der IQ, die Sprachfähigkeiten, Allergien. Es gibt sogar Fälle, bei denen eine Persönlichkeit blind ist und die andere sehen kann![4] Manchmal leidet eine der sogenannten Innenpersonen unter Diabetes oder einer anderen Krankheit, die andere Persönlichkeit nicht. Sobald sie in den Vordergrund tritt, verschwinden die Symptome.

Dieses spannende Forschungsfeld unterstreicht, was Buddha vor 2500 Jahren meinte, als er sagte: »Wir sind, was wir denken. Alles, was wir sind, entsteht aus unseren Gedanken. Mit unseren Gedanken formen wir die Welt.«

Die wichtigste Frage ist jetzt: Wie gehst du mit deinem Geist und deinen Gedanken um? Bist du Herr oder Herrin über dein Gehirn? Oder ist dein Gehirn Herr über dich? Fakt ist: Deine Gedanken erschaffen deine innere Welt und formen damit die äußere. Sie sind verantwortlich für deine Gesundheit, dein Wohlbefinden, die Qualität deiner Beziehungen, deinen beruflichen und finanziellen Erfolg, deine persönliche Entwicklung und ja, auch für deine spirituelle Reise. Wenn du tief davon überzeugt bist, dass du viel Glück im Leben hast, wirst du viel Glück erfahren. Wenn du denkst, das Leben ist schwer oder ungerecht, wirst du vermutlich viel Leid erfahren. Wenn du denkst, dir fehlt etwas, wird Mangel ein großes Thema in deinem Leben sein, und wenn du denkst, das Leben beschenkt dich jeden Tag, so wird auch das zu deiner Realität.

> Jegliche Erfahrung folgt den Gedanken, die du jeden Tag denkst, und diese gründen wiederum auf deinen inneren Überzeugungen.

Deine Gedanken sind es wahrscheinlich auch, die du als Erstes bemerkst, wenn du dich auf dein Meditationskissen setzt. Denn unser ungeschulter Geist ist den lieben langen Tag damit beschäftigt zu denken. Je nach Studie zwischen 40 000 und 80 000 Gedanken. Jeden Tag! Darum möchte ich mich in diesem Kapitel darauf konzentrieren, dass wir zusammen deine Gedanken erforschen und damit eine Grundlage für deine achtsame und meditative Praxis sowie für dein ganzes Leben schaffen. Denn das, was sich in der circa anderthalb Kilogramm schweren Masse zwischen deinen Ohren abspielt, bestimmt dein Leben!

Eine für mich sehr berührende Untersuchung einer amerikanischen Medizinjournalistin konnte das in einem sehr dramatischen Kontext zeigen. Sie untersuchte über einhundert Fälle von Krebspatienten, die von den Ärzten als unheilbar abgeschrieben worden waren und die Krankheit trotzdem überlebt hatten. Die Journalistin wollte den Grund dafür herausfinden. Anfangs konnte sie bei den Befragten kein gemeinsames Muster feststellen. Die Patienten hatten unterschiedliche Behandlungen wie Chemotherapie, Diätprogramme, Strahlentherapie, Operationen oder auch spirituelle Heilungen erfahren. Es gab tatsächlich nur eine Gemeinsamkeit, die alle Überlebenden teilten: Ihr Glaubenssystem war davon überzeugt, dass sie die Krankheit überwinden und weiterleben würden!

Auch meine feste Überzeugung und meine Erfahrungen aus der Meditationspraxis sagen, dass unsere Realität, also das, wie wir unser Leben erfahren, ein Produkt unserer geistigen Muster ist.

Im Grunde kann das jeder direkt selbst erfahren: Wenn du jetzt dieses Buch liest, zeig doch bitte einfach mal mit dem Finger darauf, wo du das Buch siehst. Blöde Aufgabe, oder? Das Buch ist doch direkt vor dir, wo sonst? Doch die Wahrheit ist: Das Buch selbst besteht im Wesentlichen aus leerem Raum, zu 99,99999 Prozent. Das Buch, auf das du zeigst, besteht daher nur zu 0,00001 Prozent aus Materie.

Wäre ein Atom so groß wie ein Fußballfeld, entspräche der materielle Kern weniger als einem Streichholzkopf in der Mitte des Rasens. Das bedeutet, das Buch, das Zimmer, die Welt, die du siehst und jeden Tag erfährst, diese Welt, die du als fest und

»real« ansiehst, wird lediglich in deinem Gehirn erschaffen. Dein Bewusstsein formt aus den Informationen über Dinge, die größtenteils aus leerem Raum bestehen, eine Welt, die du als feststehend wahrnimmst. Und selbst der »feste« Teil eines Atoms, wie wir es in der Schulphysik gelernt haben, ist weniger »fest«, als wir denken.

Das alles ist keine spirituelle Idee, es ist der aktuelle Stand der Wissenschaft. Aus dem Licht, das in deine Augen fällt, erschafft dein Gehirn ein Bild der Welt. Und dieses Bild und deine damit einhergehenden Erfahrungen werden bestimmt durch die mentalen Verknüpfungen in deinem Gehirn, die diese Welt erschaffen. Wenn Buddha sagt: »Alles, was wir sind, entsteht aus unseren Gedanken«, dann hat dies einen enormen Tiefgang.

Für mich sind solche Erkenntnisse, die von zahlreichen Untersuchungen bestätigt und erweitert werden, eine Einladung, unser bestehendes Weltbild zu hinterfragen und uns voller Neugier dem Mysterium, das wir Leben nennen, zu öffnen. Wir müssen die Welt gar nicht aus dem Blickwinkel der Quantenphysik betrachten, wir können schon bei genauerem Hinsehen erkennen, dass unsere Gedanken unser Leben erschaffen: Die Gedanken, die du in den letzten Jahren und Jahrzehnten gedacht hast, haben zu den Emotionen geführt, die du gefühlt hast, und daraus ist dein Verhalten entstanden – und genau damit hast du dir die Realität erschaffen, in der du jetzt lebst. Ganz gleich also, ob du die Erkenntnisse aus der Psychologie betrachtest oder in das Mysterium der Quantenwelt eintauchst oder einfach ganz nüchtern dein eigenes Verhalten genauer untersuchst: Alles führt dich zurück zu deinen Gedanken. Alles, was du bist, entsteht aus deinen Gedanken – deine Gedanken formen deine Welt.

In diesem Kapitel schauen wir daher genauer auf deine Gedankenwelt. Wir erforschen, was Gedanken überhaupt sind, wie sie entstehen, wie du ungesunden Gedanken die Kraft nehmen und schöpferischen Gedanken die Kraft geben kannst, sich in deinem Leben zu manifestieren.

Welche Gedanken denkst du?

Unsere Gedankenwelt zeigt sich in unseren inneren Selbstgesprächen. Als ich noch als Ingenieur in der Automobilbranche arbeitete, hatte ich viel mit einem überaus liebenswerten Kollegen zu tun. Er war groß gewachsen, ging aber immer leicht gebückt, er trug eine alte Pilotenbrille, wie sie in den Achtzigerjahren modern war, seine Kleidung war auch schon etwas älter. Er schien wenig Wert auf sein Äußeres zu legen. Er war Ingenieur, alleinstehend, leicht übergewichtig, stets freundlich und immer für andere da, wenn sie Hilfe brauchten.

Jedes Mal, wenn ich mit ihm im Büro saß, murmelte er vor sich hin. Ein schier endloser Strom an Gedanken, die er leise, aber doch hörbar wiedergab. Obwohl er einer der intelligentesten Ingenieure war, die ich in meiner zugegebenermaßen kurzen Laufbahn in diesem Beruf getroffen hatte, hörte ich ständig dieses Murmeln von ihm: »Ach, bin ich blöd, ich kann überhaupt nichts ... O Mann, das kann doch normal ein Kind ... Ich bin so dumm ...« Ein endloser negativer innerer Dialog voller Selbstverurteilungen.

Die Kollegen um ihn herum hatten sein Verhalten schon längst als normal akzeptiert und beachteten es nicht mehr. Mich ließ es aber nicht los, und ich fragte ihn eines Tages ganz unbedarft: »Wenn dein bester Freund so mit dir sprechen würde, wie du ständig mit dir selbst sprichst, wie lange wäre er noch dein Freund?« Verdutzt fragte er mich, was ich damit meine, weil ihm überhaupt nicht bewusst zu sein schien, wie destruktiv er mit sich umging.

Genau wie meinem ehemaligen Kollegen geht es den meisten Menschen. Auch wenn diese vielleicht nicht laut denken, so machen negative, selbstverurteilende Dialoge sehr oft ihre traurige Innenwelt aus. Wenn sie dann mit der Meditation beginnen, wird ihnen diese innere Welt allmählich bewusst. Ich kann mich in dieser Hinsicht noch sehr gut an meine ersten Meditationsretreats zurückerinnern: schmerzende Knie, unerträgliche Langeweile und intensive Emotionen. Aber vor allem erinnere ich mich an die endlosen Geschichten, die ich mir im Kopf erzählte. Stundenlange Selbstgespräche – ein nicht abreißen wollender Gedanken- und Geschichtenstrom, der zwischen meinen Ohren ablief. Äußerlich war es still, aber in mir tobte es. Eben zählte ich noch die Dachziegel des gegenüberliegenden Hauses, und plötzlich folgten Selbstzweifel über meinen beruflichen Werdegang. Die nächste Minute dachte ich dann darüber nach, warum ich mir das hier eigentlich antat, gefolgt von der Frage, was es wohl zum Mittagessen gäbe. Am allermeisten praktizierte ich damals auf hohem Niveau das Jammern: »Warum muss mir das passieren?«, dachte ich immer wieder in den verschiedensten Kontexten. Denn meine ersten Retreats besuchte ich in einer Zeit, in der es mir ziemlich schlecht ging und ich noch als Ingenieur halb ausgebrannt versuchte, in meinem Hamsterrad zu funktionieren. Ich suchte Zuflucht in den Retreats, um von meinen Leiden, der quälenden inneren Stimme und allerhand Schmerzen befreit zu werden. In der Stille der Meditationshalle, wo jeglicher äußere Stimulus fehlte, kamen die unaufgeräumten inneren Schauplätze deutlich zum Vorschein.

Wenn wir nicht lernen, auf eine gesunde Weise mit unserem Geist umzugehen, dann erkennen wir auch nicht, dass wir unseren Gedanken nicht ausgeliefert sind. Wir können zum Meister über unseren Geist werden – wenn wir das allerdings nicht tun, wird unser Leben immer von inneren und äußeren Achterbahnfahrten geprägt sein. Wir werden ständig darum kämpfen, dass im Außen alles so läuft, wie wir es uns vorstellen, damit wir innerlich Frieden erleben können. Dann aber wissen wir nicht, dass wir selbst es sind, die sich diesen inneren Frieden erschaffen können. Es beginnt mit einem gesunden Umgang mit unseren Gedanken. Die Meditation und die Achtsamkeitspraxis sind dafür die Grundlage.

King Kong auf Ecstasy

Meditation lädt dich dazu ein, deiner inneren Welt und damit auch deinen Gedanken zu begegnen. Das bedeutet übrigens nicht zwangsläufig, dich mit dem Inhalt der Gedanken auseinanderzusetzen, sondern erst einmal zu erforschen, was Gedanken überhaupt sind. Achtsamkeit bedeutet zu erkennen, dass du dir deiner Gedanken bewusst sein kannst und dass du entscheiden kannst, welche Gedanken dein Leben bestimmen und welche friedvoll gehen dürfen, anstatt dich immer neu mit sich zu reißen.

In buddhistischen Texten wird unser Geist oft als Affengeist beschrieben. Und ist es nicht tatsächlich so, als ob ein kleines Äffchen in unserem Kopf leben würde, das den ganzen Tag macht, was es will? Es schwingt sich von einem Problem zum nächsten. Wenn es gelangweilt ist, treibt es Unfug, oder es verliert sich im Dschungel der Ablenkungen. Wenn es zornig ist, wirft es alles durcheinander und sorgt für Wirbel und Ärger.

Der Begriff »Affengeist« stammt aus einer Zeit, in der die Menschen verbunden mit der Natur lebten, aus heutiger Sicht sehr ruhig und beschaulich. In unserer Zeit scheint mir der Begriff daher nicht mehr angebracht. In der hektischen Betriebsamkeit des 21. Jahrhunderts, aufgepeitscht von den Medien, der Leistungs- und Konsumgesellschaft, getrieben vom Schaffen und Machen und der ständigen Unzufriedenheit, nie anzukommen, schenken sich die Menschen oft keine Sekunde zum Durchatmen. Der Affengeist hat sich zu einem King Kong auf Ecstasy ausgewachsen. Selbstzerstörerisch und ohne Einhalt treibt er sein Unwesen.

Was wir uns wünschen, ist Frieden. Doch was wir unserem King Kong geben, ist nur ein Mehr von dem Zuviel: noch mehr Social Media, noch mehr Druck, noch mehr Ansprüche. Wir müssen mehr schaffen, mehr erreichen, mehr leisten, uns mehr vergleichen – in der Hoffnung, er würde sich dadurch irgendwann zufriedengeben. Doch wir erkennen nicht, dass ihn all das schlussendlich nur weiter aufwühlt.

Um King Kong wieder zu einem Äffchen und langfristig zu einem trainierten Diener zu machen, müssen wir ihn erst genauer kennenlernen. Stell dir vor, du machst dich auf den Weg zu einer mysteriösen Insel, auf der ein unberechenbarer Riesengorilla lebt. Deine Aufgabe ist es, ihn zu beobachten und zu erforschen: Wie verhält er sich, was tut er den ganzen Tag, was beruhigt ihn, was macht ihn unruhig, was tut ihm gut und was nicht? Du beobachtest ihn, ohne ihn bei dem zu unterbrechen oder zu stören, was er so treibt. Du wirst zu einem Forscher und Abenteurer.

Genauso wie dieser Abenteurer King Kong aus der Ferne studiert, so kannst auch du deine Gedanken beobachten. Du kannst beobachten, wie sie kommen und gehen. Wie sie ihr Unwesen treiben und sich in Probleme verbeißen. Wie du einfach nur tagträumst, dich mit dir selbst unterhältst, dich in der Vergangenheit verlierst oder auf eine nicht existente Zukunft starrst. Wie du dich verurteilst oder ständig mit anderen vergleichst. Du beobachtest, bist wach und klar und erkennst mit der Zeit die Natur deines King Kongs.

Der wertende Geist

Zuallererst wirst du wahrscheinlich feststellen, dass dein Geist fortlaufend alles und jeden bewertet. Er bewertet die Zeilen, die du gerade liest – mit »Ja, das macht Sinn« oder »Na ja, ich weiß nicht so recht«. Du bewertest die Menschen um dich herum, steckst die eine Person in eine Schublade, die nächste in eine andere. Du bewertest vergangene Ereignisse und spielst diese wieder und wieder im Kopf durch; du überlegst, was du anders hättest sagen oder machen können. Und vor allem bewertest du fortlaufend dich selbst. In dir läuft ein ständiger innerer Dialog, der dein Verhalten, dein Aussehen, dein Gefühlsleben, deine Leistungen ablehnt oder aber darum kämpft, irgendetwas Erwünschtes aufrechtzuerhalten.

Es ist unglaublich faszinierend, diese Eigenschaft des Geistes zum ersten Mal wirklich bewusst zu beobachten. Du bewertest alles, was du siehst, hörst, schmeckst, riechst und fühlst. Jede Wahrnehmung wird automatisch sofort in die passende Schublade einsortiert.

Wenn du über einen längeren Zeitraum Achtsamkeit praktizierst, ist es tatsächlich so, dass dieses Bewerten ganz automatisch mehr und mehr wegfällt, ohne dass du aktiv darüber nachdenken musst. Am Anfang ist es einfach nur wichtig zu erkennen, *dass* du bewertest; es sein zu lassen ist erst einmal nicht nötig. Beim Beispiel unseres Gorillas würde das ja bedeuten, dass du als Forscher versuchen müsstest, den zehn Meter großen King Kong sofort ruhigzustellen, indem du auf ihn zuläufst und rufst: »Du darfst nicht machen, was du willst, sei ruhig!« Wie, glaubst du, würde der riesige Gorilla auf den Forscher reagieren?

> Das friedvolle Wahrnehmen der eigenen Gedanken reicht völlig aus.

Allein der Akt des Bewusstwerdens ist unglaublich befreiend. Du trittst damit aus deinen bisher unbewussten Mustern heraus und musst auch nicht mehr auf die Bewertungen reagieren oder sie als wahr oder schlecht ansehen. Du erkennst, dass es sich nur um weitere Gedanken von vielen Tausenden handelt. Du lässt sie so sein, wie sie sind, und lässt sie wieder gehen.

Diese Art der Bewusstwerdung ist eine Form der De-Identifikation. Du erkennst, dass du nicht deine Gedanken bist. Du erkennst, dass du deine Gedanken beobachten kannst. Das raubt deinem King Kong das Ecstasy, und er kann sich auf ganz natürliche Weise beruhigen und zu sich finden. Ich lade dich an dieser Stelle dazu ein, folgende Übung zu machen. Bitte mach sie wirklich, bevor du weiterliest.

Bloßes Beobachten

Nimm eine entspannte, aber würdevolle Haltung ein. Schließ die Augen und beobachte einfach einmal, welche Gedanken gerade durch deinen Kopf gehen. Ganz neutral, ganz friedvoll. Einfach wahrnehmen.

Bitte nicht weiterlesen. Mach wirklich erst die Übung. Eine Antwort zu bekommen, ohne sie selbst zu erfahren, ist nichts wert, weil sich dadurch nichts in deinem Leben verändern wird. Es wäre so, als ob du ein Buch über die Expedition auf die Insel Skull lesen und King Kong selbst nicht live in seiner wahren Größe sehen würdest.

Wenn du wirklich etwas aus diesem Buch mitnehmen möchtest, musst du das Gelesene auch anwenden und üben, andernfalls wird das Wissen nicht mehr wert sein als die Druckfarbe auf dem Papier. Schenk dir die Zeit und beobachte einmal für eine Minute deine Gedanken – wie in der Übung beschrieben.

Dabei können sich verschiedene Erkenntnisse einstellen. Die häufigste ist, dass du erkennst, dass Gedanken kommen und gehen, wie Wolken, die über den Himmel ziehen. Ein Gedanke bleibt länger, der andere kürzer. Aber schlussendlich werden alle Gedanken wieder gehen. Das Zweite, was eintreten kann, ist, dass du einen Gedanken bemerkst und, bevor du dich's versiehst, absorbiert dich seine Geschichte, und du verlierst dich darin. Ein paar Momente oder auch Minuten später bemerkst du das, du wirst wieder bewusst und nimmst erneut die Rolle des Beobachters ein. Das Dritte, was passieren kann: Es sind keine Gedanken da. Allein die Kraft deines Bewusstseins bringt Stille in deinen Geist.

Und jetzt Vorsicht: Egal, ob Möglichkeit eins, zwei oder drei – keine ist besser oder schlechter. Du brauchst auch das nicht zu bewerten. Nimm einfach friedvoll wahr, was passiert.

Der selbstverurteilende Geist

Auf eine Form der Bewertung möchte ich genauer eingehen, weil sie in unserer Gesellschaft sehr häufig ist: der selbstverurteilende Aspekt des Geistes. Stell dir einmal vor, eine andere Person würde dich den ganzen Tag verfolgen und dir fortlaufend ins Ohr flüstern: »Hey, du schaffst das sowieso nicht. Du bist es nicht wert, Liebe zu bekommen, und richtige Freunde hast du auch nicht. Das muss an dir liegen. Du bist einfach nicht gut genug. Du musst noch besser werden, schlanker, faszinierender, du musst beruflich mehr schaffen. Du musst endlich glücklicher, erleuchteter, selbstbewusster sein, und wenn du das nicht schaffst, bist du selbst schuld. Aber eigentlich brauchst du es gar nicht zu versuchen, denn du schaffst es sowieso nicht! Versager!«

Ganz schön heftig, nicht wahr? Wie würdest du mit dieser Person umgehen? Vermutlich wäre deine Geduld nach wenigen Minuten aufgebraucht, und du würdest ihr deutlich machen, dass sie die Klappe halten und verschwinden soll. Doch wie sieht es mit deinem eigenen Geist aus? Der ist vermutlich geprägt von Überzeugungen deiner Eltern oder Bezugspersonen und nicht zuletzt denen unserer Leistungsgesellschaft. In vielen Fällen wird uns von Kindesbeinen an suggeriert, dass wir anders sein sollten, als wir sind. Wir mussten still sitzen, obwohl wir laufen wollten. Ruhig sein, obwohl wir etwas sagen wollten. Brav sein, obwohl uns gerade zum Heulen war. Hunderttausende Suggestionen mit demselben Unterton: »Du bist nicht genug. So wie du bist, bist du nicht richtig.« Nach vielen Jahrzehnten dieser Prägung haben wir dann die fremden Überzeugungen zu unserer eigenen inneren Stimme gemacht und verurteilen uns fortlaufend selbst.

Der Ausstieg aus dieser Misere gelingt, wenn wir wieder die Fähigkeit erlangen, die eigene Gedankenwelt wahrzunehmen. Wenn wir erkennen: »Aha, da verurteile ich mich!« »Spannend, so wurde ich geprägt!« Du darfst erkennen, dass das nicht du bist! *Du bist nicht deine Gedanken!* Lass sie friedvoll so sein, wie sie sind. Es reicht wirklich, dir dieser Gedanken bewusst zu sein, wie der Wolken am Himmel, die kommen und gehen.

Manchmal – und das kennst du vermutlich auch – sind diese Gedanken hartnäckig. King Kong treibt sein Unwesen. Wie du mit solchen Gedanken gesund umgehen und die Kontrolle über sie gewinnen kannst, erfährst du noch im Laufe dieses Kapitels. Schauen wir uns zunächst noch weitere Arten von Gedanken an, die zur Natur von King Kong gehören.

Der wiederholende Geist

Wenn du anfängst, deine Gedanken genauer zu beobachten, stellst du schnell fest, dass sich die meisten davon ständig wiederholen. Der Geist kreist immerzu um die gleichen Probleme, ohne wirkliche Lösungen zu finden. Das beste Beispiel dafür ist, dass wir über unsere Vergangenheit nachdenken und uns überlegen, was wir anders hätten machen können. Vielleicht kennst du das: Du hattest ein Gespräch, und irgendwann später, wenn es längst vorbei ist, überlegt dein Geist immer noch, was du alles hättest sagen oder tun können. Ein endloser innerer Dialoge über Ereignisse, die nicht mehr zu beeinflussen sind. Und immer und immer wieder die gleichen Gedankenschleifen, die nirgendwo hinführen. Das Gleiche gilt für die Zukunft. Wir malen uns endlos Zukunftsszenarien aus, die, wenn wir ganz ehrlich sind, wahrscheinlich sowieso nicht eintreten werden.

Eine weitere Eigenschaft des Affen in unserem Kopf ist es, ziellos von Baum zu Baum zu springen. Wird ihm langweilig, zieht er weiter. Aber selbst wenn etwas seine Aufmerksamkeit erregt, wird er dieser Sache schnell überdrüssig und sucht sich etwas Neues. Kaum ein Gedankengang wird zu Ende gedacht, bevor nicht schon wieder über etwas anderes nachgedacht wird, um am Ende wieder beim ersten Thema zu landen, das erneut nicht zu Ende gedacht wird. Auch so dreht der Verstand seine Wiederholungsschleifen.

Der sich in Probleme verbeißende Geist

Wenn die Sonne scheint und keine dunklen Wolken am inneren Horizont zu finden sind, kann jeder gut mit seinen Gedanken umgehen. Dein Geist verliert sich vielleicht in Unbewusstheit oder Tagträumereien, schadet aber niemandem. Wenn allerdings ein Gewitter aufzieht, der Partner kritisiert uns, es gibt Probleme in der Arbeit, oder wir wittern sogar die Gefahr, den Arbeitsplatz zu verlieren; wenn die Gesundheit gefährdet ist oder finanzielle Engpässe auftreten; wenn es den Kindern oder einem wichtigen Menschen schlecht geht, dann erhöht King Kong die Dosis Ecstasy und verbeißt sich richtiggehend in den Problemen.

Probleme zu lösen ist im Grunde auch seine Aufgabe, aber da unser King Kong nie in die Schule ging, weiß er nicht, wie er die Probleme konstruktiv lösen könnte. So kaut er ständig darauf herum, ob am Tag oder in der Nacht. Er lässt dich stundenlang nicht einschlafen oder weckt dich mitten in der Nacht mit rasendem Herzen und Angstgefühlen auf. In Situationen, die eine Lösung erfordern, denkt er nicht bis zum Ende und versteht nicht, dass es auch Probleme oder Schicksalsschläge gibt, die einfach nicht gelöst werden können. Er verliert sich in ihnen.

Der schöpferische Geist

Neben all den scheinbar negativen Eigenschaften von King Kong dürfen wir eines nicht vergessen: Er ist nicht gut oder schlecht. Er ist das, zu dem du ihn gemacht hast. Wenn du dein

Leben bisher eher unbewusst verbracht hast, ist er das Ergebnis deiner vergangenen Prägungen. Sobald du beginnst, aufzuwachen und ihn zu trainieren, kann er zu dem werden, was du dir eher wünschst. All die Energie von King Kong kann – richtig angewandt – pure Schöpferkraft sein. Dein Geist kann zerstören, aber genauso auch erschaffen. Auf den schöpferischen Teil unseres Wesens schauen wir vor allem im abschließenden Kapitel dieses Buches, in dem es darum geht, wie du dein Leben bewusst gestalten kannst. Zuvor sollten wir uns daranmachen, unseren King Kong zu zähmen und ihn zu dem demütigen Diener zu machen, der er eigentlich bestimmt ist zu sein.

Der Ursprung deiner Gedanken

Du hast beim Lesen bis hierher und vielleicht auch bereits durch eigene Beobachtung verschiedene Eigenschaften deines Geistes kennengelernt. Die Frage ist nun: Woher kommen diese Stimmen in deinem Kopf? Wie sind sie entstanden?

Sie gehen zurück auf deine früheste Kindheit. Unschuldig, verletzlich und voller Liebe bist du auf die Welt gekommen. Voller Wissensdrang hast du ungefiltert alles aufgesaugt, was um dich herum passierte. Alles, was du damals gebraucht hast, waren Sicherheit, Nahrung und Liebe. Neben der Sicherung der Grundbedürfnisse war für dich wie für uns alle die Liebe eine entscheidende Komponente.

Mit unserer Sehnsucht nach Liebe blickten wir zu unseren Bezugspersonen, meist unsere Eltern, auf. Sie waren für uns Halbgötter, und wir lernten von ihnen, wie das Leben auf diesem Planeten funktioniert. Ungefiltert haben wir ihre Verhaltensweisen, ihre Denkweisen, ihre Vorstellungen und Überzeugungen, ihre Werte, die geltenden sozialen und gesellschaftlichen

Normen sowie religiösen und kulturellen Prägungen übernommen. Das ganze Paket.

Da wir uns so nach der Liebe unserer Eltern oder Bezugspersonen sehnten, haben wir natürlich versucht, ihren Vorstellungen zu entsprechen. Leider passierte es in diesem Prozess nur zu häufig, dass wir gewissen Erwartungen nicht entsprochen haben, dass wir nicht in die Schubladen passten, in die wir hineingezwängt werden sollten. Vielleicht hattest du Eltern, die zwar das Beste für dich wollten, aber dieses Beste schien irgendwie anders zu sein als du. Folglich warst du nicht »richtig«. Du solltest in ein System passen, Ansprüche erfüllen und schlussendlich funktionieren.

Diesen prägenden Prozess nenne ich gern den »Wou-Wou-Effekt«, und er geschieht nicht nur in der frühen Kindheit. Ich bin selbst Vater eines Sohnes, der sich gerade mitten in diesem Prägungsprozess befindet. Für meinen Sohn ist gerade jedes Tier auf vier Beinen ein Wou-Wou (also ein Hund). Er sieht eine Katze – und macht »Wou-Wou«. Ein Hund: Wou-Wou. Eine Kuh: Wou-Wou. Ein Schaf: Wou-Wou. Alles auf vier Beinen ist für ihn Wou-Wou. Und wann immer er ein Wou-Wou sieht, zeigt er mit dem Finger darauf und macht »Wou-Wou«.

Als ich letzte Woche nach der Arbeit einen kleinen Ausdauerlauf machte, begegnete mir eine Frau mit zwei Hunden – und was war der Gedanke, der in meinem Kopf erschien? Wou-Wou! Durch das fortlaufende Zeigen meines Sohns auf alles, was vier Beine hat, verbunden mit dem »Wou-Wou«, wurde mein Geist geprägt.

Eine solche Prägung ist natürlich im Kleinkindalter umso intensiver und nachhaltiger. Dazu müssen wir wissen, dass das Gehirn eines Kindes in den ersten sechs bis sieben Lebensjahren alles, was es erfährt, ungefiltert aufnimmt und auf sich selbst überträgt. Misst man bei Kleinkindern die Gehirnwellen, so zeigt sich, dass sich diese fast ausschließlich im Thetawellen-Bereich befinden: ein Zustand, in den Erwachsene meist nur im Schlaf oder in tiefer Hypnose gelangen. Er ist unter anderem geprägt davon, dass Informationen ungefiltert aufgenommen werden.[5]

Du kannst es dir auch so vorstellen: Du bist als kleiner Computer auf diese Welt gekommen. Ganz einzigartig in deiner Beschaffenheit und Kapazität und doch irgendwie so wie alle anderen. Auf diesem Computer wurde dann in den ersten sieben Jahren deines Lebens unbewusst von deinen engsten Bezugspersonen ein Betriebssystem installiert. Da die Erwachsenen in deinem Umfeld aber tendenziell ein unbewusstes Leben führten, installierten sie dir ihre unbewussten Muster, Gewohnheiten, Verhaltensweisen und ihren Blick auf die Welt. Ein Anti-Virus-Programm oder eine Optimierung ihrer eigenen Festplatte machten sie vorher nicht.

Dieses Betriebssystem bildet die Grundlage deines Lebens. In den folgenden Jahren wurden nach und nach noch die Werte, Normen und Vorstellungen der Leistungs- und Konsumgesellschaft installiert. Tausende kleine geistige Prägungen, die dir sagen, was du tun, denken und sein sollst und was nicht. Eine Harvard-Studie hat gezeigt, dass ein Jugendlicher mit dem Erreichen des achtzehnten Lebensjahrs im Durchschnitt 180 000 negative Suggestionen erhalten hat. Überlege mal: 180 000 kleine negative Programme, installiert auf deiner Festplatte.

Jetzt als Erwachsener sitzt du hier mit diesem Buch in deiner Hand und fragst dich, was deine Gedanken sind. Die Antwort fällt leicht: Deine Gedanken sind das Ergebnis der Tausenden Programme, die im Laufe deines Lebens in dir installiert wurden. Nur die allerwenigsten Gedanken sind wirklich deine eigenen. Was du denkst, ist wie ein Nachhall der Menschen, mit denen du die meiste Zeit verbracht hast, und ebenso der Gesellschaft, in der du aufgewachsen bist. Es ist wie ein vielstimmiges Echo, das dich verfolgt.

> Jedes Mal, wenn du die alten Gedanken glaubst und dich damit identifizierst, verstärkst du das Echo.

Bist du in einem Umfeld voller Liebe und Bestärkung aufgewachsen, in dem deine Eltern wach und präsent waren? Hattest du Eltern, die ihre eigenen Verletzungen heilten, bevor sie diese unbewusst auf dich hätten übertragen können? Dann wäre dein Leben vermutlich ziemlich geil. Aber leider hatten die wenigsten von uns erwachte Eltern. Wenn wir unsere Geschichte betrachten, waren die Generationen vor uns vielmehr geprägt von Krieg, Leid, Schuld und vor allem Unbewusstheit. Damit ist die Wahrscheinlichkeit hoch, dass auch deine engsten Bezugspersonen zwar durchaus ihre gesunden, aber eben auch ihre ungesunden Muster auf deiner Festplatte installiert haben.

Davon sind deine Gedanken in deinem Kopf gefärbt. All die Gedanken, die dir sagen »Du bist zu dick, zu dünn, du bist nicht genug, du solltest besser sein, du solltest weiter, fitter, schöner sein …«. All die Gedanken von »Du musst das unbedingt schaffen, du musst durchhalten, du darfst nicht versagen, du musst es perfekt machen, du musst die Harmonie wahren, du musst stark sein …«. Die Gedanken von Wertlosigkeit, Scham, Missgunst, Gier und Hass. Gedanken von »Ich glaube nicht an mich, ich kann das nicht, ich bin dafür nicht geeignet …«. All die Selbstzweifel, die quälenden Gedanken, inneren Antreiber, Verurteilungen und die damit entstehenden Emotionen sind ein Nachhall deiner Prägungen.

Und noch mal, weil es so wichtig ist: Je mehr Glauben du diesen Gedanken schenkst und je stärker du dich mit ihnen identifizierst, umso hartnäckiger wird sich dieses Echo in deinem Kopf halten und dein Leben bestimmen.

Welche Prägungen wirken in dir?

Frag dich einmal, welche Gedanken und Geschichten du dir immer und immer wieder erzählst, obwohl es nicht deine sind? Erzählst du dir die Geschichte, nicht gut genug zu sein, oder die Geschichte, alles perfekt machen zu müssen? Erzählst du dir, dass du immer die Harmonie wahren musst? Oder dass du etwas nicht kannst, es nicht wert bist, dass andere besser sind und du ungenügend? Erzählst du dir, dass du schöner sein müsstest, viel weiter? Oder klüger, erleuchteter? Welchem Echo glaubst du und verstärkst es damit unbewusst?

Gerade zu Beginn dieser Reise erkennst du dich zwar selbst in diesen Mustern, kannst sie aber noch nicht greifen, weil du so viele Gedanken denkst und die meisten davon in der Hektik des Alltags nicht zu hören sind. Darum lade ich dich zu einer kleinen Übung ein.

Deine Prägungen entdecken

Blick einmal in deine Vergangenheit und in dein Umfeld. Denn deine Vergangenheit hat deine Festplatte beschrieben, und auch dein jetziges Umfeld installiert fortlaufend neue Programme.

Wie haben beispielsweise deine Eltern gelebt? Welche Überzeugungen hatten sie bezüglich Liebe, Beruf, Geld, Partnerschaft, Freude, dem Leben selbst? Wie, haben sie geglaubt, funktioniert die Welt? Welche Grenzen haben sie sich selbst gesetzt? Und welche Grenzen haben sie dir gesetzt? Waren deine Eltern glückliche, lebendige und lebensbejahende Menschen? Du hast von ihnen in deiner Sehnsucht nach Liebe gelernt, wie glücklich, freudvoll und lebendig du durchs Leben gehen darfst. Lass dir Zeit für diese Reflexion.

Wenn du jetzt in dein aktuelles Leben blickst und die Menschen betrachtest, mit denen du die meiste Zeit verbringst: Wie glücklich, freudvoll und lebendig leben diese ihre Leben? Diese Menschen installieren weiterhin Dinge auf deiner Festplatte.

Frage dich dann: Welche Probleme hast du gerade in deinem Leben? In deinen Beziehungen? Deinem Beruf? Mit deinen Finanzen? Mit deiner Gesundheit? Deiner persönlichen Entwicklung? Im Umgang mit dir? Auf welche Prägungen lassen sich diese zurückführen?

Hier ist eine Liste mit gängigen Prägungen, die ich immer wieder bei Teilnehmern meiner Achtsamkeits-Academy und in meinen Seminaren sehe. Prüfe gern einmal für dich, welche Aussagen etwas in dir auslösen:

- Was ich mache, ist nie gut genug.
- Meine Freunde haben es besser als ich.
- Immer passiert mir so etwas.
- Ich bin zu alt dafür.
- Das ist zu viel für mich.
- Das ist viel zu schwierig.
- Es hat sowieso keinen Sinn.
- Ich halte das niemals durch.
- Ich kann das nicht.

- Ich werde das nie lernen.
- Das habe ich versucht, es nützt nichts.
- Da ist bestimmt ein Haken an der Sache.
- Erst die Arbeit, dann das Vergnügen.
- Meine Mitmenschen werden immer bevorzugt.
- Aus mir wird ja eh nichts.
- Ich werde das nie begreifen.
- Ich darf das nicht.
- Das darf niemand über mich wissen.
- Ich ertrage das nicht.
- Das hat bei mir noch nie funktioniert.
- Das ist viel zu gefährlich.
- Andere sind schöner als ich.
- Das klappt ja doch wieder nicht.
- Das Leben ist zu schwierig.
- Mein Leben ist immer ein Kampf.
- Im Leben muss man sich durchbeißen.
- Ich bin einsam.
- Ich fühle mich immer fehl am Platz.
- Ich gehöre nicht dazu.
- Ich brauche eine Beziehung, um glücklich zu sein.
- Ich treffe nie die richtigen Leute.
- Ich muss gut aussehen.
- Ich muss perfekt sein.
- Ein Indianer kennt keinen Schmerz.
- Das erledige ich später.
- Das muss jetzt sofort klappen.
- So etwas tut man nicht.
- Das ist unter meiner Würde.
- Niemand darf mitbekommen, wie (schlecht) ich mich fühle.
- Das wird doch nie funktionieren.

- Heute ist nicht mein Tag.
- Das ist mir zu unsicher.
- Die anderen denken schlecht über mich.
- Niemand darf mitbekommen, wie schlecht ich bin.
- Andere sind schuld an meiner Situation.
- Für mich interessiert sich doch sowieso niemand.
- Wenn ich nicht die perfekte Figur habe, bin ich nicht liebenswert.
- Ich brauche Sicherheit.
- Die Welt ist nicht sicher.
- Es gibt zu viel zu tun.
- Es ist nicht alles Gold, was glänzt.
- Es ist in Ordnung, nicht reich zu sein.
- Ich bin nicht gut genug.
- Ich bin nicht liebenswert.
- Ich bin nicht liebesfähig.
- Ich bin unwichtig.
- Etwas stimmt nicht mit mir.
- Ich brauche mehr Geld.
- Geld fällt nicht vom Himmel.
- Geld macht unglücklich.
- Geld verdirbt den Charakter.
- Geld wird meine Probleme lösen.
- Ich kann mir das nicht leisten.
- Ich bin dumm.
- Ich bin ein Angsthase.
- Ich darf meine Meinung nicht sagen, sonst verärgere ich die Menschen.
- Ich fühle mich alleingelassen.
- Ich gewinne nie.
- Ich glaube nicht, dass mir so etwas helfen wird.
- Ich verzettele mich ständig.

- Die anderen sind immer besser als ich.
- Die anderen begreifen Dinge schneller als ich.
- Ich habe nicht genug, um etwas zu verschenken.
- Ich habe nichts zu sagen.
- Ich habe zwei linke Hände.
- Ich kann mich nicht entscheiden.
- Ich kann mich nur schwer konzentrieren.
- Ich muss alles unter Kontrolle haben.
- Ich muss mich unterordnen.
- Ich werde nicht anerkannt.
- Ich verdiene keine Anerkennung.
- Ich verdiene keine Aufmerksamkeit.
- Ich verdiene keine Liebe.
- Niemand liebt mich!
- Nur er/sie allein kann mich glücklich machen.
- Ich war schon immer schlecht darin.
- Ich weiß nicht, was ich tun soll.
- Ich weiß nicht, was ich will.
- Ich werde ja doch nicht akzeptiert.
- Die Dinge werden sich nie ändern.
- Ich werde nie darüber hinwegkommen.
- Ich werde nie eine glückliche Beziehung haben.
- Konflikte sollte man lieber vermeiden.
- Ich darf keine Fehler machen.
- Ich will mich nicht blamieren.
- Ich muss mich immer unter Kontrolle haben.
- Ich muss vorsichtig sein im Leben.
- Männer sind Schweine.
- Männer sind untreu.
- Männer weinen nicht.
- Frauen dürfen nicht wütend sein.
- Frauen sind das schwächere Geschlecht.

- Ich bin ein hoffnungsloser Fall.
- Ich bin nur im Weg.
- Ich bin unfähig.
- Ich bin ungeschickt.
- Ich bringe anderen Unglück.
- Neues macht mir immer Angst.
- Nur wenn ich hart arbeite, habe ich etwas verdient.
- Ohne Fleiß kein Preis.
- Schuster, bleib bei deinen Leisten.
- Niemand schätzt, was ich getan habe.
- Ich kann tun, was ich will, es funktioniert einfach nicht.
- Ich bin eine Enttäuschung.
- Ich mache immer alles falsch.
- So locker werde ich niemals sein.
- Meine Beziehungen sind nicht von Dauer.
- Menschen sind nicht vertrauenswürdig.
- Ich kann nicht Nein sagen.
- Ich muss anderen helfen.
- Mir steht das nicht zu.
- Strafe muss sein.
- Ich bin zu feige.
- Ich bin immer der/die Letzte.
- Ich bin ja selbst schuld.
- Ich bin kompliziert.
- Ich bin machtlos.
- Wie gewonnen, so zerronnen.
- Wer hoch hinaus will, fällt tief.
- Wer rastet, der rostet.
- Wer zuletzt lacht, lacht am besten.
- Zeige niemals dein wahres Gesicht.
- Zuerst kommen die anderen dran.
- Zuerst kommt die Pflicht.

- Ich habe einfach kein Glück.
- Ich habe zu wenig Zeit.
- Ich habe es nicht verdient.
- Immer habe ich Pech.
- Ich habe meine Chance verpasst.
- Wenn ich älter werde, bin ich nichts mehr wert.

Sollte einiges hiervon bedrückend auf dich wirken, ist das okay. Ich habe hier weitgehend die negativen Prägungen herausgearbeitet, die übrigens – und das ist wichtig – nicht wahr sind. Sie entsprechen nicht der Realität. Du hast sie lediglich als wahr angenommen oder dich sogar damit identifiziert, und ich werde dir noch zeigen, wie du diese Prägungen wieder löschen beziehungsweise verändern kannst. Gleichzeitig gibt es natürlich auch eine Menge positive lebensbejahende Überzeugungen in dir. Die etwas schmerzhafte Aufzählung soll dich motivieren zu lernen, wie du deine eigenen Überzeugungen schaffen und dein Unterbewusstsein neu programmieren kannst. Wie das genau geht, erkläre ich später. Momentan geht es um die Bestandsaufnahme.

Der zugrundeliegende Bedienfehler deines Gehirns

Bevor du dein Gehirn von ungesunden geistigen Prägungen befreien kannst, bevor du also deinen King Kong zähmst, musst du das grundlegende Problem in der Beziehung zu ihm verstehen. Es ist so fundamental, dass es die meisten Menschen überhaupt nicht sehen, geschweige denn hinterfragen. Das Problem ist, dass wir vergessen haben, wer wir wirklich sind, und glauben, dass die Gedanken in unserem Kopf wir selbst sind. Wir identifizieren uns völlig mit King Kong. Diese omnipräsente Stimme in unserem Kopf wurde zu unserem Ich. Durch die Identifikation mit den eigenen Gedanken hast du also unbewusst das Äffchen auf den Thron gehoben und zum König deines Lebens gemacht. Jeder Gedanke wird von dir als wahr erachtet.

Anstatt die eigenen Gedanken als Diener und Hilfe bei anstehenden Problemen zu nutzen, folgst du allem, was King Kong sagt. Wenn er meint, die Welt sei schlecht, dann ist die Welt für dich schlecht. Wenn er sagt, dein Partner sei nicht richtig, dann ist es für dich so. Wenn King Kong sagt, dein Arbeitgeber oder der Staat sei für dein Unglück verantwortlich, dann ist das so. Wenn er sagt, du seiest hilflos, dann fühlst du dich hilflos. Wenn King Kong mit Selbstzweifeln um die Ecke kommt, glaubst du ihm.

> Alles, was in deinem Geist auftaucht,
> nimmst du für bare Münze.

Auf diese Weise ist aus dem ehemals verspielten Äffchen King Kong geworden. Du hast ihn gekrönt und deinen freien Willen an ihn abgegeben: an das Äffchen, das durch die Gesellschaft und deine Bezugspersonen geprägt wurde und von der Leistungs- und Konsumgesellschaft fortlaufend angestachelt wird.

Dabei würde dir bei genauerer Betrachtung schnell völlig klar, dass du gar nicht deine Gedanken sein kannst. Du hast durch die wenigen Übungen, die ich dir bisher vorgestellt habe, bereits selbst erfahren, dass du deine Gedanken beobachten kannst – damit ist klar: Du bist nicht deine Gedanken. Der Beobachter kann nicht das Beobachtete sein. Auch neurowissenschaftlich betrachtet ist das Denken nur ein klitzekleiner Bruchteil unserer Gehirnleistung.

Aus unserer Identifikation mit den Gedanken entstehen unzählige Probleme. Sie führt zu Kriegen, wenn wir Ideologien glauben und andere Weltanschauungen nicht akzeptieren. Sie führt zu Streit, wenn wir fest davon überzeugt sind, im Recht zu sein und der andere nicht. Sie mindert unser Potenzial, wenn wir glauben, wir können etwas nicht. Die Identifikation mit unseren Gedanken führt zu Ängsten und Sorgen, wenn wir den Horror-Zukunftsszenarien in unserem Kopf glauben. Sie führt dazu, dass wir uns von unserem Körper trennen und weder liebevoll noch gesund mit uns selbst umgehen. Sie führt zu unserem Unglück, wenn wir glauben, wir hätten nichts Besseres verdient. Der einzig mögliche Ausstieg aus diesem Hamsterrad ist die Bewusstheit, die wir durch Meditation und Achtsamkeit schulen.

Wie du alte ungesunde Überzeugungen loslässt

Es gibt einige Techniken und Tools, mit deren Hilfe du alte Gedankenformationen – auch Glaubenssätze genannt – auflösen kannst. Gerade zu Beginn meiner Reise habe ich so ziemlich alles ausprobiert und studiert, was ich nur finden konnte. Im Psychologiestudium lernte ich viele Herangehensweisen kennen, um mit Klienten an genau solchen Themen zu arbeiten. Ich besuchte Hunderte Seminare und probierte dort ebenso viele Techniken. Ich las unzählige Bücher und spezialisierte mich dann zu Beginn meiner Selbstständigkeit auf den Bereich Resilienz, einen Forschungszweig der Psychologie, der sich auf die menschliche Widerstandskraft konzentriert. Doch bei alldem hatte ich immer das Gefühl, es fehlte etwas.

Bei meinen ersten Coachings merkte ich schnell, dass die Tools funktionierten, solange die Klienten bei mir in der Praxis waren. Allerdings hatte ich auch da das Gefühl, dass wir nur ein paar Dinge an der Oberfläche optimierten, statt dort anzusetzen, wo wahre Veränderung passieren könnte. Aber zum damaligen Zeitpunkt wusste ich selbst nicht, worum es wirklich geht. Noch war meine Meditationspraxis nicht tief genug, um die Wahrheit zu erkennen. Ich lebte und meditierte damals viel mit einer Zen-Gemeinschaft – immer mit der Frage im Hinterkopf, was für eine wirkliche Veränderung nötig ist. Ich fragte mich: Was brauchen meine Klienten, um nicht nur in meiner Praxis ein paar Erfolge zu erzielen, sondern um an sich arbeiten zu können, ohne dass ich neben ihnen sitze.

> Irgendwann fiel es mir wie Schuppen von den Augen: Was fehlte, war Bewusstheit.

Die meisten Menschen laufen mit ihren Hunderttausenden Prägungen durchs Leben und sind sich dessen nicht bewusst. Sie halten ihre erfahrene Realität für die Wirklichkeit. Auch wenn ich mit Klienten gemeinsam blinde Flecken bewusst machte, an denen wir dann mit den Werkzeugen aus meinen Ausbildungen arbeiten konnten, fehlte doch die Grundlage: die Fähigkeit, das Bewusstsein zu erweitern und damit selbst in die Tiefen des eigenen Unterbewusstseins vorzustoßen.

Psychologische Werkzeuge zu besitzen, ohne Bewusstsein für sich selbst zu haben, ist in etwa so, als ob ein Handwerker einen Hammer in die Hand gedrückt und gesagt bekommt, er solle ein Haus bauen – ohne dass er weiß, wo das Haus stehen soll, geschweige denn, wo er das Holz dafür findet. Es ist im Grunde ganz einfach: Wenn wir unsere negativen Prägungen nicht erkennen, können wir nicht an ihnen arbeiten.

Die fernöstlichen Lehren würden das folgendermaßen ausdrücken: Der Ausstieg aus dem Samsara (dem Rad des Leidens) ist Bewusstheit. Bewusstheit ist der Schlüssel zu jeglicher Veränderung. Bewusstheit ist der Weg zur Erkenntnis. Bewusstheit ist der Weg zur Befreiung. Bewusstheit ist der Weg nach Hause. Bewusstheit bist du.

Was kannst du also tun, wenn du merkst, dass in dir eine Überzeugung greift? Ganz einfach: Sei dir dessen bewusst. Nimm die innere Stimme, die beispielsweise von Selbstzweifeln geprägt ist, wahr. Halte sie in deinem Bewusstsein. Beobachte, ob du dich mit den Gedanken identifizierst, ob du ihnen glaubst. Das Licht deines Bewusstseins raubt den Überzeugungen die Kraft. Lebst du unbewusst, so treiben deine Prägungen, die gesunden wie auch ungesunden, dein Leben voran. Fängst du an aufzuwachen, wirst du dir deiner Prägungen und Gedanken bewusst, und du erlangst dadurch die Freiheit, dich neu zu entscheiden.

Ganz konkret: Wenn du in deinem Alltag alte ungesunde Gedanken wahrnimmst, hast du bereits den wichtigsten Schritt getan. Sage dir dann einfach innerlich: »Spannend, da ist also ein Gedanke. Ich weiß, du bist nicht wahr, und ich entscheide mich jetzt, dich friedvoll und bewusst gehen zu lassen.«

Wiederhole diesen Prozess immer und immer wieder. Wenn es nötig ist, tausendmal. Denn es wird nicht nach dem ersten Erkennen alles perfekt sein. Aber es ist wie mit dem Hall eines lauten Schreis in den Bergen: Die Gedanken werden immer leiser und leiser, wenn wir aufhören, uns mit ihnen zu identifizieren und ihnen so Futter zu geben.

Den Geist positiv formen

Wenn du möchtest, kannst du deinen bewussten schöpferischen Geist dazu nutzen, die limitierenden Prägungen in ihr Gegenteil zu verwandeln, um deinen Geist bewusst lebensbejahend zu formen. Jedes Mal, wenn du beispielsweise erkennst, dass dein Geist dir erzählt »Du bist nichts wert«, sagst du dir innerlich: »Spannend, eine alte Überzeugung, die nicht wahr ist. Ich bin wertvoll, so wie ich bin.«

Wiederhole diese Übung mit allen Sätzen aus der obigen Liste, die in dir etwas ausgelöst haben. Notiere sie dir am besten und achte in deinem Alltag darauf, wann sie in dir auftauchen. Dann kannst du sie gleich in ihr Gegenteil verwandeln.

Hier findest du noch mal die oben aufgeführte Liste von negativen Glaubenssätzen – mit Beispielen, wie du die Sätze umkehren kannst. Finde aber gern deine eigenen Formulierungen.

- Was ich mache, ist nie gut genug. – Meine Arbeit ist wertvoll.
- Meine Freunde haben es besser als ich. – Ich habe es so gut.
- Immer passiert mir so etwas. – Alles, was mir passiert, hat in dem Moment seinen Grund.
- Ich bin zu alt dafür. – Ich kann immer etwas Neues lernen.
- Das ist zu viel für mich. – Ich bekomme immer Hilfe, wenn ich darum bitte.
- Das ist viel zu schwierig. – Das wird immer leichter.
- Es hat sowieso keinen Sinn. – Jede meiner Handlungen bewegt etwas.

- Ich halte das niemals durch. – Ich habe genug Durchhaltevermögen.
- Ich kann das nicht. – Ich kann es lernen.
- Das habe ich versucht, es nützt nichts. – Jede meiner Handlungen nützt etwas.
- Da ist bestimmt ein Haken an der Sache. – Die Sache hat Potenzial.
- Erst die Arbeit, dann das Vergnügen. – Ich habe immer Gutes verdient.
- Meine Mitmenschen werden immer bevorzugt. – Das Leben liebt mich, ich bekomme, was ich brauche.
- Aus mir wird ja eh nichts. – Ich habe so viele Möglichkeiten.
- Ich werde das nie begreifen. – Ich kann alles lernen, was für mich wichtig ist.
- Ich darf das nicht. – Es steht auch mir zu.
- Ich ertrage das nicht. – Ich schaffe das.
- Das hat bei mir noch nie funktioniert. – Wenn etwas nicht funktioniert, probiere ich es anders.
- Das ist viel zu gefährlich. – Das ist eine Herausforderung.
- Andere sind schöner als ich. – Ich bin schön. Ich bin einzigartig.
- Das klappt ja doch wieder nicht. – Es kann alles klappen.
- Das Leben ist zu schwierig. – Das Leben ist abwechslungsreich.
- Mein Leben ist immer ein Kampf. – In dem Moment, wo ich aufhöre zu kämpfen, endet das Leid.
- Im Leben muss man sich durchbeißen. – Im Leben darf alles im Fluss sein.
- Ich bin einsam. – Ich bin nie wirklich allein.
- Ich fühle mich immer fehl am Platz. – Ich halte mich dort auf, wo ich mich richtig fühle.

- Ich gehöre nicht dazu. – Ich werde meinen Platz finden.
- Ich brauche eine Beziehung, um glücklich zu sein. – Ich bin dann glücklich, wenn ich Dinge tue, die mich glücklich machen.
- Ich treffe nie die richtigen Leute. – Je mehr ich mich mag, desto tollere Menschen treffe ich.
- Ich muss gut aussehen. – Ich bin schön so, wie ich bin.
- Ich muss perfekt sein. – Ich darf es so gut machen, wie ich kann.
- Ein Indianer kennt keinen Schmerz. – Ich darf meinen Schmerz zeigen.
- Das erledige ich später. – Ich kann es gleich erledigen.
- Das muss jetzt sofort klappen. – Es klappt zur richtigen Zeit oder mit ausreichend Übung.
- So etwas tut man nicht. – Ich tue es, wenn es wichtig oder nötig ist.
- Das ist unter meiner Würde. – Ich kann andere auch mit kleinen Dingen und mit meinem Entgegenkommen erfreuen.
- Niemand darf mitbekommen, wie (schlecht) ich mich fühle. – Ich darf anderen sagen, wie ich mich fühle.
- Das wird doch nie funktionieren. – Mit Zeit und Übung wird es funktionieren.
- Heute ist nicht mein Tag. – Heute kann immer noch viel Gutes passieren.
- Das ist mir zu unsicher. – Ich traue mich das.
- Die anderen denken schlecht über mich. – Ich werde von den richtigen Menschen wertgeschätzt.
- Niemand darf mitbekommen, wie schlecht ich bin. – Ich kann und darf Schwäche zeigen.
- Andere sind schuld an meiner Situation. – Ich bin selbst verantwortlich für mein Leben.

- Für mich interessiert sich doch sowieso niemand. – Ich bin anderen Menschen wichtig.
- Wenn ich nicht die perfekte Figur habe, bin ich nicht liebenswert. – Ich bin als Mensch absolut liebenswert.
- Ich brauche Sicherheit. – Ich gebe mir genug Sicherheit.
- Die Welt ist nicht sicher. – Ich fühle mich sicher da, wo ich bin.
- Es gibt zu viel zu tun. – Ich werde alles entspannt schaffen oder mir Hilfe holen.
- Es ist nicht alles Gold, was glänzt. – Ich darf dem Guten vertrauen.
- Es ist in Ordnung, nicht reich zu sein. – Es ist okay, reich zu sein.
- Ich bin nicht gut genug. – Ich bin so gut, wie ich bin.
- Ich bin nicht liebenswert. – Ich bin liebenswert, und die für mich richtigen Menschen lieben mich.
- Ich bin nicht liebesfähig. – Ich bin von Natur aus in der Lage zu lieben.
- Ich bin unwichtig. – Ich mache einen Unterschied in der Welt.
- Etwas stimmt nicht mit mir. – Ich bin genau richtig so, wie ich bin.
- Ich brauche mehr Geld. – Ich habe immer von allem genug.
- Geld fällt nicht vom Himmel. – Ich kann auch mit Freude Geld verdienen.
- Geld macht unglücklich. – Mit Geld kann man einen positiven Unterschied machen.
- Geld verdirbt den Charakter. – Mit Geld kann man viel Gutes tun.
- Geld wird meine Probleme lösen. – Ich finde selbst Lösungen.

- Ich kann mir das nicht leisten. – Wenn es wichtig ist, werde ich es mir irgendwann leisten können.
- Ich bin dumm. – Ich bin in vielen Bereichen sehr gut.
- Ich bin ein Angsthase. – Ich bin bedacht.
- Ich darf meine Meinung nicht sagen, sonst verärgere ich die Menschen. – Wenn ich meine Meinung sage, kommen die richtigen Menschen zu mir.
- Ich fühle mich alleingelassen. – Ich bin für mich da.
- Ich gewinne nie. – Ich gewinne, und ich verliere. Das ist okay.
- Ich glaube nicht, dass mir so etwas helfen wird. – Ich gebe der Sache eine Chance, es könnte gut helfen.
- Ich verzettele mich ständig. – Ich werde jeden Tag besser.
- Die anderen sind immer besser als ich. – Ich kann viele Sachen gut und ein paar auch besser als die meisten.
- Die anderen begreifen Dinge schneller als ich. – Was für mich wichtig ist, verstehe ich in meinem Tempo.
- Ich habe nicht genug, um etwas zu verschenken. – Ich kann Menschen wertvolle Zeit und Aufmerksamkeit schenken.
- Ich habe nichts zu sagen. – Ich kann Menschen mit meinen Worten Gutes tun.
- Ich habe zwei linke Hände. – Manches kann ich gut, anderes weniger.
- Ich kann mich nicht entscheiden. – Ich weiß, was ich will.
- Ich kann mich nur schwer konzentrieren. – Ich kann mich immer besser konzentrieren.
- Ich muss alles unter Kontrolle haben. – Ich kann Dinge immer leichter loslassen, und die richtigen kommen zu mir.
- Ich muss mich unterordnen. – Ich darf meinen Platz einnehmen.

- Ich werde nicht anerkannt. – Ich erkenne mich selbst an und ermögliche es so auch den anderen.
- Ich verdiene keine Anerkennung. – Menschen schätzen mich.
- Ich verdiene keine Aufmerksamkeit. – Menschen schenken mir gern Aufmerksamkeit.
- Ich verdiene keine Liebe. – Jeder Mensch wird geliebt.
- Niemand liebt mich. – Ich bin geliebt.
- Nur er/sie allein kann mich glücklich machen. – Ich bin selbst für mein Glück verantwortlich.
- Ich war schon immer schlecht darin. – Ich werde immer besser.
- Ich weiß nicht, was ich tun soll. – Ich werde das Richtige tun.
- Ich weiß nicht, was ich will. – Wenn ich in mich gehe, weiß ich genau, was ich will.
- Die Dinge werden sich nie ändern. – Alles verändert sich ständig.
- Ich werde nie darüber hinwegkommen. – Es wird mit jedem Tag leichter.
- Ich werde nie eine glückliche Beziehung haben. – Ich führe ein glückliches Leben, und darin kann auch eine glückliche Beziehung entstehen.
- Konflikte sollte man lieber vermeiden. – Konstruktive Auseinandersetzungen und Neinsagen fallen mir leicht.
- Ich darf keine Fehler machen. – Ich kann immer aus Erfahrungen lernen.
- Ich will mich nicht blamieren. – Ich kann auch mal über mich lachen.
- Ich muss mich immer unter Kontrolle haben. – Ich darf meine Gefühle zulassen und kann gesund mit ihnen umgehen.

- Ich muss vorsichtig sein im Leben. – Ich darf Dinge ausprobieren.
- Männer sind Schweine. – Es gibt viele wunderbare Männer.
- Männer sind untreu. – Es gibt viele wunderbare Männer.
- Männer weinen nicht. – Jeder darf Gefühle zeigen.
- Frauen dürfen nicht wütend sein. – Frauen dürfen alle Emotionen zeigen.
- Frauen sind das schwächere Geschlecht. – Frauen sind stark.
- Ich bin ein hoffnungsloser Fall. – Ich finde meinen Weg.
- Ich bin nur im Weg. – Ich kann dorthin gehen, wo ich gebraucht werde.
- Ich bin unfähig. – Ich habe viele Talente.
- Ich bin ungeschickt. – Meine Talente liegen auf einem anderen Gebiet.
- Ich bringe anderen Unglück. – Ich diene den Menschen.
- Neues macht mir immer Angst. – Ich bin bei Neuem vorsichtig und probiere es aus.
- Nur wenn ich hart arbeite, habe ich etwas verdient. – Ich muss nichts leisten, um Freude empfinden zu dürfen.
- Ohne Fleiß kein Preis. – Die Dinge kommen ganz ohne Kampf zu mir.
- Schuster, bleib bei deinen Leisten. – Jeder darf etwas Neues ausprobieren und sich weiterentwickeln.
- Niemand schätzt, was ich getan habe. – Ich schätze meine Arbeit, und so können es auch andere tun.
- Ich kann tun, was ich will, es funktioniert einfach nicht. – Ich versuche neue Ansätze, wenn etwas nicht klappt.
- Ich bin eine Enttäuschung. – Ich bin mir selbst treu, auch wenn ich nicht immer die Erwartungen anderer erfülle.
- Ich mache immer alles falsch. – Ich mache so vieles richtig.

- So locker werde ich niemals sein. – Ich werde jeden Tag entspannter.
- Meine Beziehungen sind nicht von Dauer. – Ich durfte aus jeder Beziehung lernen. Ab jetzt können sie länger dauern.
- Menschen sind nicht vertrauenswürdig. – Ich vertraue mir, dass ich nur Menschen begegne, denen ich auch vertrauen kann.
- Ich kann nicht Nein sagen. – Ich weiß, was ich will und nicht will, und kann es ausdrücken.
- Ich muss anderen Menschen helfen. – Ich darf und kann anderen Menschen helfen.
- Mir steht das nicht zu. – Ich darf alles haben, was mich wirklich glücklich macht.
- Strafe muss sein. – Es ist nur wichtig, aus Handlungen zu lernen.
- Ich bin zu feige. – Ich wachse an meinen Aufgaben und bin offen für neue Erfahrungen.
- Ich bin immer der/die Letzte. – Ich komme in meinem Tempo ans Ziel.
- Ich bin ja selbst schuld. – Beim nächsten Mal kann ich es besser machen.
- Ich bin kompliziert. – Ich bin okay, so wie ich bin.
- Ich bin machtlos. – Ich habe die Macht über meine Gedanken und Handlungen.
- Wie gewonnen, so zerronnen. – Dinge kommen und gehen zu ihrer Zeit, und alles ist in Balance.
- Wer hoch hinaus will, fällt tief. – Wer etwas riskiert, kann auch viel erleben und gewinnen.
- Wer rastet, der rostet. – Beschäftigung ist wichtig. Pausen auch.
- Wer zuletzt lacht, lacht am besten. – Es gibt nie einen Letzten.

- Zeige niemals dein wahres Gesicht. – Sei authentisch, und du bekommst Ehrlichkeit zurück.
- Zuerst kommen die anderen dran. – Ich kann anderen am besten helfen, wenn ich zuerst sicherstelle, dass es mir gut geht.
- Zuerst kommt die Pflicht. – Ich kann die Dinge in jeder beliebigen Reihenfolge tun.
- Ich habe einfach kein Glück. – Auf mich wartet das Richtige.
- Ich habe zu wenig Zeit. – Ich kann Prioritäten setzen und somit über meine Zeit bestimmen.
- Ich habe es nicht verdient. – Mir steht Gutes zu.
- Immer habe ich Pech. – Ich werde meinen Weg finden.
- Ich habe meine Chance verpasst. – Das Leben bietet jeden Tag Tausende Möglichkeiten.
- Wenn ich älter werde, bin ich nichts mehr wert. – Je älter ich werde, desto mehr wertvolle Lebenserfahrung und Wissen kann ich weitergeben.

Ich habe die positiven Affirmationen für dich eingesprochen. Du kannst sie dir herunterladen (siehe Anhang) und ganz entspannt täglich anhören. Sie werden dich zusätzlich dabei unterstützen, eine gesunde, lebensbejahende Einstellung zu entwickeln.

Das unterstützende Äffchen zwischen deinen Ohren

Die Speicherfunktion und der damit verbundene ständige Widerhall alter Gedanken ist nur ein Aspekt deines denkenden Geistes. Seine zweite Funktion ähnelt der deines Darms. Dessen grundlegende Aufgabe ist es, die aufgenommene Nahrung in ihre Bestandteile zu zerlegen und damit deinen Körper zu nähren. Alles, was du isst, wird von deinem Magen aufgenommen und anschließend an dein Darmsystem weitergeführt, damit es das, was du zum Leben brauchst, für dich herausholt. Jedes Mal, wenn Nahrung kommt, muss dein Darm arbeiten. Für dein Gehirn gilt das Gleiche. Es verdaut all die Eindrücke, Probleme, Erfahrungen und Herausforderungen, welche den lieben langen Tag auf dich einströmen.

Dein Verstand möchte dich dabei unterstützen, einen Sinn aus den unzähligen Eindrücken zu ziehen und die Herausforderungen des Lebens zu meistern. Dein Problemlöse-Äffchen kann auch tatsächlich hervorragend funktionieren – wenn du richtig mit ihm umzugehen weißt. Wir dürfen eines nicht vergessen: Dieses unschuldige Äffchen hat all die Wunderwerke unserer Menschheitsgeschichte hervorgebracht, egal, ob wir das Weltall erkundeten, die Pyramiden oder das Taj Mahal bauten oder die technischen Raffinessen konstruierten, die wir in unserer Zeit jeden Tag nutzen. Das Problem im Umgang mit unserem inneren Äffchen ist nur, dass wir nie eine vernünftige Gebrauchsanleitung dafür bekommen haben. Wir wissen zwar intuitiv, dass es seine Aufgaben erledigt, haben aber kaum Ahnung von seinen Grenzen und Tücken.

Seine erste »Fehlfunktion« besteht darin, dass der Teil deines Verstandes, der Probleme lösen sollte, keine zeitliche Orientierung hat. Genau das führt zum ständigen Grübeln. Ein unschönes Beispiel dafür kennen viele von uns. Stell dir vor, du hast einen Termin beim Arzt, und der sagt dir nach einer längeren Untersuchung, in der er schon ständig sein Gesicht verzieht: »Uh, das sieht nicht gut aus. Ich kann noch nichts Genaueres sagen, aber Sie müssen zur genaueren Abklärung ins MRT.« Anschließend verlässt der Arzt das Zimmer und lässt dich mit der Ungewissheit und einer Überweisung zum Fachkollegen zurück.

Was macht dein Gehirn mit dieser Information? Obwohl es nichts Genaues weiß und obwohl es gerade kein Problem lösen kann, fängst du an zu grübeln. Beim Autofahren kannst du dich nicht auf den Verkehr konzentrieren. Beim Abendessen schmeckst du nichts, weil sich dein Verstand Sorgen macht, und nachts im Bett wälzt du dich unruhig von rechts nach links, weil sich ein Teil deiner geistigen Kapazität ständig um die mögliche Diagnose dreht. Du fängst an, jedes Ziepen, Stechen oder Unwohlsein als Symptom für eine schwere Erkrankung zu interpretieren. Du kannst nicht einfach sagen: »Ich denke nächste Woche nach der Untersuchung an das Problem, Verstand lass mich bitte jetzt in Ruhe schlafen.« Das funktioniert nicht, weil dieser Teil des Verstandes das Konzept von Zeit nicht versteht.

Das Beispiel mit dem Arzt ist ein Extrem, aber betrachte deinen Alltag einmal genauer: Wie oft ist dein Geist nicht dort, wo das Leben gerade stattfindet? Wie oft denkst du über Dinge nach, die gerade nicht wichtig sind? Sei es die Präsentation, die du am Abend halten musst und wegen der du schon den ganzen Tag angespannt bist. Oder das Treffen mit der Schwiegermutter am Wochenende, das du am liebsten ausfallen lassen würdest. Dein Gehirn möchte das Problem lösen (besser gesagt: die damit verbundenen Emotionen loswerden). Doch es weiß nicht wie.

Auch deshalb lohnt es so sehr zu lernen, solche Gefühle zu lösen und achtsam zu leben: Du kannst dich damit im jetzigen Moment verankern. Wenn du Herr oder Herrin über deinen Verstand und tief mit dem jetzigen Moment verbunden bist, kannst du trotz aller möglicher Probleme in Vergangenheit oder Zukunft jetzt dein Essen genießen, erholsam schlafen und das Leben erfahren.

Die zweite »Fehlfunktion« deines Verstandes ist: Er kann sich nicht übergeben. Wenn du zu viel oder das Falsche isst, kann es passieren, dass dein Magen die Notbremse zieht und alles wieder auswirft. Dein Verstand kann das nicht. Seine durchzechte Nacht ist dein stressiges Leben. So ist er vollgestopft mit allen nur denkbaren Problemen, Streitigkeiten, vergangenen schwierigen Erfahrungen, Zukunftssorgen, und zu allem Überfluss kommt noch die ständige Reizüberflutung durch die Medien hinzu, die versuchen, über Angsterzeugung deine Aufmerksamkeit zu bekommen.

Dein Verstand hat einen Dauerkater. Wenn zu diesem Kater noch ein größeres Problem hinzukommt, wie eine Trennung, ein Jobverlust, Krankheit oder der Tod eines Angehörigen, ist er vollkommen überlastet. Er grübelt fortlaufend und lässt dich nicht mehr schlafen, obwohl du so dringend regenerieren müsstest. Er lenkt dich von der Arbeit ab und schwenkt immer wieder zu deinen Problemen, die er verzweifelt zu verdauen sucht.

Was würdest du nach einer durchzechten oder schlaflosen Nacht tun? Wahrscheinlich gönnst du deinem Körper viel Ruhe, nur leichte Kost und erholst dich. Was aber machen wir, wenn unser Verstand einen Kater hat? Wir kippen noch mehr mediale Reize und Probleme in ihn hinein, um uns von den unangenehmen Empfindungen abzulenken. Dabei wäre die beste Lösung die gleiche wie für den Körper: Ruhe und Stille. Beim Meditieren beispielsweise gibst du deinem Verstand die Möglichkeit, sich zu sortieren und zu erholen, und gleichzeitig schulst du deine Fähigkeit, im jetzigen Moment zu sein.

Bevor wir speziell zur Praxis der Meditation kommen, sollten wir noch genauer beleuchten, wie du jetzt schon gesünder mit deinem Geist umgehen kannst. Denn ein gesunder Geist kann Herausforderungen unbeschwert annehmen wie ein gesunder Magen die Nahrung.

Wer ist der Meister, wer ist der Diener?

Wie also kannst du deinen Geist geschickter nutzen, um auch dann im Frieden zu sein, wenn die Welt um dich herum schwierig erscheint? Das grundlegende Problem ist wieder die völlige Identifikation mit dem Verstand. Nimmt der Verstand ein Problem wahr, denken wir sofort: »Ich habe dieses Problem«, anstatt zu erkennen, dass es das Gehirn ist, das ein Problem aus dem macht, was es in der Welt oder in dir vorfindet. Stell dir einmal die Frage: Gibt es die Probleme in deinem Leben ohne dein Denken? Ohne dein Gehirn oder ein anderes Gehirn, das daraus ein Problem macht? Ist ein Problem etwas Absolutes oder etwas Relatives?

Bei genauerer Betrachtung erkennen wir sehr schnell, dass es im Grunde kein Problem gibt, wenn es niemanden gibt, der aus den Gegebenheiten eines macht. Das heißt, du selbst erschaffst die Probleme, in die sich dein Verstand anschließend verbeißt.

Du magst jetzt vielleicht denken: Ja, das ergibt schon Sinn, aber was ist mit wirklich offensichtlichen Herausforderungen wie Krankheiten, Klimawandel oder Kriegen? Ja, all diese Dinge sind nicht schön, und es ist wichtig, in diesen Feldern weise zu handeln. Aber – und jetzt kommt eine für dich vielleicht etwas ungewöhnliche Aussage – schlussendlich sind auch der Tod, Krankheit, die Klimaproblematik und Kriege kein Problem, wenn niemand ein Problem daraus macht. Ein Zen-Meister hat höchstwahrscheinlich keinen Stress mit dem Gedanken an den Tod oder mit Krankheiten. Donald Trump hat vermutlich kein Problem mit dem Klimawandel, sein Gehirn glaubt nicht einmal daran.

> Wenn es keinen Menschen auf diesem Planeten geben würde, würde es auch keine Probleme geben. Es wäre einfach Leben, Sterben, Wärme, Kälte.

Ich will damit keinesfalls sagen, dass wir nichts gegen die Klimakatastrophe, Kriege, Armut oder Krankheit tun sollten! Im Gegenteil, bei alldem ist es wichtig zu handeln. Aber ich möchte dir deutlich machen, dass Probleme nichts Absolutes, sondern relativ sind. Es gibt nur ein Problem, wenn irgendwo ein Gehirn ist und aus den Gegebenheiten eines macht.

Je stärker du mit einem Problem identifiziert bist, umso mehr Aufwand betreibt dein Gehirn, um es zu lösen. Wenn du identifiziert damit bist, ein erfolgreicher Manager zu sein, hast du ein Problem damit, deinen Job zu verlieren. Wenn du damit identifiziert bist, eine gute Mutter zu sein, dann hast du ein Problem damit, etwas in der Erziehung falsch zu machen. Wenn du mit Besitz und Wohlstand identifiziert bist, hast du ein Problem damit, diesen zu verlieren. Wenn du damit identifiziert bist, fleißig und erfolgreich zu sein, hast du ein Problem damit, etwas nicht zu schaffen. Wenn du mit deinem Körper identifiziert bist, hast du ein Problem mit Krankheiten und dem Tod … Ich könnte diese Liste endlos fortsetzen, aber nimm deine Ängste oder nimm die Probleme, in die sich dein Gehirn am stärksten verbeißt, und finde die darunterliegende Identifikation. In meinen Seminaren und Vorträgen sage ich gern: »Zeige mir, wovor du Angst hast oder in welche Probleme du dich verbeißt, und ich sage dir, wer du glaubst zu sein.«

Ich weiß, das ist ein harter Brocken. Du hast dich wahrscheinlich dein ganzes Leben lang mit Problemen beschäftigt.

Mit den großen und den kleinen. Mit vielen belastenden Dingen. Jetzt zu erkennen, dass all diese Probleme nur relativ für dich bestehen und kein absolutes Problem sind, ist schwer. Denn dein Gehirn, das das Problem erzeugt, sagt sofort: »Der spinnt doch ... Ich habe das Problem wirklich ... Mir geht es ja nicht gut ... Ich habe zu wenig ... Ich brauche unbedingt noch ... Das darf nicht passieren ... Ich verliere ja sonst alles ... Erst wenn ich ..., dann ...«

> Eine meiner Lieblingsdefinitionen von Achtsamkeit (auch wenn sie längst nicht ausreichend ist): Achtsamkeit schafft zwischen äußerem Impuls und Handeln eine Pause für kluge Entscheidungen.

Die Achtsamkeitspraxis lädt dich dazu ein, diese Muster zu erkennen. Mit ihr kannst du wahrnehmen, dass deine Gedanken nicht an sich wahr oder falsch sind. Es kommt nur darauf an, ob du sie für wahr erachtest oder nicht. Die Praxis ermöglicht dir zu bemerken, dass es ohne dein Gehirn kein Problem gäbe, weil es niemanden gäbe, der aus den Informationen, die auf dich einströmen, ein Problem machen könnte. Du lernst, mit den an die Gedanken geknüpften Emotionen gesund umzugehen und die darunterliegenden Muster zu heilen, statt immer nur auf sie zu reagieren.

Und noch mal: Zu meditieren und Achtsamkeit zu praktizieren bedeutet nicht, Herausforderungen nicht anzupacken und nur noch auf dem Kissen zu sitzen, sondern mit einem klaren Geist, der die Probleme friedvoll betrachten kann, Lösungen zu finden. Die Distanzierung vom ewig denkenden Verstand bedeutet, von einem Ort der Ruhe und des Friedens aus zu entscheiden, ob etwas getan werden muss oder nicht. Anstatt hektisch auf all die einströmenden Informationen und Impulse zu reagieren, können wir uns friedvoll entscheiden, etwas zu tun. Wenn etwas getan werden muss, tun wir es mit Kraft und Klarheit, wenn nicht, ruhen wir in uns.

Was tun, wenn dich Gedanken plagen?

Bewusstheit erkennt die Gedankenangebote

Bewusstheit ist der Schlüssel: Erkenne, dass du all die Herausforderungen, Empfindungen und Probleme einfach nur wahrnehmen kannst. Du bist das Bewusstsein, und dein Verstand ist dein Werkzeug.

Bist du dagegen völlig mit dem Werkzeug, dem Denker in dir, identifiziert, glaubst du jeden Gedanken und jagst mit Eifer jedem Problem hinterher – und am liebsten denen, die gerade nicht gelöst werden können. So verbleibst du in der hektisch betriebsamen Welt voller Ablenkungen. Besinnst du dich hingegen und erkennst, dass du alles wahrnehmen kannst, ohne darauf reagieren zu müssen, so gewinnst du Freiheit. Die Freiheit, nach der wir uns alle sehnen! Die wahre Freiheit.

Zu Beginn wird dir das womöglich nur in ruhigen Momenten gelingen. In der Hektik des Alltags, im Dauerstress des Berufs, im Streit mit dem Partner oder mit den schreienden Kindern verlieren wir das Bewusstsein für uns als beobachtende Instanz leicht und reagieren mit unseren unbewussten Prägungen. Das ist auch erst einmal nicht weiter schlimm, sondern völlig normal. Mit fortlaufender Praxis schaffen wir eine immer größere Pause zwischen den auf uns einströmenden Impulsen und unserer Reaktion. Eine Pause für kluge Entscheidungen. Du lernst, deinen Geist immer öfter kreativ und freudvoll zu nutzen.

Dieser durch Achtsamkeit und Meditation angestoßene Bewusstwerdungsprozess lässt dich auch erkennen, dass destruktive Gedankenmuster schwere Gefühle in dir auslösen: Wut, Hass, Eifersucht, Traurigkeit, Einsamkeit, Neid, Wertlosigkeitsgefühle und so weiter – sie sind das Resultat ungesunder Denkmuster, die noch nicht ans Licht deines Bewusstseins gefunden haben.

Der Akt der Bewusstwerdung ist dabei der erste und wichtigste Schritt. Du erkennst, dass du mit deinen destruktiven Gedanken ungesunde Emotionen auslöst und dadurch Stress und Unruhe in deinem Körper erzeugst, was schlussendlich in ein ungesundes Verhalten mündet. Du wirst dir der weitreichenden Konsequenzen deiner ungesunden Denkmuster bewusst und siehst, welches Leid sie nicht nur in dir, sondern auch in deinen Liebsten, deinen Mitmenschen und in der Welt erzeugen. Der Akt des Erkennens ist zugleich die Befreiung, denn wenn du die Muster erkennst, bist du ihnen nicht mehr ausgeliefert.

Du brauchst dich bei alldem auch nicht für solche Muster zu verurteilen, auch das wäre wieder nur ein ungesundes Muster. Wenn sie da sind, sind sie da. Der Akt des Erkennens befreit dich Stück für Stück von ihnen.

Je öfter und konsequenter du die Arbeit der Bewusstwerdung machst – »Aha, ich denke gerade einen Gedanken, und er ist nicht wahr« –, umso mehr wird aus King Kong ein kleines Äffchen, und dieses Äffchen wird immer mehr zum wundervollen Diener. Es fängt an zu verstehen, welche Gedankenangebote es dir präsentieren soll und welche es sein lassen darf. Du hast es in der Hand.

Hinterfrage deine Gedanken

Wann immer schwierige Gedanken auftauchen, kannst du sie neutralisieren, indem du sie hinterfragst und auf ihren Wahrheitsgehalt hin überprüfst. Eine besonders eindrückliche und wirksame Methode in dieser Hinsicht hat Byron Katie entwickelt und als »The Work« bezeichnet.[6]

In einer vereinfachten Form kannst du dich immer fragen: »Ist dieser Gedanke wirklich wahr?« Und wenn ein Ja in deinem Kopf erscheint, blicke tiefer und frage dich: »Kann ich mit hundertprozentiger Sicherheit sagen (ohne Ausnahme), dass dieser Gedanke wahr ist?«

Auf diese Weise erkennst du nach und nach deinen konditionierten Verstand, der nur ein Widerhall deiner Prägungen ist und unbedingt an alten Geschichten, Vorstellungen und Ideen festhalten möchte, weil er sich all die Jahre damit identifiziert hat.

Mach dir beim Hinterfragen auch bewusst, welches Leid diese Gedanken erzeugen, wenn du an ihnen festhältst. Wenn du dir über die Konsequenzen bewusst wirst, ist dein Gehirn bereit, die Gedanken im nächsten Schritt loszulassen und sein Denken zu verwandeln. Du kannst spüren, wie anders du dich fühlst, wenn du ohne die schwierigen Gedanken bist. Mit fortlaufender Praxis wirst du erkennen, dass es irgendwann nur noch nötig ist, dir deiner Gedanken bewusst zu werden – und schon verändert sich dein aktuelles So-Sein.

Einfach ignorieren

Eine weitere einfache Möglichkeit, mit nicht dienlichen Gedanken umzugehen, ist, sie einfach zu ignorieren. Vielleicht kennst du die Situation, wenn dein Verstand mit irgendwelchen

Zweifeln nervt – wie einen schlechten Ohrwurm präsentiert er dir den immer gleichen Gedanken. Und auch wenn du dir dessen bewusst bist, bereits erkannt hast, dass der Gedanke nicht wahr ist, und du ihn vielleicht schon zehnmal in eine positive Formulierung umgewandelt hast, plagt er dich weiter.

Buddha empfiehlt, solch einen hartnäckigen Gedanken einfach zu ignorieren. Wenn er auftaucht, nimm ihn kurz wahr, beschäftige dich aber nicht lange mit ihm. Richte deinen Fokus auf das, was dir gerade wichtig ist, sei es die Arbeit, ein Gespräch oder eine andere Tätigkeit. Steigt der Gedanke wieder in deinem Bewusstsein auf, kurz wahrnehmen – und ignorieren.

Dieser Prozess des Wahrnehmens und Ignorierens ist bei genauer Betrachtung ebenfalls eine Schulung deines Geistes. Früher hätte dein Geist seine Gedankenangebote mit aller Kraft durchgesetzt. Du hättest ihnen geglaubt, danach gehandelt oder dich schlecht gefühlt. Jetzt, da du den Denker vom Thron gestoßen hast und er seine Rolle als Diener eingenommen hat, ist ihm aber manches trotzdem wichtig. Geprägt von alten Erfahrungen, möchte er dir seine Angebote machen. Jetzt aber reicht deine Bewusstheit aus, um zu entscheiden, was du willst. Es ist kein Kampf auf Augenhöhe. Es ist im Grunde genommen überhaupt kein Kampf. Denn dein Diener hat keinerlei Macht – außer du gibst sie ihm.

> Du bist die Instanz, die deinen Gedanken Energie verleiht oder eben nicht.

Gedanken sind, wie du mittlerweile weißt, nur Objekte deines inneren Hörens. Sie unterscheiden sich in ihrer Substanz nicht von dem, was du im äußeren Hören erfährst. Sie sind nur ein auditiver Eindruck, den du in dir wahrnimmst. Erst indem du diesem Eindruck Energie schenkst oder noch schlimmer: dich mit ihm identifizierst, bekommt er Macht über dich. Davor ist er nur ein Geräusch, so wie das Zwitschern des Vogels auf einem Baum. Nur ein Geräusch. Erkenne diese Wahrheit, und du bist frei.

Gedanken kontrollieren

Dennoch ist es manchmal so – und auch das hat Buddha vor Tausenden von Jahren schon erkannt und Lösungen dafür angeboten –, dass sich Gedanken unaufhörlich um ein Thema drehen. Dass der Diener immer und immer wieder mit starken Argumenten und einer extremen Beharrlichkeit versucht, deine Aufmerksamkeit zu bekommen, sosehr du ihn auch ignorieren willst. Es ist, als ob ein Presslufthammer direkt vor dem Fenster hämmert, hinter dem du lebst. Auch wenn du weißt, dass es nur ein Geräusch ist – es nervt!

Ich kann mich noch gut an eine Phase in meinem Leben erinnern, in der mein Geist aktiver denn je war. Ich hatte mich gerade selbstständig gemacht und wollte mir Unterstützung in einem bestimmten Bereich holen. Dabei lernte ich zwei Menschen kennen, die sich im Marketing gut auszukennen schienen. Nach zwei Treffen war mir aber klar, dass es zu keiner Zusammenarbeit kommen wird. Nicht nur dass mich mein Bauchgefühl warnte, auch die Art, wie sie arbeiteten, entsprach nicht meinen Vorstellungen. Ich gab ihnen zu verstehen, dass wir nicht zusammenkommen würden. Was dann passierte, hätte ich mir in meinen kühnsten Alpträumen nicht ausmalen können: Die beiden stellten mir für ihre »Beratung« einen Betrag im mittleren fünfstelligen Bereich in Rechnung – diese Summe zu bezahlen hätte für mich während meiner Existenzgründung den Ruin bedeutet. Am schlimmsten aber war, dass es unrecht war. Ich hatte keine Beratung von ihnen erhalten.

Ein Wechselbad aus Wut, Selbstzweifeln, weiteren Emotionen und unzähligen Gedanken setzte ein. Endlos kreiste mein Geist um die Situation. Einmal war ich voller Wut auf diese Menschen, das andere Mal voller Angst, ob ihr Vorgehen vielleicht doch berechtigt war. Tausende zwanghafte Gedanken, die nicht nur tagsüber, sondern auch in der Nacht durch meinen Kopf gingen. Obwohl ich die Lehren Buddhas zum damaligen Zeitpunkt längst kannte, hörte mein Geist nicht auf, über meine Situation nachzudenken, und brachte damit Aufruhr, Ängste, Wut und Traurigkeit in meinen Körper.

Natürlich wusste ich zu diesem Zeitpunkt schon, dass ich nicht meine Gedanken bin. Doch das half mir wenig. Sie waren so stark, dass ich radikalere Mittel ergreifen musste. Buddha lehrt uns, zerstörerischen Gedanken mit der Hartnäckigkeit eines Kriegers zu begegnen – wortwörtlich. Ich nahm all meine Kraft zusammen, stellte mir vor, ich sei ein Krieger, und machte meinem denkenden Geist klar, dass ich diese Gedanken nicht möchte. Dafür brauchte ich Kraft und Entschlossenheit. Es ging nicht nur um eine Schlacht, sondern um einen ganzen Krieg. Die Gedanken kamen immer und immer wieder, und jedes Mal, wenn sie auftauchten, musste ich sie konsequent in ihre Schranken weisen. Ich sagte zu jedem zerstörerischen Gedankenangebot, das in mein Bewusstsein drang: »NEIN STOPP! Du erzeugst Leid, und ich kann gerade nichts tun.« Ich tat das so lange, bis der Krieg gewonnen war.

Wenn du in einer schwierigen Phase solchen hartnäckigen Gedanken begegnest, mach es ebenso. Sag innerlich: »Stopp, ich brauche dieses Gedankenangebot nicht!« Fokussiere dich aktiv auf das, was gerade wichtig ist. Dieses Vorgehen mag dir vielleicht hart erscheinen und widerspricht dem augenscheinlich so friedvollen Weg des Buddha. Doch Menschen, die unter zwanghaften und destruktiven Gedanken leiden, verstehen, dass diese Konsequenz manchmal nötig ist. Sollten all die Schritte, die ich dir hier aufzeige, einmal nicht funktionieren, werde zum Krieger! Erkenne das Leid, das die Gedanken in dein Leben bringen, und lass sie nicht mehr zu!

Du wirst sehen: Wenn du Kampf für Kampf konsequent bleibst und deinen Geist mit aller Kraft und Klarheit zügelst, wird er ruhiger werden, und mit der Zeit werden die zerstörerischen Gedanken weichen. Und irgendwann hast du nicht nur diesen Krieg gewonnen, sondern die wichtige Erfahrung gemacht, dass du Herr oder Herrin deines Geistes bist.

Es ist Übung, oder: Wenn das Leben nur so leicht wäre

In diesem Kapitel hast du Wesentliches darüber gelernt, was Gedanken sind und was du brauchst, um destruktive Gedanken unter Kontrolle zu bringen. In der Theorie klingt es leicht: Bewusstsein ist der Schlüssel, du kannst Gedankenangebote einfach wahrnehmen, negative Gedankenmuster ignorieren oder »Stopp« sagen, und alles ist gut. Doch ich glaube, du kennst dein Leben mittlerweile gut genug, um zu wissen, dass es nicht immer so leicht ist. Sobald dich der Alltag wieder einholt, scheint alles wie früher. In der Hektik verlierst du dich wieder völlig im Spiel des Lebens. Der Grund dafür ist: Dein Gehirn hat keinen Schalter, den du nur zu drücken brauchst, sondern es ist eher wie ein Muskel, denn du trainieren darfst.

Nur weil du weißt, dass du Muskeln aufbaust, wenn du ins Fitnessstudio gehst und Gewichte stemmst, bedeutet das noch lange nicht, dass dir Muskeln wachsen. So ist es auch beim geistigen Training deine tägliche Aufgabe, dich daran zu erinnern, Achtsamkeit zu praktizieren, gesund mit negativen Gedankenangeboten umzugehen und positive schöpferische Gedanken zu wählen. Mach also Meditation und Achtsamkeit zu einem festen Anker in deinem Leben, der dir hilft, Bewusstheit in deinen Alltag zu bringen. Jedes Mal, wenn du dich schlecht oder klein fühlst, merkst du: Die Ursache dafür ist nur ein Gedankenangebot, das du annehmen kannst oder auch nicht. Sobald du bewusst bist, bist du frei! Darum meditieren wir.

Gedankenachtsamkeit im Alltag

Halte im Alltag immer wieder inne und beobachte, was zwischen deinen Ohren passiert. Zu Beginn hilft ein Timer auf deinem Smartphone, mit dem du dich stündlich daran erinnern kannst. Oder ein Armband, das dir diese Übung ins Gedächtnis zurückruft. Beobachte, ob du gerade bewertest, in einer Geschichte deines Geistes festhängst oder tagträumst. Mach es zu deiner täglichen Praxis, dir dieser Automatismen, dieser Denkgewohnheiten bewusst zu werden. Denn diese Bewusstheit ist nötig, um umzudenken, um alte destruktive Muster sein zu lassen und neue, förderliche Gedanken zu kultivieren.

Geführte Meditationen

Zu diesem Kapitel findest du auf meiner Website zwei geführte Meditationen:

- Frieden im Kopf
- Positive Affirmationen

Website: www.peter-beer.de/meditation

Das Passwort für den internen Bereich ist: JETZT.

Glückseligkeit: Emotionen verstehen

Meditation, das weißt du mittlerweile, hängt unmittelbar mit unseren Gedanken und Gefühlen zusammen. Denn sie sind es meist, die wir zuerst wahrnehmen, wenn wir innehalten und unsere Aufmerksamkeit nach innen richten. Mit den Gedanken – dem Äffchen in unserem Kopf – haben wir uns bereits befasst. Kommen wir nun zu den Gefühlen. Ich kann dir an dieser Stelle schon verraten, dass wir alles, wirklich restlos alles, was wir tun oder lassen, aufgrund unserer Gefühle und Emotionen tun oder lassen. Wir wollen bestimmte Gefühle haben und andere unbedingt vermeiden oder loswerden. Wenn wir die Meditation in unser Leben bringen, überhaupt, wenn wir unser Leben in Richtung größerer Erfüllung verändern wollen, müssen wir uns also mit unseren Gefühlen befassen.

Vielleicht hast du dir dieses Buch gekauft, weil du Meditation und Achtsamkeit in dein Leben bringen willst, um auf diesem Weg endlich einige lästige Emotionen loszuwerden. Möglicherweise willst du weniger Ängste haben, Traurigkeit aus deinem Leben verbannen, Frustration und Zweifel überwinden, Schuld loslassen oder anderen schwierigen Emotionen entkommen. Du willst durch die eine wesentliche Erkenntnis endlich für immer glücklich oder wenigstens zufrieden sein – wie es doch so viele Bücher und Kurse, Podcasts und Vorträge versprechen. Wenn du dir das wünschst, dann geht es dir wie den meisten Menschen, die zu mir kommen. Dieses Verlangen ist natürlich und völlig normal.

Auch du liest dieses Buch aus einem der folgenden drei Gründe.

- Entweder hast du (zu viele) schwierige Emotionen in deinem Leben, die du nicht mehr haben möchtest. Dann suchst du eine Lösung, wie du mit ihnen umgehen kannst oder sie loswirst.
- Oder du möchtest mehr von bestimmten Emotionen wie Freude oder Liebe.
- Oder du willst etwas lernen, um damit etwas zu tun, das wiederum angenehme Emotionen in dein Leben bringt.

Dabei dürfen wir gleich zu Beginn ein elementares Problem betrachten: Wir unterliegen dem Irrglauben, dass wir uns ständig möglichst gut fühlen sollten. Diese Illusion von immerwährendem Glück wird zusätzlich geschürt, wenn wir in die Medien blicken. Egal, ob Sternchen auf dem TV-Bildschirm oder Influencer auf dem Smarthone: Alle lachen, sind an den schönsten Orten der Welt, erleben spannende Abenteuer und sind gut drauf. Und wenn die das können, dann wollen wir das auch. Selbst wenn du dich nur in deinem näheren Umfeld umsiehst: Nur wenige offenbaren, dass es ihnen schlecht geht. Natürlich jammern viele, aber oft haben wir doch das Gefühl, wir sind die Einzigen, die mit *wirklich* schweren Emotionen zu kämpfen haben.

Dabei beschreibt Buddha schon als erste seiner »vier edlen Wahrheiten«: Leben ist Leiden. Ich kenne niemanden, der keine unangenehmen Emotionen in seinem alltäglichen Leben hat. Und wann immer ich jemanden getroffen habe, der das behauptete, stellte sich über kurz oder lang heraus, dass gerade diese Person am meisten kämpfte.

Ich möchte daher gleich mit einer Illusion aufräumen: der Illusion, dass du nach dem Lesen dieses Buches oder nach noch so langer Meditationspraxis nie wieder Angst hast, nie wieder traurig bist, dich nie wieder einsam fühlst. Bitte glaub auch nicht, dass Wut der Vergangenheit angehören wird und du auch sonst keine schwierigen Emotionen mehr spüren wirst. Leben ist Fühlen, und dazu gehört die ganze emotionale Palette. Solange du das nicht akzeptieren kannst, wirst du weiter leiden. Du wirst vielleicht den nächsten Guru oder Motivationstrainer suchen, der dir vorlügt, dass du keine schwierigen Emotionen mehr fühlen musst. Dass es die eine Technik gibt, um immer glücklich, zufrieden und dankbar zu sein. Du wirst es versuchen und nach einiger Zeit erkennen: Du bist immer noch ein Mensch. Und Mensch sein bedeutet, die ganze Emotionspalette zu erleben.

Um dir das zu verdeutlichen, zeige ich mich in diesem Buch mit ganz vielen Facetten und vor allem auch mit all meiner Verletzlichkeit. Damit will ich dir verständlich werden lassen, was der Unterschied zwischen einem Menschen mit Meditationserfahrung und einer regelmäßigen Praxis ist und einem Menschen, der nicht meditiert. Es ist zugleich auch der Unterschied zwischen meinem heutigen Selbst und meinem Selbst vor fünfzehn Jahren.

Als ich begann, dieses Buch zu schreiben, wurden eine Menge Emotionen in mir aufgewühlt. Es gab einen Tag, da fühlte ich Angst, weil ich mich kaum konzentrieren konnte. Ich hatte einen

Druck in meiner Magengegend, Enge im Hals. Mein Herz pochte etwas stärker, und ich schwitzte leicht, was nicht nur daran lag, dass Hochsommer war und ich in einem kleinen überhitzten Raum in einem Zen-Kloster saß. Wenn ich der Angst Raum gab, kamen Gedanken wie: »Schaffe ich das alles überhaupt? Schaffe ich es, das, was mir am Herzen liegt, bis zum Abgabetermin auf Papier zu bringen? Werde ich den Ansprüchen der Menschen, die mein Buch lesen, gerecht? Kann ich meinen eigenen Ansprüchen genügen? Was ist, wenn ich es nicht schaffe? Schaffe ich es, den Menschen die unendlich faszinierende Welt der Meditation und Achtsamkeit zu eröffnen, um unsere Welt letztendlich ein Stück mehr zu einem friedvollen Ort zu machen?«

Hätte ich all das vor fünfzehn Jahren erlebt, wäre ich wahrscheinlich weggelaufen oder hätte die Gefühle verdrängt und mich gezwungen, unter Druck, Anspannung und Angst irgendetwas aufs Papier zu bringen. Ich hätte alles dafür getan, die Emotionen nicht fühlen zu müssen. Oder ich hätte mir eingeredet, dass Schreiben nicht mein Ding sei. Ich hätte das Vorhaben aufgegeben und mich wieder in meine kleine sichere Welt zurückgezogen.

Heute, fünfzehn Jahre später, habe ich immer noch Ängste. Weit nicht mehr so viele wie damals. Doch sie sind da. Viel subtiler, viel seltener. Freudvollere Gefühle haben merklich mehr Raum eingenommen. Aber Ängste, Traurigkeit und all die anderen schwierigen Emotionen gibt es weiterhin.

Der entscheidende Unterschied im Vergleich zu meinem fünfzehn Jahre jüngeren Ich jedoch ist: Ich kann heute komplett anders mit Gefühlen und Emotionen umgehen! Ich habe kein »Problem« mehr mit ihnen. Ich nehme sie an, beobachte sie, erkenne alte Muster, Verletzungen und Prägungen aus meiner Kindheit. Ich erkenne, wenn sie mir etwas sagen möchten, und akzeptiere sie als einen Teil meines Lebens. Sind sie immer noch unangenehm? Natürlich! Das müssen sie! Ich gehe später noch darauf ein, warum das so ist. Aber ich laufe nicht mehr vor ihnen weg. Ich verdränge sie nicht. Ich projiziere sie nicht auf andere oder vermeide sie. Ich bin im Frieden mit ihnen. Und darum bin ich frei.

> Auch Buddha sagte, dass es nicht darum geht, sich von Emotionen zu befreien, sondern inmitten aller Emotionen frei zu sein.

Ich habe lange nicht verstanden, dass das Problem mit emotionalen Schmerzen nicht der emotionale Schmerz an sich ist, sondern die Art und Weise, wie wir damit umgehen. Wenn du, so wie ich damals, an der Illusion festhältst, dass irgendwann keine schwierigen Emotionen mehr in deinem Leben sein werden, dann wirst du noch einen langen Leidensweg vor dir haben. Emotionen sind und bleiben ein Teil des Lebens. Sie sind ein Teil des Menschseins. Und ja, sie sind manchmal scheißunangenehm. Aber so schlimm, wie es dir momentan vielleicht vorkommt, muss es nicht bleiben. Indem du lernst, auf eine gesunde Weise mit schwierigen Emotionen umzugehen, wirst du frei. Das ist es tatsächlich, was wahre Freiheit bedeutet!

- Stell dir vor, du müsstest vor deiner Angst nicht mehr weglaufen und sie auch nicht verdrängen und könntest dadurch völlig frei alles tun, was du tun möchtest.
- Stell dir vor, du müsstest deine Wut nicht mehr verdrängen, sondern könntest sie in Energie verwandeln, die dir hilft, Dinge zu verwirklichen, die dir wichtig sind.

- Stell dir vor, du müsstest deine Traurigkeit nicht länger verdrängen und könntest lernen, das Geschenk darunter zu erkennen.
- Stell dir vor, du wirst nicht mehr von Gier, Stolz oder Neid angetrieben, sondern von Freude.
- Stell dir vor, das Gefühl von Schuld ist für dich fortan nur noch eine Erinnerung daran, dass Heilung ansteht.
- Stell dir vor, Einsamkeit bedeutet für dich nicht mehr als eine Erinnerung an deine wahre Natur.
- Stell dir vor, dass deine dominierende schwierige Emotion (und jeder hat hier eine andere oder mehrere) für dich da ist und nicht gegen dich!

Auch wenn dir das momentan vielleicht noch unwirklich erscheinen mag, lass dich doch einfach auf das Abenteuer ein. Das Erforschen ist das Herzstück der buddhistischen Psychologie im Umgang mit schwierigen Emotionen. Es bedeutet, sich dem Herausfordernden zuzuwenden und nicht wegzulaufen. Es bedeutet, achtsam tiefer zu blicken und nicht nur an der Oberfläche herumzudoktern. Und genau das ist der Weg der Meditation.

Das Ziel ist es dabei nicht, erleuchtet und stets glücklich durchs Leben zu springen, sondern Stück für Stück Vertrauen in dich selbst und in den Umgang mit deinen Emotionen zu finden, um dadurch wahrhaftig frei zu werden. Auch nach vielen Jahren der inneren Transformation gibt es bei mir immer noch Situationen und Lebensbereiche, in denen schwierige Emotionen vorkommen. Aber deren Transformation gelingt mir immer schneller, und die mit Abstand dominierenden Emotionen in meinem Leben sind die schönen. Das schreibe ich, um dir zu zeigen, dass es funktionieren wird. Dass auch dein Leben leichter werden kann. In den schlimmsten Momenten glauben wir nicht daran, und deswegen ist es mir so wichtig, dir immer wieder zu sagen: Es ist möglich, auch wenn es manchmal Zeit braucht!

Und es erfordert Mut. Dazu möchte ich dir weitergeben, was mir einmal ein Zen-Meister zum Thema Angst und Mut an einem gemütlichen Abend im Kloster erzählt hat. Ich fragte ihn, wie ich mit meinen Ängsten umgehen kann. Er überlegte einige Sekunden und erzählte mir dann die folgende Geschichte.

Von der Angst und vom Mut

Es gab einen jungen Mönch in den Bergen Tibets, der bereits als Kleinkind als großer Meditationsmeister aus einem vergangenen Leben erkannt wurde und daher schon von Kindesbeinen an mit den Mönchen im Kloster lebte. Und tatsächlich besaß er eine Aura, die man regelrecht spüren konnte. Er war kein gewöhnliches Kind. Als er eines Tages mit zwei jugendlichen Mönchen einen Spaziergang durch den anliegenden Wald machte, tauchten plötzlich ein paar ausgehungerte streunende Hunde auf. Sie bellten und fletschten die Zähne, der Geifer lief ihnen herunter, und sie stürmten auf die Mönche zu. Die jugendlichen Mönche schreckten vor Angst zurück und versuchten davonzulaufen. Der ganz junge Mönch hingegen blieb kurz stehen und stürmte dann seinerseits laut schreiend mit erhobenen Händen auf die Hunde zu. Man konnte die Klarheit und den Mut des Kindes spüren. Kein Funken Angst. Die Hunde setzten sofort zum Rückzug an und liefen in alle Richtungen davon. Als die zwei jugendlichen Mönche das sahen, kamen sie zurück und fragten den Jungen völlig verblüfft, wo er das gelernt habe und ob er denn keine

Angst gehabt hätte. Der Mönch lächelte und antwortete: »Mein erster Meditationslehrer hat mich gelehrt, auf eine Situation, die mir Furcht einflößt, direkt zuzustürmen, anstatt davor wegzulaufen.« Tief erstaunt fragten sie ihn, wo dieser Lehrer lebte und ob sie ihn denn kannten. Der Junge antwortete: »Ich weiß nicht, wo er jetzt lebt. Als die Chinesen 1950 in unser geliebtes Land einfielen, ist er, statt zu flüchten, direkt nach China gelaufen. Seitdem habe ich ihn nicht mehr gesehen.«

Ich liebe diese Geschichte, weil sie humorvoll ist und gleichzeitig zeigt, wie wir unseren Emotionen begegnen dürfen. Der Zen-Meister, der sie mir erzählt hatte, beschrieb diese Art des Mutes später einmal als den Mut, den ein Kind braucht, das glaubt, ein Monster sitze unter seinem Bett. Jede Nacht liegt das Kind schweißgebadet, halb wach, halb schlafend im Bett. Immer mit der Angst, das Monster könnte irgendwann hervorkommen. Nacht für Nacht die gleiche Angst. Bis das Kind der Angst so überdrüssig wird, dass sein Mut wächst und es beschließt, unters Bett zu blicken. Und in dem Moment, wenn das Kind genau hinsieht, erkennt es, dass es nie ein Monster gegeben hat.

Das Gleiche gilt für unsere Emotionen: Wenn wir den Mut haben, ihnen aufrichtig zu begegnen, erkennen wir ihre Natur und werden frei. So viel sei schon mal verraten: Emotionen sind sicher! Lass uns gemeinsam das Abenteuer starten, sie zu erforschen.

Warum du tust, was du tust

Ich kann mich noch gut an die schwierigste Zeit in meinem Leben erinnern. Und so schwierig sie war, so lehrreich und extrem wichtig war sie auch. Natürlich wusste ich das damals nicht. Im Gegenteil, ich habe mein Leben und all die schwierigen Emotionen einfach nur verflucht! Ich habe weder die Lektion noch das Geschenk dahinter gesehen, und hättest du mir gesagt, wie wichtig diese Phase für mich ist, hätte ich dir wahrscheinlich den Mittelfinger gezeigt. Ich wollte funktionieren, ich wollte meinen Ansprüchen und den Ansprüchen der anderen gerecht werden. Ich hatte Verpflichtungen, unzählige E-Mails in meinem Postfach, Kunden, die ständig meckerten. Einen Chef, der Druck machte, weil das Projekt so wichtig war. Eine Freundin, die ich nicht vernachlässigen wollte, und noch vieles mehr. Es blieb keine Zeit für mich und noch weniger, um mir die wirklich wichtigen Fragen des Lebens zu stellen. Ich nahm mir nicht mal Zeit für die offensichtlichste Frage überhaupt: Warum tue ich mir das alles an?

Erst als die Ängste noch stärker wurden und mein Körper mit Magenschmerzen, Kopfschmerzen und ständiger innerer Unruhe förmlich nach einer Pause schrie, fing mein Geist langsam an, sich dieser Frage zu öffnen: »Warum mache ich das alles?«

Wie ist es bei dir? Warum tust du die Dinge, die du jeden Tag tust? Hast du dir diese Frage schon einmal aufrichtig gestellt? Warum machst du deinen Job? Warum hast du die Freunde, den Partner und die Menschen um dich herum, die du hast? Warum ernährst du dich so, wie du dich ernährst? Warum sitzt du jetzt hier und liest dieses Buch?

Bitte gib diesen Fragen Raum. Lass sie nicht einfach so stehen, als ob es rein rhetorische Fragen wären. Schenk dir die Zeit! Nimm dir einen Zettel und schreib die Antworten auf.

Bleib dabei nicht an der Oberfläche hängen, mit Antworten wie »Ich mache meinen Job, um Geld zu verdienen«, sondern schürfe tiefer. Ein kleines Zauberwort, das dir dabei hilft, ist die Frage »Warum«.

Ein einfaches Beispiel:

Ich mache meinen Job, um Geld zu verdienen. Warum?

Na ja, ich möchte gern in den Urlaub fahren. Warum?

Weil ich es genieße, andere Länder zu sehen. Warum?

Weil ich mich dabei glücklich und frei fühle.

Okay, du willst das Gefühl von Freiheit und Glück erfahren.

Ein schwierigeres Beispiel:

Warum arbeitest du in deinem Beruf?

Ich brauche Geld, um mir Essen und ein Dach über dem Kopf leisten zu können. Warum?

Na ja, ganz einfach. Wenn ich auf der Straße lande, bin ich ein Aussätziger.

Du möchtest Schmerz vermeiden, du hast Angst, deine Sicherheit zu verlieren.

Es gibt, vereinfacht gesagt, genau zwei Gründe, warum du etwas tust. Egal, ob du morgens aus dem Bett steigst, dir die Zähne putzt, das Auto oder das Fahrrad zur Arbeit nimmst. Es gibt zwei Gründe für den Job, den du ausführst, die Beziehungen, die du lebst, und auch all die Dinge, die du vermeidest und nicht tust.

Alles, was du tust oder lässt,
geschieht aus zwei Gründen:

- Du möchtest positive Emotionen erleben.
- Du möchtest schmerzvolle Emotionen vermeiden.

Das klingt vielleicht erst einmal nicht so spektakulär. Aber wenn du es wirklich verstehst und in seinem ganzen Ausmaß verinnerlichst, wird sich dein Leben zum Positiven verändern. Das kann ich dir versprechen.

Wir tun alles, wirklich alles wegen unserer Emotionen. Du würdest dich kein Stück bewegen ohne Emotionen. Du könntest dich nicht einmal zwischen einem Bleistift und einem Kugelschreiber entscheiden, würdest du keine Emotionen haben. Genau das zeigt eindrucksvoll die außergewöhnliche Geschichte eines Patienten namens Elliot, der eines Tages im Sprechzimmer des portugiesischen Gehirnforschers António Damásio saß.

Elliot

Elliot hatte durch eine Operation im Gehirn seine Emotionen verloren – und damit auch seine Fähigkeit, Entscheidungen zu treffen. Elliot, zuvor beliebt bei seinen Freunden, beruflich erfolgreich und von Kollegen bewundert, außerdem ein pflichtbewusster Familienvater und Ehemann, begann nach dem Eingriff, einfach stundenlang vor dem Radio zu sitzen, weil er sich nicht mehr für einen Sender entscheiden konnte. Ihm wurde gekündigt, weil er seine Aufgaben im Job nicht mehr zu Ende brachte. Er verlor sein Geld durch zweifelhafte Geschäfte, und schließlich ging seine Ehe in die Brüche. Er heiratete eine neue Frau, die von seiner Familie abgelehnt wurde, und ließ sich wenig später erneut scheiden. Sein ganzes Leben ging nach und nach in die Brüche.

Doch was war passiert, wo Elliot doch weiterhin einen unverändert hohen Intelligenzquotienten aufwies, charmant Gespräche führen konnte und auch sein Gedächtnis nicht beeinträchtigt war? Ihm war ein Tumor entfernt worden, was dazu geführt hatte, dass sein Denkapparat nicht mehr mit dem Teil seines Gehirns kommunizieren konnte, der für die Emotionen verantwortlich ist. Der Gehirnforscher Damásio beschreibt Elliot in seiner Fallstudie als emotional erkaltet – Elliot erzählte Geschichten ohne jede Leidenschaft und zeigte auch sonst weder Trauer noch Wut oder Freude. Und mit seinen Emotionen hatte er auch sein Bauchgefühl verloren: das gute oder schlechte Gefühl, das in Wahrheit schon längst all unsere Entscheidungen getroffen hat, während wir noch damit beschäftigt sind, die Daten rundherum zu analysieren oder uns gar dafür zu rühmen, rational und damit ganz objektiv entschieden zu haben. Elliot konnte die Stimme seines Bauchgefühls nicht mehr hören, und so fühlte sich alles gleich für ihn an.[7]

Der Fall Elliot und die daraus resultierenden wissenschaftlichen Erkenntnisse sorgten für großes Aufsehen. Denn spätestens seit der Aufklärungsbewegung im Europa des 19. Jahrhunderts war es die vorherrschende Meinung, dass Menschen rein auf der Basis ihrer Vernunft entscheiden. Die Philosophen der Aufklärung wollten jeden Menschen zum Denken bringen, denn wenn man seine Logik und Vernunft benutzt, anstatt sich von anderen an der Nase herumführen zu lassen, so der Gedankengang, trifft man für sich selbst bessere Entscheidungen.

An der Nase herumführen lässt man sich tatsächlich dann am besten, wenn Emotionen im Spiel sind: Die Angst vor der »Hölle« beispielsweise führte dazu, dass alle, die es sich im Mittelalter leisten konnten, ihr Geld der Kirche gaben, um nach dem Tod nicht allzu lange in Fegefeuer oder Hölle schmoren zu müssen. Wenn sie durch diese perfide Idee der Kirche auch hungerten, weil sie ihr Geld sozusagen in ihre »Zukunft« investierten, so konnten sie sich durch die sogenannten Ablassbriefe wenigstens von ihrer Angst freikaufen.

Zur Zeit der Aufklärung waren diese Ablassbriefe erst ungefähr einhundertdreißig Jahre lang Vergangenheit und damit ein Paradebeispiel dafür, dass unsere Emotionen auch eine Schwachstelle sein können, aufgrund derer wir dann wirklich ungute Entscheidungen für uns treffen. Wir sind auf dieser Ebene leicht manipulierbar. In der Epoche der Aufklärung war man deshalb der Meinung, dass der Mensch ein besseres Leben führen kann, wenn er sich allein auf seinen Verstand verlässt. Dieses Gedankengut ist uns bis in die Gegenwart erhalten geblieben. Dabei bildet es – wie alle Ideen, die ins Extreme getrieben werden – schlichtweg nicht die volle Wahrheit ab.

Das Weltbild der Rationalisten entsprach früher genau meinem Weltbild. Mein Geist hatte ja Tausende Gründe, warum ich das tat, was ich jeden Tag tat. Da war der Druck der Projektleitung. Mein Versuch, Karriere zu machen. Das viele Geld der Firma, das auf dem Spiel stand. Emotionen störten nur dabei! Also versuchte ich alles, um diese zu verdrängen oder gleich zu vermeiden.

Doch Emotionen sind Energien, die unseren Körper bewegen. Wenn wir sie blockieren, verhalten sie sich wie eine Wespe im Glas: Sie hört nicht auf, mit Gewalt zu versuchen, ihrem Gefängnis zu entkommen. Auch wenn du früher gelernt hast, dass man sich zurückhalten soll: Emotionen zu unterdrücken schadet auf Dauer, egal, wie geschickt du es anstellst. Ob du es willst oder nicht, ob du es wahrnimmst oder nicht: Du tust alles in deinem Leben aufgrund deiner Emotionen! Du liest dieses Buch wegen deiner Emotionen. Du hast einen Partner wegen deiner Emotionen. Du hast Freunde aus diesem Grund. Du folgst einem spirituellen Weg aus diesem Grund. Du hast einen Glauben (oder keinen) aus diesem Grund. Du machst deinen Job aus diesem Grund. Du hast Kinder aus diesem Grund oder eben keine. Du stehst am Morgen auf wegen deiner Emotionen. Du ernährst dich auf eine bestimme Weise wegen deiner Emotionen. Alles, wirklich alles lässt sich herunterbrechen auf den Fakt, dass du schmerzvolle Emotionen und Gefühle vermeiden möchtest und schöne bekommen und halten willst.

Frage dich: Würdest du Geld verdienen wollen, wenn du sicher wüsstest, der Job macht dich todunglücklich? Würdest du eine Beziehung haben wollen, wenn du sicher wüsstest, sie macht dich todunglücklich? Würdest du nach spirituellen Antworten suchen, wenn du wüsstest, es macht dich todunglücklich? Und, noch spannender: Würdest du gesund sein wollen, wenn du wüsstest, es macht dich todunglücklich?

Besonders bei der letzten Frage kommen viele Teilnehmer in meiner Achtsamkeits-Academy und in meinen Seminaren ins Stocken. Gesundheit oder Glück? Gesundheit ist doch das Wichtigste ... oder?

Wenn du auch dieser Frage Raum schenkst und aufrichtig ehrlich zu dir bist, beantwortest du sicher auch die Frage zur Gesundheit mit Nein. Denn im Grunde wollen wir alle glücklich sein.

Eine spannende Untersuchung, die 1978 in den USA durchgeführt wurde, zeigte genau das auf: Glücklichsein und Gesundheit hängen anders zusammen, als wir das auf den ersten Blick denken mögen.[8] Man befragte neben einer neutralen Vergleichsgruppe zwei verschiedene Gruppen von Menschen. Eine sehr glückliche Gruppe und eine sehr unglückliche Gruppe. Zweiundzwanzig dieser Personen war vor einigen Monaten etwas richtig Gutes passiert: Sie hatten im Lotto gewonnen. Ist das nicht der Traum eines jeden Menschen? Wärest du nicht der oder die Allerglücklichste, hättest du plötzlich eine Million Euro zu deiner freien Verfügung?

Man stellte diese sehr glücklichen Menschen einer Gruppe von neunundzwanzig Personen gegenüber, denen in den letzten Monaten eine absolute Katastrophe passiert war: Durch Unfälle hatten sie alle eine schwerwiegende und bleibende Behinderung davongetragen. Sie saßen im Rollstuhl oder konnten ihr Bett nicht mehr verlassen und waren komplett auf fremde Hilfe angewiesen. Ein selbstständiges Leben war nicht mehr möglich. Ihr Alltag war von Krankenhaus- und Therapiebesuchen geprägt. Und sie alle schätzten ihr Leben im Moment als relativ unglücklich ein.

Das Spannende ereignete sich, als man alle Teilnehmer zu ihrer Zukunft befragte: Die Glücklichen mit dem Lottogewinn erwarteten, in Zukunft weniger glücklich zu sein als die Menschen, die kürzlich ihre Gesundheit verloren hatten. Die Unglücklichen, die bei Unfällen derart einschneidend verletzt worden waren, waren sowohl dankbarer für ihr vergangenes Leben als auch optimistischer für ihre Zukunft. Während die Reichgewordenen das Glück in den kleinen Dingen des Lebens verloren hatten und auf den nächsten großen Kick von Glücksgefühlen warteten, erkannten die Verunglückten, dass sie alles wirklich Nötige hatten und in der Zukunft haben würden – und das erfüllte sie mit tiefer Dankbarkeit.

> Glück und (äußeres) Unglück
> schließen sich gar nicht wirklich aus.

Wir haben lediglich unseren Job, unsere Beziehungen, unsere Gesundheit und viele andere Dinge in unserem Leben mit der

Vorannahme verknüpft, dass sie uns glücklich machen. »Wenn ich Karriere gemacht habe und Chef eines großen Unternehmens bin, ja, dann bin ich glücklich.« »Wenn ich den perfekten Partner habe, dann bin ich glücklich.« »Wenn ich endlich genug Geld habe, ja, endlich, dann bin ich glücklich!« »Wenn ich die Welt gerettet habe, dann finden mich alle klasse, und dann bin ich glücklich.« »Die Erleuchtung? Ja, das muss der ultimative Zustand sein. Dann bin ich glücklich!«

Wir projizieren unser Glück auf Dinge, denen wir nachjagen, vergessen aber in der Hektik des Alltags dabei, dass es ums Glücklichsein an sich geht. Glück steht hier auch repräsentativ für viele andere positive Emotionen, wie Freude, Erfüllung, Begeisterung, Schönheit, Offenbarung, Friede, Glückseligkeit und Liebe.

Wie Emotionen entstehen

Die buddhistische Psychologie unterscheidet klar zwischen Gefühlen und Emotionen – was ich hier bislang vernachlässigt habe. Die Gefühle werden in drei einfache Kategorien unterteilt: angenehm, neutral und unangenehm. Alle drei Arten von Gefühlen erlebt jeder von uns Tausende Male am Tag. Am Morgen, wenn wir noch im kuscheligen Bett liegen, ist es vielleicht angenehm. Wenn wir aufstehen müssen und übermüdet in die kalte Küche wandern, unangenehm. Wenn wir am Frühstückstisch sitzen, vielleicht neutral. Der leckere Kaffee – angenehm. Die warme Dusche – angenehm. Das Abtrocknen des Körpers im zu kalten Badezimmer – unangenehm. So wechselt dieser Rhythmus unaufhörlich. Ein derartiges Basis-Set an Gefühlen teilen wir wahrscheinlich mit allen Lebewesen auf diesem Planeten. Ob Hund, Katze, Vogel, der Dalai Lama, die

Queen von England oder der Postbote: Wir alle empfinden angenehme, neutrale und unangenehme Gefühle im ständigen Wechsel. Meist nehmen wir dies nicht bewusst wahr, weil wir viel zu viel durch unsere Gedanken und die Geschäftigkeit des Alltags abgelenkt sind. Was wir vielleicht schon wahrnehmen, sind die daraus resultierenden Emotionen – vor allem, wenn sie stärker werden.

Gefühle sind sozusagen grundlegende Empfindungen – Emotionen dagegen sind die Energien, mit denen dein Körper auf diese Gefühle reagiert. So kann aus jeder Form von Gefühl, egal ob angenehm, unangenehm oder neutral, eine ganze Palette von Emotionen entstehen. Und es muss überhaupt nicht so sein, dass angenehme Gefühle immer angenehme Emotionen auslösen oder unangenehme Gefühle stets nur unangenehme Emotionen. Es kann sein, dass ein zunächst angenehmes Gefühl Emotionen wie Gier oder Eifersucht und sogar Wut auslöst. Wenn wir beispielsweise die innere Überzeugung besitzen, wir dürften Süßigkeiten nicht genießen, weil sie uns dick und unansehnlich machen, dann löst ein duftendes Schokocroissant vielleicht die Emotion Ekel aus, wenn wir es ansehen, oder Scham, wenn wir es dennoch essen. Bei einem anderen würde dasselbe Schokocroissant höchste Freuden auslösen.

Gefühle hingegen sind gewissermaßen »festgelegt«. Sie sind entweder angenehm, neutral oder unangenehm. Deine emotionale Reaktion auf sie hängt jedoch von deiner inneren Programmierung ab.

Aber auch negative Gefühle können positive Emotionen hervorbringen. So kann Erschöpfung durchaus eine Emotion von Stolz und Freude über die getane Arbeit auslösen. Oder ein extremeres Beispiel: Ein Masochist kann durchaus Lust und Befriedigung empfinden, wenn ihm körperliche Schmerzen zugefügt werden. Neutrale Gefühle haben auch das Potenzial, in beide Richtungen zu gehen. So kann sich aus einer Empfindung der Langeweile innerer Frieden oder aber auch Frust einstellen.

Verstehen, was passiert

Die spannende Frage ist jetzt: Wie ist es zu diesen Prägungen gekommen? Und noch viel wichtiger: Wie kannst du sie wieder verändern? Lass uns zusammen einen beliebigen Moment deines Lebens herausgreifen. Stell dir zum Beispiel vor, du sitzt mit einer kleinen Reisetasche im Bus zurück nach Hause nach einem Wochenendbesuch bei deiner Familie. Du fühlst den Sitz unter dir und nimmst ein leichtes Hungergefühl in deinem Magen wahr. Du riechst das Parfüm der älteren Dame, die gerade an dir vorbeigeht. Du hörst das Brummen des Motors und Gespräche zwischen zwei Schülern im Hintergrund. Du schmeckst noch die Reste des Kaugummis, den du vor ein paar Minuten im Mund hattest. Und auf einmal bemerkst du, wie dir der junge Mann direkt gegenüber einen bösen Blick zuwirft und dann leicht den Kopf schüttelt, während er Augenkontakt mit dir hält.

Was passiert in dir? Der Ablauf, wie es vom Gefühl zur Emotion kommt, ist immer der gleiche, egal, um welche Lebenssituation es sich handelt. Bevor wir mit der Episode im Bus weitermachen, möchte ich dir eine Geschichte erzählen, die im übertragenen Sinne beschreibt, wie unsere Gehirnareale in jeder Situation zusammenarbeiten.

Die Geschichte von den drei Greisen

In einem kleinen Boot, eigentlich eher eine Nussschale, trieben drei alte Männer im Meer: ein ehemaliger Hafenarbeiter, ein Nachtwächter und ein Wissenschaftler. Die Kindheitsfreunde waren nahe am Ufer fischen gewesen, hatten nicht aufgepasst und waren durch die Strömung weit ins Meer hinausgetrieben worden. Es war ein sonniger Tag, die See war ruhig, und das kleine Boot schaukelte zwischen den kleinen Wellen hin und her.

Die drei Greise lachten und scherzten, während sie überlegten, was sie nun tun sollten. Der Nachtwächter, ein kleiner Mann mit einer großen Brille, war sein Leben lang nachts durch den Stadtpark gewandert, stets bedacht, alle noch so kleinen Anzeichen einer Unordentlichkeit oder gar einer Gefahr zu erkennen. Nun, während die Freunde fröhlich Witze darüber machten, wie sie wohl wieder ans Ufer kommen würden, wurde er wachsam und angespannt. Er hatte als Erster wahrgenommen, was gerade geschah: Gefahr lag in der Luft. Die Wellen, die vom Horizont aus auf sie zukamen, wurden größer. Noch waren sie so weit entfernt, dass nur jemand, der am Meer aufgewachsen war, die Bewegung der See so zielsicher deuten konnte. Auch dass der Wind stärker wurde, hatte bisher nur der Nachtwächter bemerkt. Jetzt war es seine Aufgabe, sie alle vor der Gefahr zu schützen.

Er selbst und der Wissenschaftler waren körperlich gebrechlich, aber der alte Hafenarbeiter, der sein Leben lang schwere Maschinen gelenkt und Fracht geschleppt hatte, hatte scheinbar nie an körperlicher Stärke verloren. Also bat der Nachtwächter den Hafenarbeiter, die Ruder auszufahren und mit aller Kraft gen Hafen zu steuern, um die Nussschale vor den kommenden Wellen zu schützen.

Der Hafenarbeiter tat, wie ihm geheißen, und ruderte mit voller Kraft voraus. Er brachte das Boot kräftig in Bewegung. Beide Männer waren in voller Aufruhr. Nur der dritte Greis, der ehemalige Wissenschaftler, war in den letzten Minuten – völlig in seine Gedanken versunken – kurz eingenickt.

Die Bewegung des Bootes, durch den Hafenarbeiter ausgelöst, weckte ihn auf und machte ihn nun ebenfalls wachsam. Er sah die Wellen, die mittlerweile gar nicht mehr so fern waren. Er fühlte den Wind um seine Ohren und ordnete die Strömungen ein. Langsam verstand er, wie sich Wasser und Wind gerade verhielten, und seine Gedanken formten sich zu einem Plan. Er hatte eine Strömung zurück zum Ufer entdeckt. Dorthin konnte der Wind das Boot – angetrieben durch sein kleines Segel – führen. Dort drüben brachen sich die Wellen noch nicht, und die alten Männer brachten sich so in Sicherheit.

In dieser Geschichte haben sich die drei Freunde gegenseitig das Leben gerettet: der Nachtwächter, weil er wachsam gewesen war und schnell reagiert hat, der Hafenarbeiter, weil er aktiv gehandelt hat, wo die anderen beiden machtlos gewesen wären, und der Wissenschaftler, der zwar langsam reagierte, doch am Ende die Situation besser einordnen konnte.

Der Nachtwächter, das ist in Wahrheit unser Emotionalgehirn. Wachsam ordnet es jede Situation ein. Findet es eine mögliche Gefahr, dann ist es schwierig, weiter das zu tun, was wir vorher getan haben. Wir werden davon abgelenkt, wie auch der Nachtwächter seine Freunde in ihrem Lachen und Herumscherzen unterbrochen hat.

Das Emotionalgehirn gibt seine Befehle beinahe reflexartig an das Stammhirn weiter: den Hafenarbeiter. So wie er das Boot in Aufruhr brachte, so bringen nun auch Hormone, vom Stammhirn ausgeschüttet, unseren Körper in Aufruhr: Das Herz pocht und bringt damit den nötigen Sauerstoff in unser System. Der Magen krampft sich zusammen, zugleich hat der Körper die Energie für die gerade wichtigen Dinge. Wir sind extrem fokussiert, haben mehr Kraft und sind handlungsfähig.

Nun wird wiederum der Wissenschaftler in uns aufmerksam: Dieser Gehirnteil nennt sich »Neokortex« und ist unser Verstand, der uns logisch denken und sprechen lässt. Bedacht wirft der Wissenschaftler einen genaueren Blick auf die Situation und versteht dabei viel mehr als der Nachtwächter. So kann er die Lage neu einordnen: Ist sie wirklich so gefährlich, wie das Emotionalgehirn glaubte? Welches Vorgehen wäre am geschicktesten?

Damit zurück zur Situation im Bus: Was passiert dort? Über deine fünf Sinne, Hören, Riechen, Fühlen, Schmecken und Sehen, nimmst du deinen Körper und die Welt um dich herum wahr. Die meisten dieser Sinneseindrücke lösen in dieser Situation Gefühle in dir aus, die neutral, manche vielleicht sogar angenehm sind.

Dann aber bemerkst du den scharfen Blick des jungen Mannes gegenüber. Auch dieser Eindruck ist im Grunde für deine Gefühlswelt neutral. Doch dein Emotionalgehirn bewertet diesen Blick aufgrund vergangener Prägungen als gefährlich. Diese unbewusste Gefahreneinschätzung löst in wenigen Millisekunden einen Chemiecocktail in deinem Blutkreislauf aus, den du als Emotion »Angst« und »leichte Scham« fühlst. Mit den Emotionen kommt der innere Drang, dich sofort auf einen anderen Platz zu setzen. Fast gleichzeitig schießen dir Gedanken in den Kopf wie: »Habe ich was falsch gemacht?«, »Nimmt meine Reisetasche zu viel Platz ein?«, »Was will der Kerl von mir?«, »Ist er gefährlich?«, »Okay, es sind genug Menschen da, die mir helfen könnten, aber ich habe erst letzte Woche etwas über randalierende Jugendliche gelesen, die kennen ja heutzutage keine Grenzen mehr ...«. Unzählige Gedanken schießen dir durch den Kopf, und deine Angst wächst.

Kurz vor der nächsten Haltestelle steht der junge Mann plötzlich auf, schaut dir noch mal scharf in die Augen und verlässt dann den Bus. Du merkst sofort, wie sich Erleichterung in deinem Körper einstellt. Aber im selben Moment nimmt dein Gedankenkarussell erst so richtig Fahrt auf: »Was wollte der Idiot von mir?« »Habe ich etwas falsch gemacht?« Scham steigt in dir auf. »Habe ich mich beim Einsteigen vorgedrängelt?« Du verwirfst diese Gedanken, und sofort nehmen andere ihren Platz ein. »Die Menschen kennen heute keinen Respekt mehr!« Du fühlst Wut! »Früher wäre so etwas nicht passiert.« Jetzt denkst du an vergangene Zeiten zurück, als das Leben noch einfacher für dich war – leichte Traurigkeit stellt sich ein.

In Gedanken versunken erreichst du deine Haltestelle. Auf dem Weg nach Hause triffst du eine Nachbarin, der du gleich detailliert von der verstörenden Episode im Bus erzählst. Ihr schimpft zusammen über die vielen seltsamen Menschen und dass die Welt ein unsicherer Ort geworden ist. Du spürst Unsicherheit und Wut.

Was war in dir passiert? Als der junge Mann den Bus verließ, entspannte sich deine Muskulatur, und die Emotionen im Körper konnten sich lösen. Dein Emotionalgehirn gab Entwarnung, gleichzeitig lief dein Großhirn (der bewusste Teil deines

Gehirns) zur Höchstform auf. Unzählige wertende und verurteilende Gedanken gaben deinem Emotionalgehirn zu verstehen, dass es weiter Emotionen produzieren soll. Diese hast du dann als Wut, Scham und Traurigkeit wahrgenommen. Obwohl die Situation selbst längst vorbei war, hast du allein durch deine Gedanken weiter einen endlosen Strom an unangenehmen Emotionen erzeugt.

Und übrigens: Vielleicht hat dich der junge Mann so böse angeschaut, weil er gerade von seiner Freundin verlassen wurde. Und als der Busfahrer stark bremsen musste, ist ihm deine Reisetasche ans Schienbein geknallt. Er war aber zu gehemmt, um etwas zu sagen, worüber er sich zusätzlich geärgert hat.

Emotionale Prägung

Bereits im Mutterleib hast du das emotionale Erleben deiner Mutter mit aufgenommen. Schon damals haben sich in deinem Emotionalgehirn grundlegende emotionale Muster gebildet. So zeigen Kinder von gestressten Schwangeren später deutlich häufiger Verhaltensauffälligkeiten als die Kinder der Mütter, die ihre Schwangerschaft entspannt genießen konnten.[9]

Kaum warst du auf der Welt, ging es dann so richtig los. Die ersten sechs Jahre deines Lebens sind die prägendsten, vor allem emotional. Manche Psychologen sagen, dass das Leben eines Menschen nur die Wiederholung der ersten sechs Jahre sei. Das kann ich so nicht unterschreiben, denn ich habe in meiner Arbeit immer wieder unglaubliche Transformationen miterleben dürfen, vor allem von Menschen mit sehr schwierigen emotionalen Startbedingungen. Dennoch konnte ich immer wieder beobachten, dass das, was in den ersten sechs Jahren verpasst wird, meist sehr mühsam nachgeholt werden muss.

Das liegt daran, dass das Gehirn während dieser Zeit wie erwähnt dauerhaft im Aufnahmemodus war. Unschuldig, neugierig und ohne jegliches Konzept, wie die Welt funktioniert, hast du versucht, vor allem von den zwei Halbgöttern, die du später Mama und Papa nanntest (oder auch andere direkte Bezugspersonen), alles aufzusaugen, was du nur konntest. Das erste Jahr deines Lebens war vor allem dafür verantwortlich, wie sicher du dich jetzt fühlst. Je nachdem, wie fürsorglich und sicher dein Umfeld war, hast du unbewusst gelernt, ob die Welt ein sicherer Ort ist, an dem für dich gesorgt wird, oder aber – im Extremfall – ein Ort, an dem du um dein Überleben kämpfen musst. Im Laufe der Monate hast du immer mehr gelernt, deinen Körper zu kontrollieren, und hast angefangen, deine Bezugspersonen zu imitieren. Du hast ihre Einstellungen und Ideen, die sie über die Welt hatten, unbewusst aufgenommen. Haben deine Eltern auf gewisse Situationen mit Stress reagiert, hast du dir das unbewusst gemerkt und abgespeichert. Hatte eine Bezugsperson viele Ängste, hast du dir auch das gemerkt. Du hast in dieser Zeit sogar eine Art Obergrenze an Glücklichsein für dich festgesetzt. Je nachdem, wie glücklich deine Eltern waren, hast du versucht, dich dem Stück für Stück anzupassen, dich also so zu verhalten, wie du am meisten Liebe und Aufmerksamkeit bekommen konntest.

Ein Beispiel: Luisa kam im Rahmen eines Meditationsretreats zu mir, um über die kürzliche Trennung von ihrem Freund zu sprechen. Er hatte sie betrogen, wie sie das auch schon in vergangenen Beziehungen erlebt hatte. Luisa wusste nicht, wie sie mit ihrer Wut umgehen sollte, und ich konnte auch ihre Unsicherheit spüren. Während der Meditation, so erzählte Luisa, kam es ihr zunehmend so vor, als würde sie vor Wut bald platzen. Ihr wurde heiß, sie hatte den Drang, sich zu bewegen, ihre Gedanken wurden aggressiv. Doch warum war sie nicht in der

Lage, genau diese Wut zu äußern, wenn sie an andere Menschen wie ihren Exfreund dachte, auf den sie ja schließlich wütend war?

Wir gingen gemeinsam in das Gefühl hinein, und Luisa erkannte, dass noch etwas anderes dahintersteckte: Sie schämte sich und hatte große Schuldgefühle, wenn sie wütend war. Sie erinnerte sich, dass ihre Eltern viel gestritten hatten, als sie ein Kind war. Dabei ging es oft um finanzielle Themen, die beide Elternteile überforderten. Luisas Kindheit war abgesehen davon glücklich gewesen. Doch wie es ganz normal für Kinder ist, nahm sie sich selbst als Mittelpunkt der Familie wahr und somit auch als die Ursache für all den Streit.

Deshalb fühlte sie sich schuldig: Wegen ihr stritten die Eltern, wegen ihr waren sie wütend und schrien sich an, wegen dieser Wut ging es den Eltern schlecht. Das Kleinkind Luisa verknüpfte sehr schnell die Gefühle der Wut und der Schuld, und so fühlte sie sich auch heute noch schuldig, wenn sie wütend auf jemanden war: Durch ihre Wut würde sie ihn unglücklich machen, dachte sie unbewusst.

An dieser Stelle möchte ich eine kleine Warnung aussprechen. Bitte tritt nicht in die Falle und gib deinen Eltern oder direkten Bezugspersonen die Schuld an deiner Misere. Ich kann mich noch gut an diese Phase meines persönlichen Weges erinnern. Ich erkannte mit wachsendem Bewusstsein, dass meine ungesunden Strategien, mit Stress und anderen Emotionen umzugehen, genau die meiner Eltern waren. An diesem Punkt projizieren viele, so auch ich, ihren emotionalen Schmerz auf ihre Eltern: »Meine Eltern sind schuld, dass es mir jetzt schlecht geht!« Das ist zwar im Grunde genommen richtig, denn deine Eltern waren maßgeblich daran beteiligt, wie dein jetziges Leben aussieht. Aber geh mal einen Schritt weiter zurück: Wer hat sie denn zu den Menschen gemacht, die sie sind? Richtig, ihre

Eltern. Und auch die hatten Eltern. Auch wenn der Grundgedanke nicht falsch ist, führt er nur zu einem ewigen Kreislauf des Opfertums: Eine Generation gibt der nächsten die Schuld, und irgendwann müssen wir Gott oder dem Universum oder wem auch immer die Schuld geben, der verantwortlich für den Urknall war. Doch was hätten wir davon? Im ersten Kapitel habe ich dich bereits darauf hingewiesen, dass es für dein Leben entscheidend ist, dass du die Verantwortung übernimmst.

> Sei du das erste Glied, das die Kette des Leidens durchbricht. Sei du das Vorbild für die nächsten Generationen. Sei du die Liebe, Freude und Begeisterung, die du in der Welt sehen möchtest.

Wie du merkst, geht es in dem Beispiel von Luisa um kein dramatisches Trauma, das ihr in der Kindheit zugefügt wurde. Ich habe es gewählt, damit du erkennst, dass völlig normale Umstände (Überforderung, Geldsorgen, Streit) Auswirkungen auf unser zukünftiges Verhalten haben. Auch sie sollten wir ernst nehmen, wenn wir uns ein zufriedenes Erwachsenenleben gestalten möchten. Es muss nicht immer das große Drama sein, und genauso ist es auch nicht sinnvoll, im Nachhinein eines daraus zu machen. Wichtig ist, dass dir die frühen Prägungen bewusst werden und du sie aktiv auflöst – egal, woher sie stammen.

Auf der gedanklichen Ebene hast du bereits im letzten Kapitel das Handwerkszeug dafür bekommen, aus alten Mustern auszusteigen. Jetzt wollen wir zusammen feststellen, wie du dich von deinen ungesunden emotionalen Mustern befreien kannst. Dabei befreist du dich insbesondere von ganz alten Prägungen, die du in deiner Kindheit und von deinen Eltern übernommen hast. Du befreist dich aber auch von den Früchten deines eigenen bisherigen Verhaltens, sobald du erkennst, woher diese Früchte kommen.

Wie gesagt, du brauchst keine einhundert Stunden Psychoanalyse zu betreiben, um deine ganze Vergangenheit noch einmal zu durchleben und zu durchforsten. Du brauchst überhaupt nicht in deine Vergangenheit zurückzugehen. Nimm einfach so oft wie möglich Moment für Moment bewusst wahr und erkenne, dass du nicht deine Gedanken bist. Deine Gedanken sind das Ergebnis der »Stimmen«, die du in der Vergangenheit gehört hast. Erkenne außerdem, dass deine Emotionen nur eine Prägung durch vergangene Erfahrungen sind. Entdecke, dass du frei sein kannst inmitten all der Gedankenangebote und der Emotionen – sobald du bewusst bist. Wie du gesund mit deinen Emotionen umgehen kannst, um sie zu transformieren, dazu kommen wir gleich. Zuvor wollen wir uns anschauen, wie du wahrscheinlich bisher mit ihnen umgegangen bist.

Wie du gelernt hast, mit schwierigen Emotionen umzugehen

Ich sitze gerade im Zen-Kloster in Regensburg, um an diesem Buch weiterzuschreiben. Jeden dritten Tag besuche ich meine Frau und meinen Sohn, der jetzt dreizehn Monate alt ist. Ich hätte mich zwar gefreut, einen ganzen Monat nur im Kloster leben zu können, um dort konzentriert zu meditieren und zu schreiben, aber es würde mir das Herz zerreißen, dieses kleine Wunder so lange Zeit nicht zu sehen. Vor allem zwischen dem ersten und zweiten Lebensjahr bilden sich bei Kindern die Strategien aus, wie sie Emotionen handhaben. Was der kleine Mann jetzt noch hervorragend kann, ist, ganz natürlich mit seinen Emotionen umzugehen. Wenn ihm etwas wehtut oder er Hunger hat, weint er. Kaum hat er aber etwas zu essen, lacht er wieder. Plötzlich ist vom Weinen keine Spur mehr da. Fast minütlich wechseln seine Emotionen. Kein Festhalten, kein Verdrängen, kein stundenlanges Nachdenken. Emotionen kommen, Emotionen gehen. Dadurch ist er den Großteil des Tages glücklich und hat eine Energie, die für mehr als zwei Elternteile reichen würde.

Wie aber gehen wir als westlich geprägte Erwachsene mit Emotionen um, und wie führt genau dieses Verhalten zu einer Vielzahl an Problemen? Im Gegensatz zu Kindern, die Emotionen mit einer gewissen Gleichmut begegnen, versuchen Erwachsene bei schwierigen Emotionen alles, um von ihnen wegzukommen. Dabei beobachte ich immer wieder vier Vermeidungsstrategien. Auch diese wurden meist in der frühen Kindheit angelegt. Als ich gestern mit meinem Sohn beim Kinderarzt war und er eine Spritze bekam, hat der Arzt zu ihm gesagt: »Du bist doch schon ein großer Junge, und große Jungs weinen nicht.« Es war sicher nett gemeint, aber es zeigt unseren grundlegend problematischen Umgang mit Emotionen. Kinder lernen schnell, dass manche Emotionen offenbar unangebracht sind. Sie sollen sich zusammenreißen, still sein, brav sein, ja nicht auffallen. Zu starke Emotionen sind unerwünscht. Und so lernt das unschuldige Kind, das es nicht besser weiß, etwas ganz Fatales: Manche Energien (Emotionen), die es in seinem Körper spürt, sollten nicht da sein. So beginnt es im Laufe der Zeit, diese zu vermeiden oder zu verdrängen. Schauen wir uns die vier Strategien an, die es dafür findet und die wir oft bis ins hohe Alter anwenden.

Strategie Nummer eins: Vermeiden

Schwierige Emotionen, wie Angst oder Einsamkeit, müssen aus evolutionärer Sicht unangenehm sein. Sie haben vor Tausenden Jahren unser Überleben gesichert. So soll die Angst deinen Körper aktivieren, um gegen den Säbelzahntiger zu kämpfen oder so schnell du kannst zu flüchten. Einsamkeit war schmerzvoll, damit du dich einer Gruppe anzupassen lernst, weil der Ausschluss den Tod für dich bedeutet hätte. So sind die meisten Emotionen, die wir als schwierig bezeichnen würden, körperlich gesehen unangenehm. Unangenehm, ja! Aber, und das möchte ich immer wieder gebetsmühlenartig betonen: Emotionen sind sicher! Oder kennst du jemanden, der sich tatsächlich zu Tode geschämt hat? Sicher, Angst oder Einsamkeit können ungesunde Folgen haben. Doch das liegt nicht an den Emotionen selbst. In dem Moment, in dem du unangenehme Emotionen fühlst, passiert dir nichts. Im Gegenteil, erst das Nicht-Zulassen schadet Körper und Geist langfristig. Emotionen sind natürliche Vorgänge in deinem Körper, genau wie Verdauung und Blutkreislauf.

Emotionen sind sicher. Aber eben manchmal unangenehm. Und dieses Unangenehme versuchen wir zu vermeiden. Das Problem dabei: Es gibt heute keine Säbelzahntiger mehr, die dein Leben gefährden könnten. Und ein Ausschluss aus einer Gruppe ist zwar nicht schön, aber mit unseren sozialen Strukturen völlig ungefährlich. Wenn wir jedoch alle möglichen vermeintlichen Gefahren zu vermeiden suchen, kann unser Gehirn nicht lernen, sich von diesen ungünstigen Mustern zu befreien. Es kann nicht lernen, dass ein Vortrag vor einer Gruppe nicht den sicheren Tod bedeutet, solange wir nie einen Vortrag halten. Solange wir dem Emotionalgehirn nicht die Möglichkeit geben, eine Situation zu erfahren, wird es an den

Prägungen festhalten, und noch schlimmer: Es tendiert dazu, im Laufe der Jahre bei kontinuierlicher Vermeidung immer mehr Alltagssituationen als gefährlich oder emotional schmerzvoll zu bewerten. Damit wird unser Wohlfühlbereich immer kleiner, und die Lebensqualität nimmt ab.

Die meisten Vermeidungsstrategien, die wir uns antrainiert haben, sind keine bewusste Entscheidung. Natürlich, manche Dinge vermeiden wir ganz bewusst, weil wir die darin vermeintlich lauernden Emotionen und Gefahren scheuen. Doch die meisten Vermeidungsstrategien schleichen sich unterbewusst ein. Darum ist es so wichtig, durch Meditation und Achtsamkeit bewusster zu werden. Klassische Vermeidungsvarianten:

- Alkohol, Drogen
- Essen (Du nutzt die positiven Emotionen, die das Essen auslöst, um schwierige nicht fühlen zu müssen.)
- Shopping (Du nutzt den kurzen Endorphinrausch, wenn du etwas Neues hast, um Monotonie oder andere Gefühle zu verdrängen.)
- Arbeit (Du hältst dich ständig beschäftigt, um ja keine Minute in der Stille mit dir aushalten zu müssen.)
- Schlafen (Du schläfst mehr als nötig, um nichts Unangenehmes erleben zu müssen.)
- Sex und Selbstbefriedigung (Du nutzt die angenehmen Gefühle der Sexualität, um schwierigen Empfindungen zu entkommen.)
- Fernsehen, Social Media, Computer- und Handyspiele, vielleicht hörst du auch beinahe durchgängig Musik oder Podcasts.
- Soziale Kontakte (Du bist beinahe immer mit deinen Freunden oder deiner Familie unterwegs, um Emotionen wie Einsamkeit abzuwehren.)

All diese Aktivitäten können natürlich auch in völlig gesunder Weise ausgeübt werden. Wichtig ist das Bewusstsein dafür, wann man etwas tut, um sich von seinen schwierigen Emotionen abzulenken oder diese zu vermeiden.

Deine Vermeidungsstrategien

Überlege dir einmal, ob du eine der dargestellten oder eine andere Tätigkeit nutzt, um dich von schwierigen Emotionen abzulenken. Nimm dir dafür ruhig einige Minuten Zeit, setz dich mit Zettel und Stift hin und schreib dir mindestens zehn Situationen auf, in denen du regelmäßig Emotionen vermeidest. Sei dabei so ehrlich wie möglich zu dir selbst.

Strategie Nummer zwei: Unterdrücken

Das Unterdrücken ist die am häufigsten angewendete Vermeidungsstrategie. Nur sehr selten passen schwierige Emotionen in unseren Alltag. Egal, ob du im Büro sitzt und auf einmal eine Angst in dir hochsteigt, weil dein Chef sagt, du musst eine Präsentation vor der versammelten Belegschaft halten. Oder in der Beziehung, wenn du wütend wirst, weil dein Partner wieder nicht den Müll runtergebracht hat, obwohl er es doch versprochen hatte. Ob es die Traurigkeit bei einem Familienfest ist oder die Nervosität vor einem Vorstellungsgespräch. All diese Emotionen scheinen in diesen Momenten nicht zu passen, und weil wir gerade nicht weglaufen können, versuchen wir sie zu unterdrücken und gute Miene zum bösen Spiel zu machen. In der Psychologie kennt man diese Strategie unter dem Begriff

»Surface Acting«. Wir lächeln, obwohl wir traurig sind. Wir versuchen, souverän zu wirken, obwohl wir Angst haben. In diesem Prozess des Unterdrückens passiert etwas, das ich als »Trennung vom Körper« bezeichne. Jedes Mal, wenn wir Emotionen nicht fühlen wollen und wegdrücken, schneiden wir uns halsabwärts von unserem Körper ab. Wir wollen funktionieren, ja nicht auffallen, keine Schwäche zeigen, immer gut drauf sein, ja niemandem zur Last fallen.

Doch jedes Mal, wenn wir unsere Emotionen verdrängen, wird die Verbindung zu unserem Körper schwächer. Und mit den Jahren hören wir ganz auf, uns selbst zu spüren. Viele meiner Coaching-Klienten sind zu Beginn verwirrt, wenn ich sie ganz konkret frage, welche Emotionen sie gerade in ihrem Körper spüren. Sie haben die Verbindung zu sich selbst verloren und dadurch nicht nur die schwierigen Emotionen aus ihrem Leben verbannt, sondern auch die schönen Seiten der Physis: ihre Körperintelligenz, ihre Intuition und den wichtigen Feedbackgeber für ihre Gesundheit.

Was noch viel schlimmer ist: Im Versuch, weiter zu funktionieren, hören sie immer weniger auf die wichtigen Signale ihres Körpers. Über kurz oder lang wird der Körper dann mit psychosomatischen Symptomen wie Magen- und Darmbeschwerden, Kopf- oder Rückenschmerzen, Herzrasen, Ohrgeräuschen, Schwindel, Juckreiz oder chronischer Erschöpfung und vielem mehr reagieren. Meist ist das der Punkt, an dem die Menschen einen Arzt aufsuchen, der ihnen dann leider immer noch viel zu häufig eine Pille gegen den Schmerz aufschreibt, damit der Patient weiter funktionieren kann. Das Problem wird so nicht gelöst. Werden die Emotionen weiter verdrängt, wird der Körper irgendwann mit Krankheiten versuchen, dem emotionalen Raubbau Einhalt zu gebieten. Die fatalen gesundheitlichen Ausmaße dieses Verhaltens kann man in den Statistiken der Krankenkassen oder im deutschen Stressreport, herausgegeben von der Bundesregierung, ablesen.

Verdrängungsstrategien sind fast immer automatisiert, denn das menschliche Gehirn versucht für möglichst viele Situationen Automatismen zu etablieren – das spart Zeit und Energie. Wenn wir unsere Emotionen verdrängen, passiert das ebenfalls meistens unbewusst. Wollen wir den Vorgang aber bewusst wahrnehmen, können wir unseren Köper beobachten, denn in ihm spiegelt sich das Verdrängen wider. An deinem Körper kannst du feststellen, ob du gerade Gefühle herunterschluckst, um nach außen eine maskierte Version von dir zu präsentieren:

- Angespannter Nacken: Vor lauter Stress, der daraus entsteht, dass du deinem Umfeld nicht das zeigst, was in dir vorgeht, spannt sich die Muskulatur im Nacken und in den Schultern an.
- Angehaltener Atem: Du hältst immer wieder den Atem an, ohne es überhaupt zu bemerken – so angestrengt ist dein Körper dabei, deine Emotionen zu unterdrücken.
- »Herunterschlucken«: Manche Menschen schlucken tatsächlich physisch, wenn sie gerade einen emotional harten Brocken verdrängen, statt ihn wahrzunehmen.
- Taubheit: ein diffuses Taubheitsgefühl, beispielsweise im Gesicht.
- Innere Unruhe: Du merkst, dass eine diffuse Unruhe oder Nervosität in deinem Körper steckt.

Deine Verdrängungsstrategien

Leg dir ein kleines Notizbüchlein und einen Kugelschreiber zurecht, die du in den nächsten sieben Tagen immer in deiner Tasche dabeihaben wirst. Versuche nun, es eine Woche lang möglichst jedes Mal zu bemerken, wenn du Emotionen unterdrückst. Schreib dir jedes Mal, wenn du dir darüber bewusst wirst, auf, was du wahrnimmst. Zum Beispiel: »Mein Atem fließt gerade unregelmäßig. Ich glaube, ich habe meine Angst und Nervosität vor dem anstehenden Meeting nicht fühlen wollen … Ich habe mich gerade heftig geräuspert und viel geschluckt. Vielleicht habe ich damit ›herunterschlucken‹ wollen, dass mein Vorgesetzter gerade wirklich unfreundlich zu mir war, während ich nichts dagegen sagen konnte.«

Strategie Nummer drei: Projizieren

Eine weitere sehr häufig angewandte Strategie, mit Emotionen umzugehen, ist, diese auf etwas oder jemand anderen zu projizieren.

Der andere ist dann vermeintlich schuld daran, dass wir uns mies fühlen. Der Partner ist schuld! Er war es schließlich, der den Müll nicht runtergebracht hat. Der Chef ist schuld, er gibt uns nicht genug Anerkennung. Die Politik ist schuld! Die da oben kümmern sich nicht um ihr Volk und wollen sich nur profilieren. Die Reichen sind schuld, sie versuchen mit allen Mitteln, uns das Geld aus der Tasche zu ziehen. Die Kinder sind schuld, weil sie den ganzen Tag quengeln. Gott ist schuld an unserem schlechten Karma …

Bei oberflächlicher Betrachtung mag das auch alles richtig sein. Aber nur weil wir nicht verstehen, dass zwischen äußerer Wahrnehmung und emotionaler Reaktion die so wichtige Komponente der Bewertung liegt. Du selbst erzeugst die Wut, die Trauer, die Angst, den Zorn, den Neid und all die anderen schwierigen Emotionen. Mithilfe der Achtsamkeit aber kannst du eine Lücke zwischen das äußere Geschehen und deine Reaktion bringen und dann bewusst entscheiden, wie du auf das äußere Geschehen reagieren willst.

Die Verdrängungsstrategie des Projizierens ist enorm zerstörerisch. Denn jeder Streit, jeder Konflikt, ja letztendlich jeder Krieg in unserer Menschheitsgeschichte begann damit, dass eine oder mehrere Personen Emotionen in sich fühlten, für die sie anderen Menschen die Schuld gaben. Meist handelt es sich in solchen Fällen um die verdrängte Emotion der Angst, die sich durch die Verdrängung irgendwann als Wut, Hass, Gier und Neid äußert. Wenn die Menschheit lernen würde, dass Angst nur eine Emotion ist, die wir einfach weiterziehen lassen können, wäre diese Welt ein unglaublich friedvoller und freudvoller Ort. Wir könnten endlich beginnen, höhere Emotionen zu kultivieren, und damit die Herausforderungen auf unserem Planeten anpacken.

Verantwortung für deine Emotionen

Nimm dir einmal Zeit und frage dich, in welchen Lebensbereichen du anderen die Schuld für deine Emotionen gibst? Wo hast du die Verantwortung für dein emotionales Erleben abgegeben?

Werde dir im zweiten Schritt bewusst, dass du es bist, der eigene Emotionen auf die Personen oder Dinge im Umfeld projiziert. Die Verantwortung für diese Emotionen zu übernehmen ist ein großer Schritt zur Freiheit.

Strategie Nummer vier: Grübeln

Die vierte Strategie neben dem Vermeiden, dem Unterdrücken und dem Projizieren ist das Grübeln. Denken ist nicht schmerzvoll, schwierige Emotionen zu fühlen schon. Und so liegen Hunderttausende Menschen jede Nacht rastlos im Bett und grübeln über ihre Probleme, anstatt sich den darunterliegenden Emotionen zu stellen. Sie sitzen in Bus, Bahn oder Auto und denken und denken. Kaum eine Sekunde vergeht, in der sich ihr Geist nicht um ein Problem dreht. Viele Menschen glauben, ihre Probleme mit Denken lösen zu können. Doch der absolute Großteil unserer täglichen Gedanken sind in Wahrheit sich willkürlich wiederholende fruchtlose Sätze.

Natürlich ist es wichtig, die Vielzahl der unnützen Gedanken von der kleinen Zahl an konstruktiven Gedanken zu trennen. Unser Geist ist ein wundervoller Diener, der Probleme lösen kann, wenn wir ihn richtig nutzen. Vielleicht erinnerst du dich an die Geschichte von den drei Greisen: Ohne den denkenden Wissenschaftler, der die Strömungen erkannte, wären alle gestorben. Aber du kennst bestimmt auch die Kehrseite des Verstandes aus deinem Alltag: Du denkst über Probleme oder Erlebnisse nach, für die es gar keine Lösung gibt. Gedanken wiederholen sich und führen zu keinem Ende. Und das ist häufig genau dann der Fall, wenn wir die darunterliegenden Emotionen nicht fühlen wollen und sie durch endloses Grübeln verdrängen.

Grübeln? Fühlen!

Nimm dir ein Armband, einen Haargummi oder einen einfachen Gummiring und leg ihn um dein Handgelenk. Sei dann achtsam, wann du im Alltag grübelst. Immer wenn du dich in den nächsten Tagen beim Grübeln erwischst, wandert das Armband vom einen Handgelenk zum anderen. Beim nächsten Mal geht es wieder zurück. Frage dich währenddessen, welche Emotion gerade hinter deinen Grübeleien steckt, und versuche, sie in deinem Körper zu fühlen.

Die Skala der Emotionen

Im Laufe der Jahre meiner Arbeit als Coach, Seminarleiter und Gründer der Achtsamkeits-Academy konnte ich immer wieder miterleben, wie die zum Teil fatalen Verdrängungsstrategien der Vergangenheit negative Auswirkungen auf das emotionale Leben der Menschen hatten. Im Umkehrschluss war ich jedes Mal wieder aufs Neue überrascht und voller Freude, wenn ich beobachten konnte, wie sich durch den gesunden Umgang mit Emotionen der emotionale Zustand verbesserte. Zu diesen Erkenntnissen passt die hervorragende Arbeit des Arztes und Psychiaters Dr. David R. Hawkins, der eine Skala der Emotionen entwickelt hat.[10] Diese zeigt, dass es sehr niedrige und sehr hohe Emotionen gibt und wie sie sich zum »Negativen« oder »Positiven« wandeln, je nachdem, wie wir mit ihnen umgehen. So führen Verdrängung, Vermeidung, Projektion und Grübeln zu einem Herabwandern auf der Skala in Richtung der schwierigeren Emotionen. Ein gesunder Umgang, beispielsweise mit der EFP®-Methode, die ich entwickelt habe und gleich noch beschreiben werde, führt zu einem natürlichen Aufstieg auf der Skala in die höheren und angenehmeren Gefilde.

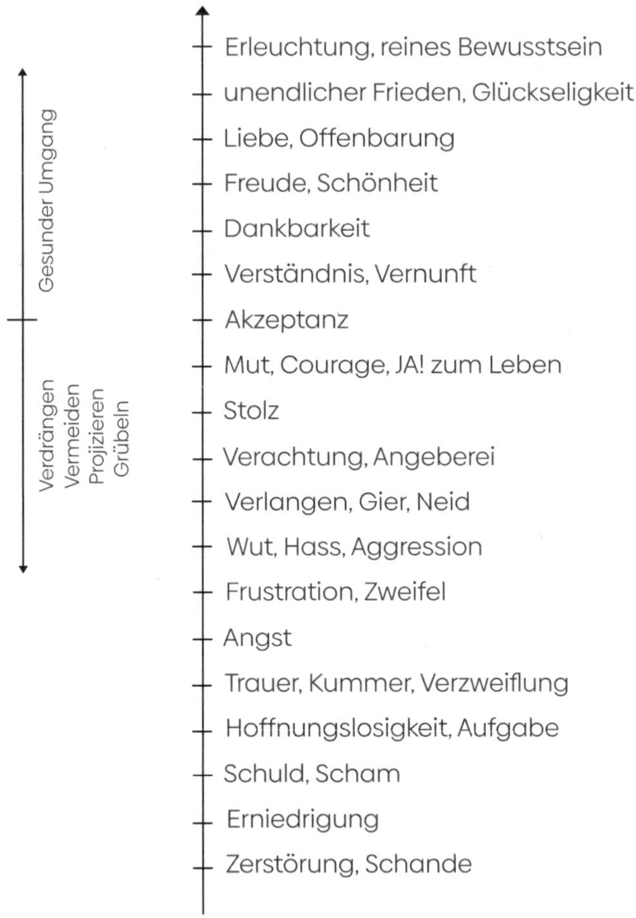

Ich möchte dir dazu vom Verhalten eines Bekannten berichten, der hier als wunderbares Beispiel dienen kann. Nennen wir ihn Mark. Mark ist ein sehr unbewusster Mensch, der den Großteil seines Tages im Bereich der Emotionen Verlangen, Neid, Stolz und Angeberei verbringt. Morgens auf dem Weg zur Arbeit fährt er in seinem zwölf Jahre alten Mittelklassewagen an vielen teuren Autos vorbei. Diese lösen in ihm ein Gefühl von Mangel aus, die Emotionen Verlangen und Neid stellen sich ein, und er reagiert mit Wut, wenn ihn dann ausgerechnet so ein Wagen spritzig überholt oder einen anderen »Fehler« begeht. Mark projiziert seine unangenehmen Emotionen auf andere Personen, die (möglicherweise) finanziell erfolgreicher sind als er.

Der eigene ausbleibende Erfolg führte über die Monate und Jahre zu Frustration, und Mark zweifelt mehr und mehr an seinen Fähigkeiten. Irgendwie scheinen seine Bemühungen nicht zu fruchten, doch er ist viel zu stolz, seine engsten Kollegen um Rat zu bitten. Zudem hat er Angst, dass sie ihm dabei eröffnen könnten, dass er einfach nicht gut genug in seinem Job ist oder irgendwelche anderweitigen Defizite hat. Diese Vorstellung ist so unerträglich für Mark und löst solche Scham in ihm aus, dass er seine Emotionen nur wegdrücken kann. So betont er im Büro, dass er alles unter Kontrolle hat und jeden unterstützen könne – und das alles mit einem siegessicheren (falschen) Lächeln im Gesicht.

Kein Wunder also, dass sich einige der Kollegen und Kolleginnen eher abwenden, weil sie die Differenz zwischen seinem Innenleben und seinem Verhalten unterbewusst wahrnehmen und sich von dieser widersprüchlichen Botschaft verunsichert fühlen. Natürlich nimmt das auch Mark wahr, und es katapultiert ihn noch tiefer in die Emotion Frust. Er strampelt sich ab, und das Ergebnis im Außen ist trotzdem nicht der erhoffte Zuspruch.

Er versteht auch nicht, warum er nicht mehr Freunde hat. Schließlich bietet er doch so vielen Menschen seine Hilfe an. Warum wertschätzt das keiner? So ist es auch nicht verwunderlich, dass er den Bettler, an dem er fast täglich in der Mittagspause vorbeiläuft, mit einem besonders heftigen Anflug von Verachtung straft. Der Typ sitzt schließlich einfach nur rum und lässt sich von der Gesellschaft aushalten!

Jedes Mal, wenn Mark auf dem Weg dann Gruppen von Kollegen trifft, steigt eine Mischung aus Neid und kurz darauf Trauer in ihm auf. Warum ist er nicht mit einer Gruppe Gleichgesinnter unterwegs? Er, der Freundliche, Hilfsbereite, der sich wirklich Mühe gibt? Wut wird in ihm wach. Wozu macht er sich eigentlich die ganze Mühe? Die anderen scheinen sich nie besonders ins Zeug zu legen, und trotzdem fliegen ihnen die Dinge scheinbar zu. Beförderungen, Anerkennung durch andere …

Sobald die Wut abflacht, macht sie Platz für eine Mischung aus Kummer und Enttäuschung. Irgendwas scheint Mark wohl doch falsch zu machen. Irgendwas läuft einfach nicht richtig. Besonders in stillen Momenten abends, wenn er versucht einzuschlafen, merkt er, wie mit den Selbstzweifeln immer häufiger auch Ängste hochsteigen. Wie soll das alles weitergehen? Er kann doch nicht ewig auf der Stelle treten. Was ist, wenn er irgendwann sogar seinen Job verliert?

Angst wird zur dominierenden Emotion in seinem Leben, gegen die er versucht, mit aller Kraft anzukämpfen. Zu seinem Kampf um Erfolg kommt jetzt der Kampf gegen die Angst. Er versucht, sich zusammenzureißen, so wie er es gelernt hat, und boxt sich Situation für Situation durch den Stress. Hin und wieder gibt es Auszeiten, er hat sogar einen Kollegen gefunden, mit dem er wenigstens hin und wieder abends einen trinken gehen kann. Diese Abende enden dann meistens spät und nach oberflächlichen Gesprächen und Geschimpfe über die viele Arbeit, einer Mischung aus zu viel Alkohol und unangenehmen Gefühlen.

Aus dem Frust wird langsam Hoffnungslosigkeit und Traurigkeit, wofür Mark sich immer mehr selbst die Schuld gibt. Anscheinend reicht es einfach nicht, was er tut. Er fühlt sich als Versager und zieht sich sozial noch weiter zurück. Er schämt sich dafür, dass es bei ihm einfach nicht läuft, aber auch dafür, dass er diese »Schwäche« mit der Angst hat und sich einfach nicht gut fühlt, sondern meistens angespannt oder traurig ist.

Was ging in dir vor, als du Marks Geschichte gelesen hast? Konntest du Verständnis oder Vertrautheit empfinden? So ein Gefühl, dass das Leben eben schwer ist und oft die anderen und die Situation schuld an unserem Zustand sind? Wir projizieren intuitiv oft die Schuld für unsere Emotionen auf die Umstände, statt zu erkennen, dass der gesunde Umgang mit ihnen den Unterschied machen kann.

Und genau für diese Erkenntnis möchte ich ein »positives« Beispiel einer Teilnehmerin meiner Achtsamkeits-Academy mit dir teilen. Sie schrieb mir eine E-Mail, die ich hier nur sinnhaft darstellen möchte, um ihre Identität zu schützen. In Klammern habe ich die jeweiligen Emotionen der Skala mit eingefügt.

Auf der Skala nach oben

»Als ich zu dir in die Achtsamkeits-Academy gekommen bin, war mein Leben eine einzige Katastrophe. Meine Ehe war vor Kurzem zerbrochen, mein Job fühlte sich sinnlos an, und genau dieses Gefühl hatte ich in Bezug auf mein komplettes Leben. Freude konnte ich noch in der Natur empfinden, doch auch während meiner Spaziergänge war die Zeit immer mehr von Grübeleien geprägt. Ich machte mir viele Sorgen, hatte Zukunftsängste. Und obwohl ich

meiner Ehe kaum nachtrauerte, fühlte ich mich abends oft niedergeschlagen und einsam (Trauer/Einsamkeit).

Beim Surfen im Internet bin ich dann auf deine YouTube-Videos und die Achtsamkeits-Academy gestoßen. Ich habe angefangen, den Emotionen in meinem Leben mehr Raum zu geben, anstatt vor ihnen wegzulaufen. Ich habe mich jeden Abend eine halbe Stunde lang bewusst hingesetzt und in mich hineingespürt. Ich habe geprüft, was gerade da ist. Und ich muss ehrlich zugeben: Es war zu Beginn eine echte Herausforderung. Ich habe viel geweint (Trauer) und erkannt, wie viele Ängste unter meinem Verhalten steckten, denen ich ständig versuchte, aus dem Weg zu gehen.

Mir war gar nicht bewusst, wie viel Groll (Wut) ich noch auf meinen Exmann hatte. Aber auch das wurde mit der Zeit weniger (Akzeptanz).

Ein Highlight, für das ich dir danken möchte, sind die Stammtische. Ich muss zugeben, ich hatte zu Beginn echt Bammel (Angst), auf neue Leute zuzugehen, aber das Verständnis und die Liebe, die mir dort begegnen, haben mich wirklich beeindruckt und mir echt Mut gemacht (Begeisterung)!

Heute spüre ich auch bei meiner Arbeit wieder mehr Spaß (Freude), obwohl sich meine Tätigkeit nicht verändert hat. Ich fokussiere mich mehr auf die Dinge, die ich kann, als auf das, was mir keinen Spaß macht. Und ich darf weiterhin noch so viel über mich lernen (Erkenntnis, Optimismus). Dafür bin ich dir unendlich dankbar!«

Diese Nachricht ist ein schönes Beispiel dafür, wie man die Skala der Emotionen hinaufsteigen kann. Selbstverständlich läuft das Leben nicht so geradlinig, wie es in dieser E-Mail zusammengefasst ist. Wir können mal auf- und mal absteigen. Das Aufsteigen ist ein Prozess, es ist die Kunst, das eigene Leben achtsam und mitfühlend zu führen. Und vor allem in den Momenten, in denen du durch schwierige Emotionen gehst und es besonders herausfordernd ist, geht es darum, dir selbst viel Mitgefühl entgegenzubringen, statt dich zu verurteilen.

Gerade anfangs ist es wichtig, dir vor Augen zu halten, dass das Leben kein geradliniger Weg zur Erleuchtung ist. Wir bleiben bei der Skala der Emotionen nie auf einer »Stufe« stehen. Schon im Laufe eines Tages verändern sich unsere Emotionen von Lebenssituation zu Lebenssituation. So können wir beruflich mal enorm frustriert sein und trotzdem eine erfüllte und liebevolle Beziehung mit unserem Partner leben. Je nach Lebensbereich haben wir eine andere Ausgangsbasis. So machen dir deine Hobbys vermutlich mehr Freude als deine Steuererklärung, und du wechselst manchmal innerhalb von einer Stunde von ausgeglichen zu gefrustet. Alles ganz normal.

Je nachdem, in welcher Emotion wir uns gerade befinden, nehmen wir Situationen auch völlig anders wahr. Nehmen wir zum Beispiel einen leichten Autounfall. Hier können Scham, Enttäuschung, Wut, Aggression, Mut, Akzeptanz oder Dankbarkeit unter vielen anderen Emotionen die Basis für unser Erleben darstellen. Dementsprechend könnten wir ganz unterschiedliche Gedanken haben, die auf unsere gerade präsente Emotion zurückzuführen wären.

- Mit Scham denken wir: »Was werden jetzt alle anderen von mir denken?«
- Mit Schuldgefühlen sagt die Stimme in uns vielleicht: »Ich hasse mich! Ich kann nichts richtig machen!«
- In der Stimmung des Scheiterns: »Ich bin ein Versager!«

- Mit Frust: »Der Tag hat so gut begonnen, und jetzt musste das passieren! So ein Sch...«
- Mit Wut: »Warum konnte der nicht besser aufpassen? Dem werde ich was erzählen!«
- Gier: »Dem werde ich jeden Cent aus der Tasche klagen!«
- Verachtung: »So ein Trottel, wo hat der denn seinen Führerschein gemacht?«
- Mit der Emotion von Mut wiederum denken wir: »Okay, das ist jetzt nicht schön, aber ich kriege das hin!«
- Mit Akzeptanz: »Es ist, wie es ist. In zwei Wochen ist das Auto repariert, ich bin gut versichert, und ärgern bringt nichts.«
- Verständnis: »Ich kann verstehen, dass der andere Autofahrer an dieser unübersichtlichen Stelle einen Fehler gemacht hat.«
- Dankbarkeit: »Ich bin froh, dass der andere so verständnisvoll mit der Situation umgeht.«
- Mit Mitgefühl und Liebe: »Ich versuche, jetzt ganz entspannt zu bleiben. Der andere wirkt verängstigt.«

Je nachdem, wo du dich auf der Skala gerade befindest, sind bei der exakt gleichen Situation eine ganze Menge an Gedankenangeboten möglich. Diese Angebote und die Emotionen führen jeweils zu einem ganz anderen Verhalten. Und mit deinem Verhalten gestaltest du letztendlich selbst dein Leben! Aus diesem Grund ist die Frage wichtig: Welche Emotionen sollen dein Leben ausmachen?

Die Geschenke schwieriger Emotionen

Das größte Geschenk, sprich: das größte Wachstumspotenzial des Menschen liegt in seinen emotionalen Schmerzen. In unseren Ängsten, unserer Traurigkeit, Einsamkeit und all den anderen Gefühlen, die wir normalerweise eher ablehnen, versteckt sich die Möglichkeit, dass wir wachsen, heilen, unser wahres Selbst erkennen und schlussendlich innere Freiheit finden.

In verschiedensten Lehren heißt es, dass emotionaler Schmerz eigentlich nur gut ist, denn wenn Emotionen in uns an die Oberfläche kommen, können wir sie verarbeiten und uns Stück für Stück von ihnen befreien. Das ist sozusagen die süße Frucht, die du nach der manchmal ganz schön harten Arbeit mit dir selbst erntest. Und ja, hätte ich diese Aussage während meiner schwierigeren Lebensepisode so gehört, wäre meine Reaktion darauf … sagen wir: auch eher schwierig gewesen. Ich wollte damals einfach, dass diese Ängste aufhören. Ich wollte diesen undefinierbaren Schmerz hinter mir lassen, der mir das Leben zur Hölle machte. Ich hatte so viel zu tun, ich wollte, nein, ich musste funktionieren – und die Ängste ließen das nicht zu. Da ich ein Sturkopf war, kämpfte ich über viele Jahre gegen die Angst an. Ich versuchte, trotzdem irgendwie zu funktionieren, statt innezuhalten und die Natur der Ängste und der darunterliegenden Emotionen zu erforschen. Bei mir ging es so weit, dass ich irgendwann nur noch zwei Optionen hatte: aufgeben oder daran wachsen.

Drei zentrale Ängste vor den Emotionen

Bevor ich dir eine konkrete Technik zum Umgang mit deinen Emotionen vorstelle, lass uns die Angst noch etwas differenzieren. Die von mir entwickelte Methode »Emotional Freedom

Process®« (EFP®) ist in gewisser Weise eine Technik, aber viel mehr noch eine Art zu leben. Damit kannst du lernen, dich für deine Innenwelt zu öffnen, weich zu werden und liebevoll mit dir umzugehen. Diese Reise zu Annahme und Mitgefühl beginnt mit der Entscheidung, dich deinen Emotionen zu stellen und Stück für Stück wieder Vertrauen ins Fühlen und in deinen Körper zu erlangen. So viele Jahre und Jahrzehnte haben die meisten von uns gegen die Emotionen gekämpft. Wir sind weggelaufen, haben sie verdrängt, sie auf andere projiziert oder uns im Grübeln verloren. Kein Wunder, dass wir eine gewisse Angst vor unserer eigenen Innenwelt entwickelt haben.

Ich kann mich noch gut an mein erstes Meditationsretreat erinnern. Es waren nur vier Tage, aber als ich nach dieser kurzen Zeit zurückkam, habe ich voller Begeisterung jedem, wirklich jedem davon erzählt. Das Spektrum an Rückmeldungen auf meine Begeisterung reichte damals von leichtem Interesse bis hin zu völligem Unverständnis darüber, was es denn bitte bringen soll, vier Tage lang still zu sitzen. Die häufigste Rückmeldung allerdings war: »Ich könnte das nicht. Ich hätte Angst vor dem, was da hochkommt.«

Im Umgang mit ihren Emotionen stelle ich bei meinen Klienten immer wieder drei zentrale Ängste fest:

Angst Nummer eins: »Es hört nicht mehr auf«

Viele befürchten, wenn sie sich erst einmal der eigenen Innenwelt zuwenden und ihren Emotionen Raum geben, wäre es so, als würden sie die Büchse der Pandora öffnen, und wie in der griechischen Sage würde endloses Unheil über sie hereinbrechen. Dabei vergessen sie das eine große Gesetz unseres Universums: Alles ist vergänglich.

Unser emotionales Empfinden ist deutlich kürzer, als du glaubst. Um genau zu sein: Eine Emotion »lebt« vielleicht zwischen neunzig und einhundertzwanzig Sekunden. Tatsächlich! Von dem Moment, in dem dein Emotionalgehirn den Befehl gibt, den chemischen Cocktail in deine Blutbahn zu schießen, bis er natürlich wieder abgebaut wurde, vergehen in etwa zwei Minuten. Keine Stunden, Tage oder Wochen!

Der Grund, warum die meisten den Glauben entwickelt haben, die Emotionen hörten einfach nicht mehr auf, liegt an unseren ungesunden Strategien, mit ihnen umzugehen. Sobald eine Emotion stärker wird und in dein Bewusstsein kommt, greifst du intuitiv auf deine dafür erlernte ungesunde Strategie zurück. Du verdrängst, vermeidest, projizierst oder grübelst. Mit genau diesen Strategien aber hältst du die Emotion fest. Du hältst sie am Leben und gibst ihr Futter. Du erreichst also genau das Gegenteil von dem, was du wolltest.

Würdest du der Emotion keinerlei Widerstand entgegensetzen, würde sie wie eine Welle deinen Körper durchlaufen und ihn dann ganz natürlich verlassen. Dein Nervensystem würde sich regulieren, und dein Emotionalgehirn könnte lernen, dass alles halb so wild ist und es das nächste Mal nicht mehr mit dieser Intensität reagieren muss.

Angst Nummer zwei: »Es wird zu intensiv! Ich halte das nicht aus«

Viele von uns mussten in ihrem Leben schon starke emotionale Empfindungen erfahren. Sei es eine starke Angst oder sogar Panik, tiefe Traurigkeit oder eine existenzielle Einsamkeit. Wir alle haben erlebt, dass Emotionen sehr schmerzvoll sein können. Für deinen Körper macht es kaum einen Unterschied, ob du Schmerz durch eine körperliche oder eine emotionale Verletzung erleidest, da im Gehirn dabei die gleichen Areale aktiv werden. Schmerz ist unangenehm, und unser Gehirn versucht natürlich, ihn zu vermeiden. Dieser evolutionäre Nutzen aber führt in unserer heutigen Gesellschaft leider eher zu einem Schaden. So war es, wie erwähnt, nützlich, dass unsere Vorfahren die Emotion Einsamkeit möglichst vermieden, weil ein Verlust der Gemeinschaft meist den Tod bedeutet hätte. Heute könnten wir die Einsamkeit in eine tiefe innere Liebe verwandeln, indem wir das Gefühl einfach anzunehmen lernen. Jede Emotion könnte eine Tür für dich sein, dich selbst und die Welt tiefer zu verstehen. Du darfst entscheiden, ob du bereit bist, diese Tür zu durchschreiten oder weiter wegzulaufen. Es liegt bei dir!

Neben den wundervollen Geschenken, die aufrichtig erlebte Emotionen mit sich bringen, ist es tatsächlich optional, ob wir unter unseren Emotionen leiden oder nicht. Schmerz wird immer da sein, die Evolution hat ihn mit der wichtigen Aufgabe erschaffen, unser Überleben zu sichern. Aber ob du unter dem Schmerz leidest, hängt von etwas anderem ab. Shinzen Young hat es in seinem genialen Buch *The Science of Enlightenment* von 2016 wundervoll mathematisch auf den Punkt gebracht:

Leid = Schmerz + Widerstand

Denn ob du leidest oder nicht, hängt nicht von der Intensität des Schmerzes ab, sondern von dem Widerstand, den du gegen ihn leistest. Wenn du gegen deinen Schmerz ankämpfst oder versuchst, ihn mit aller Kraft zu verdrängen, dann leidest du.

Wenn du dich dem Schmerz hingibst und den Widerstand löst, bleibt nur eine interessante Empfindung übrig.

Im Winter 2019 war ich mit meiner Meditationsgemeinschaft auf einem Retreat. Der Großteil der Teilnehmer bestand aus erfahrenen Zen-Mönchen, die bereits Jahrzehnte intensiver meditativer Praxis hinter sich hatten. Als ich mir nach der Morgenmeditation am sechsten Tag des Retreats einen Tee machen wollte, kippte mir der Wasserkocher mit kochendem Wasser direkt über meine Hand. Durch die vergangenen fünf Tage intensiver Praxis und ohne den Widerstand, den ich dadurch gegen so viele Dinge bereits losgelassen hatte, hatte sich in mir eine überaus annehmende und hingebende Haltung eingestellt. Als dann das kochende Wasser über meine Hand floss, war das eine höchst meditative Erfahrung. Völlig ruhig, ohne irgendeine hektische Bewegung, stellte ich den Wasserkocher auf den Tresen zurück. Ein Zen-Mönch neben mir nahm gelassen ein Handtuch und fing achtsam an, das Wasser auf dem Boden aufzuwischen. Ein anderer Mönch links neben mir nahm sanft meine Hand und hielt sie unter das kalte Wasser des Wasserhahns. Keiner der Beteiligten, inklusive mir, hatte eine emotionale Reaktion auf das Ereignis. Jeder ruhte weiterhin friedlich in sich. Kein Leid, nur Empfindung. Wenn ich jetzt diese Zeilen schreibe, muss ich zugeben, dass sich die tiefe Meditationserfahrung der Mönche wahrscheinlich bedeutend auf meine eigene Gelassenheit ausgewirkt hatte. Und trotzdem ist und bleibt es spannend, am eigenen Leib zu erfahren, dass Leiden nicht sein muss.

Angst Nummer drei: »Ich verliere die Kontrolle«

Besonders in Bezug auf die meditative Praxis, die im Grunde ein ständiges Loslassen ist, haben viele Menschen Angst, die Kontrolle zu verlieren. Wenn wir unsere Emotionen fließen lassen, mag das nicht immer »sozial verträglich« sein. Wenn Wut oder Tränen hochkommen, ist das zwar normal und hört auch wieder auf, trotzdem haben die meisten nicht nur Angst davor, sich so vor anderen zu zeigen, sondern auch davor, dass sie schlichtweg die Kontrolle über sich verlieren. Oder dass sie wegen ihrer Emotionen nicht mehr so viel Leistung bringen können, nicht mehr funktionieren. Einige haben sogar von der Angst berichtet, dass sie feststellen könnten, dass sie psychisch krank sind oder es werden, wenn sie ihre ganzen Emotionen hervorholen.

Viele Menschen haben also Angst davor, dass sie durch das Zulassen der Emotionen etwas in sich auslösen, das sie dann nicht mehr kontrollieren können und wodurch sie sich ungebremst auf einen Abgrund zubewegen könnten. Mach dir deswegen an dieser Stelle noch einmal bewusst: Emotionen sind sicher! Dein Unterbewusstsein gibt immer nur so viel »frei«, wie du gerade verarbeiten kannst (außer nach der Einnahme bewusstseinsverändernder Substanzen). Fang also an, Stück für Stück, Emotion für Emotion, deinem Körper und deinem Geist langsam wieder zu vertrauen. Fang an, dir zu vertrauen. Mit zunehmendem Vertrauen wächst auch die Liebe zum Leben und eine innere Lust und Neugier, das Dasein und dich selbst tiefer zu erfahren.

Drei Regeln zum Umgang mit Emotionen

Im Umgang mit deinen Emotionen gibt es nur drei simple Regeln. Und auch hier ist es mir wichtig, dass ich dir verständlich machen kann: Bei diesen Regeln geht es nicht darum, sie wie in der Schule mit dem Verstand aufzunehmen und anzuwenden. Es ist vielmehr eine Art und Weise, wie du deinem ganzen System beibringen kannst, auf schwierige Emotionen zu reagieren.

Die erste Regel ist einfach: Lauf nicht weg!

Hab den Mut, dich deinen Emotionen zu stellen. Mir ist vollkommen klar, dass bei intensiven Emotionen und vor allem bei Traurigkeit, Einsamkeit, Scham, Ängsten oder Panik unser ganzer Körper intuitiv die Flucht ergreifen will. Trotzdem möchte ich dich dazu ermutigen stehen zu bleiben. Halte es aus! Atme! Und ja, am Anfang ist es selten ein friedvolles Durchfühlen oder »Surfen« auf der Welle der Emotionen, sondern tatsächlich ein Aushalten. Aber mit der Zeit gewöhnst du dich daran. Mit der Zeit findest du Vertrauen. Mit der Zeit gibst du den Widerstand immer weiter auf und entspannst dich in die Emotion hinein. Du findest den Frieden mitten im Sturm.

Regel Nummer zwei: Lenk dich nicht ab

Wir neigen dazu, uns mit Geschäftigkeit, Substanzen, Medien, Freunden und vielem mehr von unserem Inneren abzulenken. Solange wir nicht diese intrinsische Neugierde entwickelt haben, intuitiv unsere Emotionen erforschen zu wollen, müssen wir dafür eine gewisse Disziplin entwickeln. Das bedeutet: fühlen, fühlen, fühlen. Sich täglich regelmäßig Zeit für die eigene Innenwelt nehmen. Nicht nur dann, wenn gerade etwas auftaucht. Ein fester Bestandteil meines Alltags sind sogenannte Minibodyscans. Ich nehme mir mehrmals am Tag eine bis fünf Minuten Zeit, um in meinen Körper hineinzufühlen, mich zu entspannen und dem Raum zu geben, was gerade da ist. Anleitungen dieser Art findest du hier im Buch und auch als Audio zum Herunterladen von meiner Website.

Regel Nummer drei: Nicht denken

Hier gilt eine klare Ansage: Wenn du deinen Emotionen begegnest, ignoriere jeden Gedanken. Wir haben die natürliche Tendenz, uns in den Verstand zu flüchten, sobald Emotionen auftauchen. Da unser gesamtes Bewusstsein sowieso den lieben langen Tag mit Denken beschäftigt ist, ist dies auch der Ort, an den wir geistig fliehen, sobald es unangenehm wird. Gedanken lösen Emotionen und Körperempfindungen aus, aber auch umgekehrt sind Emotionen die Grundlage für unsere Gedanken. Wenn du Freude empfindest, denkst du logischerweise andere Gedanken, als wenn du Angst hast. Bei Traurigkeit etwas anderes als bei Dankbarkeit. So neigen wir dazu, in schwierigen Momenten »in den Kopf zu gehen«, um jemanden zu suchen, dem wir die Schuld geben können, oder wir machen uns selbst klein, verlieren uns in Selbstvorwürfen, kreisen ziellos mit unseren Gedanken um die Probleme, die wir gerade zu haben meinen, oder grübeln endlos, warum diese bestimmte Emotion schon wieder da ist.

Ein Satz, der viele meiner Coachings prägt, ist:

Nicht denken – fühlen!

Diese Erinnerung hält dann meistens ein paar Sekunden an, bis ich wieder in den Augen meiner Klienten erkennen kann, dass ihr Bewusstsein ins Denken zurückgewandert ist, und ich sie erneut daran erinnere: »Nicht denken – fühlen! Geh in deinen Körper!« Wir kommen noch genauer dazu, wie das funktioniert – mit EFP.

Der Emotionale Freiheits-Prozess (EFP)

Dass wir vor unseren Emotionen nicht weglaufen sollten, ist jedem schnell klar, der schlaue Motivationssprüche auf Instagram oder Facebook abonniert oder irgendwo schon mal einen Vortrag über Achtsamkeit gehört hat. Zumindest in der Theorie. Denn wäre es so leicht, wären wir alle einfach nur glücklich. Das Verstehen ist bloß der Einstieg, um die Entscheidung zu treffen, sich dem Ganzen zu öffnen. Dann erst beginnt der Weg.

Weil ich so unglaublich viele Menschen treffe und erlebe, die die gleichen Herausforderungen haben wie ich am Anfang meines bewussten Weges, habe ich den Emotionalen Freiheits-Prozess (EFP) entwickelt, der sie – und dich – dabei unterstützen soll, das Wissen um den Umgang mit Emotionen Stück für Stück in ein intuitives Tun zu wandeln.

Schritt eins: Den Trigger wahrnehmen

Alles beginnt mit einem Auslöser. So wie der Ursprung unseres Universums ein großer Knall vor 13,81 Milliarden Jahren war, so ist der Startpunkt jeder Emotion ein Trigger (unter einem Trigger versteht man in Medizin und Psychologie den Auslöser für einen Vorgang). Dieser Trigger kann ein Gedanke, ein Sinneseindruck oder eine körperliche Empfindung sein. Wann immer du irgendeine Emotion hast, gab es in deiner bewussten oder (meist) unbewussten Wahrnehmung einen Impuls, mit dem alles begann. Erinnerst du dich an mein Beispiel von dem Mann im Bus, der so böse geschaut hat? Der Blick von ihm war der Trigger.

Mit steigender Meditations- und Achtsamkeitspraxis kannst du diese Trigger immer deutlicher wahrnehmen. Normalerweise tun wir das nämlich kaum, denn die meisten von uns durchlaufen ihren Alltag weitgehend unbewusst. Du wirst also mit der Zeit erkennen, dass es der selbstverurteilende Gedanke war, der die Scham ausgelöst hat, oder eben der scharfe Blick des Mannes im Bus, der deine Angst getriggert hat. Oder der Anblick eines glücklichen Liebespaars, der die Einsamkeit in dir spürbar werden ließ. Am Beginn jeder emotionalen Erfahrung steht ein Trigger, der als Impuls in unser Emotionalgehirn und bei bewusster Erfahrung auch in unser Großhirn gelangt.

Bevor wir uns in Bewusstheit üben, durchlaufen wir viele Situationen größtenteils unbewusst. Doch erst wenn die emotionale Intensität zunimmt, tritt die Empfindung ins Bewusstsein. Jetzt sollte es gleich mit Schritt zwei weitergehen, andernfalls laufen wir Gefahr, an dieser Stelle ins Grübeln zu verfallen. Wir denken vielleicht: »Oh, eine Emotion! Was war der Trigger? War es mein Partner? Oder ein Gedanke? Oder war es mein Körper?« Da wir zu Beginn selten über genügend geistige

Klarheit verfügen, können wir den Auslöser noch nicht differenziert wahrnehmen und verfallen so ins Denken. Aber das ist an diesem Punkt genau das Falsche. Regel Nummer drei: Nicht denken!

Nimmst du also eine Emotion wahr, dann kümmere dich zunächst nicht um den Auslöser (außer, er ist dir schon bewusst geworden), sondern wisse, dass es einen gibt, und geh zu Schritt zwei über: Geh in deinen Körper.

Schritt zwei: In den Körper

Was viele nicht wissen: Wir erfahren Emotionen körperlich. Du kennst es vielleicht, wenn du bei Angst einen Kloß im Hals hast oder Traurigkeit um die Augen herum fühlst. Mit Körper meine ich alles, nur nicht den Verstand. Du erfährst deine Emotionen von den Zehenspitzen bis hin zum Scheitel.

Wenn du eine Emotion wirklich wahrnehmen willst, darfst du deinen Geist trainieren, intuitiv in den Körper zu wandern, statt ins Denken, Vermeiden oder Flüchten zu verfallen. Du kannst dich trainieren zu entspannen, statt dich anzuspannen. Das Ziel ist am Ende das widerstandslose Hineinentspannen in die Emotion. Das bedeutet vereinfacht: Du fühlst einfach nur, was gerade in dir ist.

Das klingt natürlich erst einmal leichter gesagt als getan, da du vielleicht erstens dein ganzes Leben lang alles dafür getan hast, bestimmte Dinge nicht zu fühlen, und du dich vielleicht sogar halsabwärts von dir selbst abgeschnitten hast und zweitens, weil du noch kein Vertrauen in deine Emotionen hast. Viele meiner Klienten haben an diesem Punkt wirkliche Schwierigkeiten. Sie fühlen nichts! Wenn ich sie frage: »Was fühlst du gerade?«, fangen sie an, darüber nachzudenken. Aus diesem

Grund habe ich, auch für dich, eine besondere geführte Meditation aufgenommen. Es ist ein Bodyscan in Verbindung mit progressiver Muskelentspannung – eine Kombination, die ich für genau diesen Fall entwickelt habe. Sie soll dir helfen, bewusst deine Muskulatur zu entspannen und gleichzeitig mehr Körperbewusstsein zu gewinnen. Mit dieser geführten Meditation verbindest du dich Stück für Stück immer mehr mit deinem Körper und gewinnst langsam, aber sicher die so wichtige Körperintelligenz und Intuition zurück. Gleichzeitig wird dir diese Praxis helfen, dich von chronischen Verspannungen zu befreien, und sie reinigt systematisch dein Energiesystem – schau auf meine Website, der Link steht hinten im Buch.

Viele Teilnehmer der Achtsamkeits-Academy berichten nach den ersten Monaten, in denen sie diese Meditation täglich gehört haben, dass sie sich nicht nur deutlicher wahrnehmen, sondern auch wieder schönere Emotionen Einzug in ihren Körper gehalten haben. Eine große Bitte: Sei in diesem Prozess mitfühlend und geduldig mit dir! Vielleicht hast du deinen Körper jahrzehntelang vernachlässigt, also schenk dir die Zeit, dich langsam wieder mit ihm zu verbinden. Diese Geduld ist eine hervorragende Praxis der Selbstliebe.

Emotionen im Körper wahrnehmen

Wie gehst du jetzt also vor, wenn du Emotionen in deinem Körper spürst? Entspanne zunächst deine Muskulatur und spüre genau nach, wie dein Körper über die Emotionen mit dir kommuniziert. Unterstütze dich selbst mit den Fragen: Was fühle ich, wo fühle ich es?

Wie zeigt sich die Emotion? Ist es mehr eine Energiewelle, die deinen Körper durchströmt, oder ist es eher eine physische Erscheinung? Was zeigt sich? Ist es Druck in der Brust? Hitze im Kopf? Kälte in den Beinen? Anspannung im Nacken? Herzklopfen? Enge, Weite? Schwere? Leichtigkeit? Kribbeln? Unruhe? Taubheit?

Wo zeigt sich deine Emotion hauptsächlich? Im Brustkorb? In den Beinen? Im Bauch? Im Gesicht? Im Nacken?

Finde heraus, wie dein Körper die verschiedenen Emotionen kommuniziert. Denn die körperlichen Empfindungen sind wie Nachrichten, die gehört werden möchten. Versuche, die körperliche Empfindung so direkt und klar, wie du nur kannst, zu erfahren.

Schritt drei: Raum und Zeit

Solange es für dich ein Spiel bleibt, nach dem Motto »Ich fühle jetzt die Emotion, damit sie endlich weg ist; ich lasse sie notgedrungen ein wenig zu, aber nicht richtig«, ist noch Angst in dir und hindert dich daran, deine Emotionen zu lösen. Du hast dich in diesem Fall zwar dafür entschieden, den Emotionen in deinem Leben Raum zu schenken, aber unbewusst willst du es doch noch nicht so richtig.

Ich habe Jahre meines Lebens an genau diesem Punkt verbracht. Ich habe verstanden, dass Annahme Heilung bedeutet, aber im Grunde wollte ich die Emotionen nicht annehmen, sondern nur weghaben. Um wirklich frei zu sein, musst du diesen Punkt überwinden. Und damit das nicht nur eine Theorie für dich bleibt, habe ich in meiner Arbeit eine Art Beschleuniger für diesen Prozess gefunden, den ich »Raum und Zeit« nenne. Im Grunde handelt es sich dabei nur um die innere Erlaubnis, dass sich die Emotion in deinem Körper bewegen, ausbreiten und so intensiv werden darf, wie sie möchte (Raum), und gleichzeitig die Erlaubnis, dass sie so lange dableiben darf, wie sie das möchte (Zeit). Du kannst zu dir selbst sagen: »Okay, Emotion (ersetze hier das Wort ›Emotion‹ durch das, was du gerade fühlst), du darfst jetzt da sein. Du darfst so intensiv werden, wie du möchtest, und du darfst so lange dableiben, bis du entscheidest zu gehen.« Probier es aus und beobachte, was passiert!

Schritt vier: Veränderung wahrnehmen

Im vierten und letzten Schritt geht es nur noch darum, dem Schauspiel der Emotion zuzusehen. Du beobachtest, wie sie sich verändert. Wichtig hierbei ist, deinen Fokus auf die Veränderung zu legen.

Sehr oft beobachte ich in den ersten Versuchen im Umgang mit der EFP-Methode, dass die Menschen auf die Emotion starren wie die Ziege auf den Schlachter und sich dadurch unnötig anspannen. Indem du den Fokus auf die Veränderung legst, neugierig beobachtest, was verschwindet, was neu auftaucht, was geht, was kommt, gibst du der Emotion wirklich den Raum, sich so zu verwandeln, wie sie sich verwandeln möchte.

Um dir diesen Prozess zu erleichtern, habe ich zwei weitere geführte Meditationen aufgenommen. Die erste dauert circa zwanzig Minuten und dient dir dann, wenn du dich entspannt zurückziehen kannst, um dir wirklich Zeit für das zu geben, was da ist. Die zweite geführte Meditation dauert nur drei Minuten, damit du dich überall im Alltag kurz zurückziehen kannst, um den EFP zu durchlaufen. Praktiziere das so lange, bis der Prozess deine intuitive Herangehensweise geworden ist, mit deinen Emotionen umzugehen. Bis dein Körper automatisch mit Entspannung statt mit Anspannung auf schwierige Emotionen reagiert und dein Geist nicht verdrängt, sondern neugierig hinsieht. Übe diesen Prozess, gern mithilfe der Meditationen (siehe Link im Anhang des Buches), so lange, bis jede Zelle deines Körpers gelernt hat, Emotionen wieder natürlich fließen zu lassen. So lange, bis du dich wirklich frei fühlst!

Sag immer häufiger Ja zu deinen Emotionen

An dieser Stelle hast du wahrscheinlich in der Theorie verstanden, wie wichtig es ist, Emotionen zuzulassen. Du hast verstanden, wie du mit ihnen umgehen kannst, um sie zu lösen. Und jetzt kommt die wahre Herausforderung: dein alltägliches Leben.

Mithilfe der geführten Meditationen und einer eigenen freien Meditationspraxis gelingt es meinen Klientinnen und Klienten immer besser, mit ihren Emotionen umzugehen, wenn sie zu Hause sind und gerade Zeit dafür haben. Doch wir alle kennen die Momente, in denen es »gerade nicht passt« zu fühlen. Im Büro, während eines Vortrags, im Gespräch mit dem Chef, im Streit mit dem Partner, auf der Straße, wenn uns jemand die Vorfahrt nimmt ... Meist kommen schwierige Emotionen in genau den Momenten, in denen es nicht passt, wenn es stressig ist, wenn viele Leute da sind. Dann, wenn es eigentlich besonders wichtig wäre zu praktizieren.

Vor allem in Anwesenheit anderer Menschen fällt es den meisten von uns schwer, mit Emotionen umzugehen. Der Fokus ist im Außen, nicht im Inneren. Und es steckt so tief in uns, welche Emotionen sozial akzeptiert sind und welche nicht. Wir tun uns sehr schwer damit, unsere Emotionen auszudrücken oder einfach ehrlich mit ihnen umzugehen. Doch an dieser Stelle kann ich dir nur raten: Sei mutig! Hab den Mut, immer häufiger deine Emotionen auszudrücken oder anzusprechen. Dabei musst du natürlich nicht vor deinem Chef weinen oder dich bei jeder Kleinigkeit erst einmal zwanzig Minuten zur Meditation zurückziehen. Du kannst ganz klein anfangen, Situation für Situation mehr zu deinen Emotionen stehen und, wenn es dir möglich ist, diese auch ausdrücken. Fang damit an, wenn dich jemand fragt: »Und, wie geht es dir?« Antworte dann nicht mit der antrainierten Floskel »Gut, und dir?«, sondern nimm dir eine Sekunde Zeit, um dich zu fühlen und ehrlich zu sein. Das wird dir guttun, und vor allem – und das ist mir hier besonders wichtig – dient es auch deinem Gegenüber. Wir brauchen mehr Menschen, die wieder wahrhaftig zu ihren Emotionen stehen können. Denn Leben bedeutet Fühlen. Und wenn wir kollektiv anfangen, dieses Fühlen wieder zu leben, wandern wir alle die Skala der Emotionen hinauf und fühlen uns immer besser.

Dieses kontinuierliche Hinaufwandern, das Erreichen von »höheren« Emotionen ist der Grund, warum ich, wann immer ich kann und wann immer ich schwierige Emotionen fühle, diese so offen und transparent kommuniziere. Sei es in diesem Buch oder in einem großen Vortrag. Wenn ich Liebe fühle, drücke ich diese aus, wenn ich Angst fühle, teile ich diese. Nur so schaffen wir auf lange Sicht eine Gemeinschaft voller Mitgefühl. Denn wie soll eine andere Person Mitgefühl zeigen können, wenn du deine Gefühle versteckst?

Wie du emotionale Wunden heilst

Nicht jede Emotion und jede Prägung, die wir in unserem Leben erfahren mussten und durften, hatte die gleiche Auswirkung auf uns. Manches ist schnell in Vergessenheit geraten und hat kaum in unserem Unterbewusstsein Wurzeln geschlagen. Andere Verletzungen haben wiederum tiefe Spuren hinterlassen. Wir alle haben unsere kleinen und großen Traumata. Das bedeutet nicht gleich, dass wir in der Kindheit schwer verletzt, geschlagen oder misshandelt wurden. Oft sind es kleine, für die Bezugspersonen unbedeutende Dinge, die uns geprägt haben. Was ich als emotionale Wunden bezeichne, sind Gedanken- oder Verhaltensmuster, die selten mit einem einmaligen Zulassen und Fühlen aufgearbeitet sind. Sie sind tief in unserem Unterbewusstsein verankert, und ich teile sie in fünf Kategorien ein:

1. Was du hattest, aber nicht wolltest

In diese Kategorie fallen die vielen kleinen und großen Verletzungen der Vergangenheit: Gewalt, Krankheiten, Schockerlebnisse, Mobbing, Missbrauch, Tod und Verlust von Bezugspersonen, Trennung, Sorgen, Umzug und Schulwechsel, zu viel Verantwortung, zu hohe Erwartungen und Zwänge.

2. Was du verdient hättest, aber nicht bekommen hast

Darunter fällt unter anderem die Befriedigung der Grundbedürfnisse von Liebe, Anerkennung und Aufmerksamkeit. Vielleicht fehlte ein Elternteil, es gab keine gesunden Wachstumsbedingungen, nicht genug zu essen, kaum Sicherheit, Sorglosigkeit, Geborgenheit, keine Routine, Fürsorge oder Stabilität (auch in finanzieller Hinsicht), zu wenig Freiheit und nicht das richtige Maß an Kontrolle, es fehlte das Gefühl, gewollt zu sein und einen Platz zu haben.

3. Was nie da war

Hierunter können die Punkte aus »Was du verdient hättest« gehören und außerdem beispielsweise (verstorbene) Eltern, das Fehlen von Geschwistern, Gesundheit oder Mangelerfahrungen durch körperliche und geistige Behinderungen.

4. Was jetzt nicht da ist

Emotionale Verletzungen von früher zeigen sich zum Beispiel in Schwierigkeiten, eine Partnerschaft zu führen. In dieser Kategorie findest du problematische Auswirkungen von früher auf heutige stabile Beziehungen, auf Selbstliebe, Geld, Arbeit, Vertrauen, das Zulassen von Nähe, Bindungsfähigkeit, Unbeschwertheit, Selbstkontrolle (Suchtgefahr), Lebensfreude, die Fähigkeit, Unzulänglichkeiten und Fehler ohne Selbstverurteilung zu akzeptieren, Achtsamkeit in allen Lebensbereichen, das Gefühl für sich selbst und die eigenen Bedürfnisse, die Verbindung zu Körper und Geist.

5. Was niemals da sein wird

Für Waisen wird es niemals möglich sein, ihre richtigen Eltern zu treffen und sich mit ihnen auseinanderzusetzen. Eltern (bei

Waisen), Geschwister, die es nie gab, Fehlendes durch körperliche und geistige Behinderungen, Verstorbene, kindliche Reinheit – all das ist manchmal einfach nicht gegeben.

Bei allen fünf Kategorien liegt der Schlüssel zur Heilung im gesunden Umgang mit den *emotionalen Auswirkungen, die sich im jetzigen Leben zeigen.* Und besonders hier sehe ich immer wieder einen großen Unterschied in den Heilungsverläufen dieser Wunden. Viele Menschen haben die Tendenz, in eine gewisse Opferhaltung, in eine Form des Widerstands zu verfallen. »Warum ist mir das passiert?«, »Ich will das nicht haben!« »Warum ich?« Wir wünschen uns eine Erklärung dafür, auch wenn wir insgeheim wissen, dass es keine Antwort auf das »Warum« gibt.

Heilung entsteht niemals aus Schuld oder Anklage. So schwer das manchmal auch zu akzeptieren ist – und jeder braucht dafür seine eigene Zeit: Es ist, wie es ist! Die Heilung beginnt mit der Akzeptanz und der Bereitschaft, die Umstände des Lebens als eigenes Karma, als eigene Bürde anzunehmen.

Sobald Menschen beginnen, diese Akzeptanz zu praktizieren, kommt oft eine gewisse Traurigkeit ans Licht. Diese ist anfangs oft von viel stärkeren Emotionen wie Angst, Wut, Zorn, Scham oder Verzweiflung überdeckt. Doch mit der Bereitschaft, sich in diese heftigen Emotionen hineinzuentspannen, die Energien im Körper fließen zu lassen, ohne ihnen Widerstand zu leisten, landen die meisten meiner Klienten tatsächlich bei einer Traurigkeit. Oft bleiben Menschen in den darüberliegenden Emotionen gefangen, weil sie die Traurigkeit nicht spüren wollen. Insbesondere Wut und Zorn fühlen sich machtvoller an, und mit Traurigkeit verbinden viele von uns eine gewisse Hilflosigkeit, der dann energetischere Emotionen vorgezogen werden.

Doch in dieser Traurigkeit steckt der Schlüssel zur Heilung! Von dort aus ist es nämlich nur noch ein kleiner Schritt auf die andere Seite der Medaille: die Liebe.

Du kannst nur traurig über etwas sein, das du geliebt hast. Wenn ein wichtiger Mensch in deinem Leben stirbt, dann trauerst du. Diese Trauer entsteht ausschließlich dann, wenn du diese Person auf irgendeine Art und Weise geliebt hast. Wir sind in der medialen Welt ständig mit dem Tod in Berührung. Es sterben täglich unzählige Menschen, ohne dass wir Trauer empfinden. Doch wenn Menschen leiden, die uns am Herzen liegen, trauern wir.

Also halte dir stets vor Augen:

Wenn du Traurigkeit spürst, dann muss auch Liebe in dir sein! Ohne Liebe keine Trauer.

Du bist traurig, weil du liebst!

Was ich immer und immer wieder erleben durfte, ist der Beginn der Heilung, sobald Menschen den Zugang zu dieser Liebe in sich entdeckt haben. Diese Liebe ist nichts, was du trainieren oder kultivieren musst. Sie ist immer in dir! Wir blicken leider nur allzu oft auf die Trauer und erkennen die Liebe darin nicht. Solange wir uns in den oberflächlichen Emotionen, den Geschichten, die wir uns erzählen, den Schuldzuweisungen, den Dramen verlieren, bleiben wir gefangen. Wenn du dir der Liebe bewusst wirst, beginnt Heilung.

Du kannst tausend Psychologen, Coaches und Seminare besuchen – wenn du nicht bereit bist, dich mit dieser Liebe zu verbinden, wird alles, was du tust, nur oberflächliche Kosmetik bleiben. Du kannst deine Wunden für eine Zeit überdecken, aber solange du nicht die Entscheidung triffst, dich mit der Liebe in dir zu verbinden, ist wahre Heilung nicht möglich.

Falls du dich beim Lesen der letzten Absätze gefragt hast, was mit der »Liebe in dir« gemeint ist: Diese Liebe ist nicht die romantische Wohlfühlliebe, die wir von kitschigen Kuschelfilmen kennen. Diese bedingungslose Liebe nimmt alles an. Sie unterscheidet nicht. Sie ist wie eine liebende Mutter, die ihr weinendes Kind hält. Diese Liebe ist immer da und zeigt ihr Gesicht, sodass wir es auch in unserer Traurigkeit erkennen. Du kannst dich für diese Liebe entscheiden!

Die Verbindung mit der Liebe in dir ist ganz einfach die Bereitschaft, dich jeden Moment so anzunehmen, wie du bist. Es ist die Bereitschaft, jeden Moment vorurteilsfrei – egal, wie er sich zeigt – als einzigartigen Ausdruck von Leben zu sehen. Das kannst du nur, wenn du jegliche Projektion ablegst. Wenn du jegliches Müssen und jegliche Vorstellung, wie der Moment sein sollte, aufgibst, bleibt dieser einzigartige Moment.

Diese Erkenntnis hatte ich nicht an einem meiner schönsten Tage. Ich war zu einer Ayurveda-Kur, bei der ich jede Zelle meines Körpers von alten Giften und negativen Emotionen reinigen wollte. Und wie schon in den Nächten zuvor saß ich dort wieder einmal mitten in der Nacht aufrecht im Bett und durchlebte eine Welle an intensiven Emotionen. Eine folgte der nächsten. Ich war hierhergekommen, um (mal wieder) zu versuchen, all die Emotionen »wegzumachen«, damit ich mich gut fühlen könnte. Nicht, um alte Emotionen wieder und wieder erleben zu müssen. Doch ich wusste vom Verstand her schon, dass das bejahende Fühlen der einzige Schlüssel zur Befreiung sein würde.

Die wahre Befreiung war schließlich die Erkenntnis, dass es nichts gibt, von dem ich mich hätte befreien müssen. Wenn du wahrhaftig im Sturm der Emotionen stehen bleibst, jeglichen

Widerstand aufgibst, interessiert und voller Unschuld den Moment anschaust, bleibt nur das vibrierende Leben selbst – ein einzigartiger Ausdruck des Jetzt.

> Jeder Augenblick ist einzigartig,
> vollkommen unschuldig, immer bereit,
> erfahren zu werden.

Dieses offene, friedvolle Sein ist bei genauer Betrachtung Liebe. Es ist die Liebe, die nicht urteilt. Es ist die bedingungslose Liebe, die alles liebt, ohne etwas verändern zu wollen. Diese Liebe bringt dich nach Hause. Du brauchst dafür nichts zu tun, sondern einfach alles friedvoll sein zu lassen.

Mach dir keine Gedanken, wenn du diesen Teil über die Liebe beim Lesen noch etwas befremdlich fandest. Es ist nicht einfach, dieses Gefühl und den Weg dahin in Worte zu fassen. Es ist etwas, was du erleben darfst.

Kultivierung höherer Emotionen?

Oft wird in der New-Age-Szene von der Kultivierung höherer Emotionen gesprochen. Das beschreibt das Bestreben, die Emotionen, die auf der Skala der Emotionen höher als Akzeptanz liegen, bewusst in sein Leben zu bringen. Auch ich bin ein Freund davon, Dankbarkeit zu praktizieren und seinen Fokus auf die schönen Dinge des Lebens zu richten. Dennoch bin ich der festen Überzeugung, dass es eigentlich in unserer Natur liegt, glücklich zu sein. Dass genau genommen unsere Natur Glück und Liebe ist. Im Laufe der Jahre hat sich dort nur einiges darübergelegt. So ist es genau genommen nicht unsere Aufgabe, uns nach etwas Höherem zu sehnen, sondern Moment für Moment das Loslassen zu praktizieren. Loslassen von unseren Vorstellungen. Loslassen von unseren Anhaftungen. Loslassen von unserer Ablehnung. Loslassen vom Kampf. Loslassen von Scham, von Schuld, von Hoffnungslosigkeit. Loslassen von Trauer, Angst, Frust. Loslassen von Zweifel, Wut, Gier, Neid und Stolz. Also übe dich einfach im Loslassen, und du wirst automatisch das bekommen, wonach du dich gesehnt hast.

Dieses Loslassen, das ist Meditation.

Geführte Meditationen

Zu diesem Kapitel findest du auf meiner Website zwei geführte Meditationen:

- Der Emotional-Freedom-Process
- Progressive Meditation

Website: www.peter-beer.de/meditation
Das Passwort für den internen Bereich ist: JETZT.

Meditation lernen

Meditation. Lass uns jetzt endlich damit anfangen!

Vielleicht hast du keine oder nur wenig Erfahrung damit und weißt gar nicht, wie du beginnen könntest. In diesem Kapitel erfährst du es ganz praktisch. Oder du denkst dir: »Wie, anfangen? Ich meditiere doch schon lange!« Wenn das auf dich zutrifft, kannst du trotzdem weiterlesen, denn es gibt immer etwas zu lernen, neu zu erfahren oder aufzufrischen.

So wie bei fast allen Dingen im Leben gibt es auch beim Meditieren verschiedene Herangehensweisen und gleichzeitig doch immer vereinende Elemente. Grundsätzlich kann man sagen: Meditation ist das Richten der Aufmerksamkeit auf ein Objekt, das immer tiefer betrachtet wird. Ein Meditationsobjekt kann vieles sein: einfache Silben (Mantras), wie beispielsweise das berühmte »Om«. Es können aber auch ganze Sätze sein, wie »Om mani padme hum« oder »Herr, erbarme dich«. Fast alle Weisheitslehren nutzen solche Silben und Worte, die sie wieder und wieder rezitieren. Als Hilfsmittel zum Zählen, wie oft man die Silben bereits ausgesprochen oder gechantet hat, dienen Gebetsketten – bei Christen der Rosenkranz, bei Buddhisten die Mala oder bei Muslimen die Misbaha. Egal, welche Religion oder spirituelle Ausrichtung – das verbindende Element sind die Wiederholung und die auf ein Objekt gerichtete Aufmerksamkeit. Das kann auch der Atem sein, die Wand vor sich, die man betrachtet, oder der Rosenkranz in der Hand. Man kann auch Meditationsbilder betrachten, auf die Flamme einer Kerze starren oder Visualisierungen, also inneren Bildern folgen. Wie du bereits an den Beispielen siehst, gibt es so viele Meditationstechniken wie Kulturen auf diesem wunderschönen Planeten. Meist sind sie aber aufgrund ihrer Geschichte mit religiösem Ballast behaftet. Das ist zwar für das Meditieren und seine Wirkung weder gut noch schlecht, aber in unserer sehr rationalen Zeit schreckt es viele Menschen davon ab, sich dem Thema zu öffnen.

Ich bin ein Freund der sogenannten postreligiösen (*post* = »nach«) Spiritualität, da ich nicht mehr blind einer Lehre glauben, sondern mich selbst wirklich erfahren möchte. Darum konzentriere ich mich in meiner Meditationspraxis auf die wesentlichen Elemente, ohne dabei irgendeine Religion mitschwingen zu lassen. Das ist vielleicht auch der Grund, warum ich zum Zen-Buddhismus gefunden habe: Er ist eine spirituelle Richtung ohne viele Worte und ohne Glauben; allein die Erfahrung steht im Mittelpunkt der Praxis.

Das Wort »Spiritualität« kommt übrigens vom lateinischen *spiritus,* und das bedeutet (neben anderen Übersetzungsmöglichkeiten) so viel wie »Atem«. Und siehe da: Das einfachste Meditationsobjekt, das auch meist im Mittelpunkt steht, ist unser Atem! Wir atmen nicht nur, um zu leben, sondern können mit ihm unser vegetatives Nervensystem beeinflussen und uns dabei selbst zentrieren und beruhigen. Dein Atem ist tatsächlich alles, was du zum Meditieren brauchst!

Meditation kann also bedeuten, deine Aufmerksamkeit auf den Atem zu legen und ihn als eine Art Anker zu nutzen, während du dich für alles, was gerade ist, öffnest und es einfach nur friedvoll wahrnimmst, ohne den Gedanken zu folgen.

Gedanken kommen – Gedanken gehen.

Gefühle kommen – Gefühle gehen.

Empfindungen kommen – Empfindungen gehen.

Du atmest ein – du atmest aus.

Meditation bedeutet, das ganze Spektrum an menschlicher Erfahrung mitzuerleben, ohne es zu bewerten. Alles wahrzunehmen, so bewusst du nur kannst. Das ist alles. Und es ist das Einfachste und gleichzeitig das Schwierigste der Welt. Denn wir sind kollektiv dem Tun verfallen und haben verlernt, einfach nur zu sein. Aber keine Sorge, ich lass dich nicht mit Aussagen wie »Du musst nur deinem Atem folgen« allein. Wir schauen uns im Laufe dieses Kapitels die wichtigsten praktischen Aspekte der Meditation genauer an.

Freie oder geführte Meditation: Was ist besser?

Auch hier gibt es kein Besser oder Schlechter, jede Variante hat Vorteile und Nachteile. Ich bin einfach ein Freund der Wirksamkeit. Ich versuche, den Menschen etwas nahezubringen, das ihnen hilft. Darum setze ich oft auf geführte Meditationen, in denen ich durch schwierige Themen wie beispielsweise Angst oder Einsamkeit führe – eine Anleitung ist in diesen emotionalen Zuständen für viele am dienlichsten. Gleichzeitig bin ich ein Verfechter der formalen Sitzmeditation, in der man einfach nur wahrnimmt und beobachtet. Ich würde sie aber gerade Anfängern eher nicht in stark herausfordernden Phasen empfehlen.

Geführte Meditationen helfen vor allem dabei, gewisse Aspekte der Meditation herauszugreifen. Ich mache dabei nichts anderes, als die Aufmerksamkeit der Zuhörenden zu lenken, damit sie Dinge erkennen und erfahren können, die für sie vorher im Verborgenen lagen. Ich bin dann ein erfahrener Wegbegleiter für die Menschen, der sie auf gewisse Aspekte ihres Wegs aufmerksam macht, die sie sonst leicht übersehen hätten oder derer sie sich nicht bewusst geworden wären. Ich beleuchte Bereiche, die allein zu entdecken für diese Meditierenden vielleicht viele Jahre gedauert hätte.

Natürlich sind geführte Meditationen gerade für Anfänger leichter zu praktizieren, da sie deutlich weniger Konzentrationsfähigkeit erfordern als die formelle Sitzmeditation. Durch meine Stimme erinnere ich die Meditierenden fortlaufend, bei der Sache zu bleiben und den Fokus auf ein Meditationsobjekt gerichtet zu halten. Das hilft den Menschen, Erfahrungen zu machen und nicht nach den ersten zwanzig Minuten frustriert die Flinte ins Korn zu werfen. So geht es nämlich vielen, die es zum ersten Mal mit der Meditation versuchen.

Was zu Beginn ein Vorteil ist, kann sich bei ausschließlicher Praxis mit geführten Meditationen allerdings mit der Zeit zum Nachteil entwickeln. Einer der oft genannten Vorteile, warum du meditieren solltest, ist die erhebliche Steigerung der Konzentrationsfähigkeit (Stichwort geistige Stabilität). Diese Fähigkeit, dich auch im Alltag nicht so schnell von dem Äffchen (oder King Kong) in deinem Kopf ablenken zu lassen, übst du viel eher in der freien Meditation. Außerdem lässt sie dir viel mehr Raum zur freien Erforschung der wahren Natur der Dinge.

Somit ist eine geführte Meditation ein hervorragendes, wirksames und leicht zu nutzendes Werkzeug, das aber nicht das einzige Werkzeug auf der Reise zu deinem Wesenskern bleiben sollte.

Gerade die formelle Sitzmeditation, und um die geht es hier, schult die drei Fähigkeiten, die ich im zweiten Kapitel beschrieben habe: geistige Stabilität, Klarheit und Frieden. Mit diesen Fähigkeiten kannst du dich dann selbst auf die Reise zu immer tieferer Selbsterkenntnis begeben, auf der es im wahrsten Sinne des Wortes unendlich viel zu entdecken gibt.

Die Grundlagen der Praxis

Dein Meditationsort

In dieser unglaublich hektisch gewordenen Welt sehnen sich die meisten Menschen nach einem Ort der Ruhe und des Friedens. Viele suchen ihn in Tempeln, Kirchen, Klöstern oder in der Natur. Und es ist lustig, dass ich diese Worte schreibe, während ich auf einem Meditationskissen in einem Zen-Kloster sitze, in das ich mich für die Arbeit an diesem Buch zeitweise zurückgezogen habe. Lustig deswegen, weil ich meinen Seminarteilnehmern immer predige, dass es ausreicht, sich zu Hause einen Ort des Friedens zu schaffen – es ist zwar durchaus hilfreich, regelmäßig eine Klausur in einem Kloster oder Zentrum zu machen, aber eben nicht zwingend notwendig. Ich habe mir in unserer Wohnung eine feste Meditationsecke eingerichtet. Sie ist ganz schlicht: eine Meditationsmatte, ein Meditationskissen darauf und eine Kerze davor. Mehr brauche ich nicht.

Und genau das möchte ich dir auch ans Herz legen. Schaff dir zu Hause einen Ort der Stille und des Friedens. Er muss nicht größer als einen Meter mal einen Meter sein, Hauptsache, es ist *dein* Platz. Keine Ablenkung, keine Kinder, kein Partner, keine Haustiere. Dieser eine Quadratmeter gehört allein dir.

Zudem ist es hilfreich, zu Hause immer am gleichen Ort zu meditieren, da dein Gehirn mit der Zeit diesen Ort mit Ruhe und Frieden in Verbindung bringt, wodurch es dir immer leichter fallen wird, in tiefere Meditationszustände zu finden oder an stressigen Tag einfach nur herunterzukommen. Dieser Ort sollte am besten in einem Zimmer sein, in dem du nicht gestört wirst. Dein Meditationskissen in der Küche aufzuschlagen wäre vermutlich nicht die beste Idee – obwohl natürlich auch das geht.

Solltest du nicht die Möglichkeit haben, einen separaten Raum für dich in Anspruch zu nehmen, sprich mit deinen Kindern, deinen WG-Mitbewohnern, deinem Partner oder den Menschen, mit denen du lebst, dass du zu einer festen Uhrzeit an einem bestimmten Platz eine gewisse Zeit nur für dich haben möchtest.

Checkliste für deinen Ort

Wie kannst du für Ruhe sorgen?
Wie kannst du ihn dir einrichten, damit du dich wohlfühlst?
Wo darfst du Grenzen setzen, um Zeit und Raum für dich zu haben?

Die beste Zeit

Ich werde oft gefragt, wann der beste Zeitpunkt zum Meditieren sei, und meine Antwort ist immer: am Morgen. Du kannst natürlich immer und überall meditieren. Wann immer du die Möglichkeit hast, einen bewussten Atemzug zu nehmen, ist das schon Meditation. Dennoch ist für die freie Sitzmeditation der Morgen am günstigsten, und dafür gibt es mehrere Gründe.

Zum einen ist unser Geist morgens noch frisch von der Erholung in der Nacht, die Informationsflut und die Hektik des Alltags haben unser Gehirn noch nicht erreicht. Die Stille des neu anbrechenden Tages können wir nutzen, um auf dem Meditationskissen die Stille in uns weiter zu vertiefen.

Zum anderen ist der Morgen der Zeitpunkt, an dem du am leichtesten eine stabile Routine aufbauen kannst. Du kennst es bestimmt aus deinem Leben, dass du dir etwas vornimmst, das du am nächsten Tag unbedingt durchziehen möchtest. Zum Beispiel Sport machen. Und kaum hast du dich's versehen, ist der Tag vorbei. Arbeit, Kinder, Partner, Hobbys, Freunde, Familie, Verpflichtungen – und dann liegst du völlig geschafft auf dem Sofa. Dein schlechtes Gewissen macht sich bemerkbar und erinnert dich an dein ursprüngliches Vorhaben, jetzt hast du aber keine Energie und Lust mehr, mit irgendetwas anzufangen. Morgen ist schließlich auch noch ein Tag ... Natürlich könntest du abends genau diesen Widerstand gegen das Meditieren auf dem Meditationskissen anschauen, aber gerade zu Beginn ist eine solide Morgenpraxis das A und O.

In den meisten Fällen hast du den größten Erfolg, neue Routinen in deinem Leben zu integrieren, wenn du diese relativ früh in den Tag einplanst. Wenn du bereits am Morgen praktiziert hast, ist es erledigt, und dein Gehirn kann einen kleinen Erfolg abspeichern.

Der dritte Grund, warum ich die Morgenmeditation empfehle, ist der wundervolle Effekt, den sie auf deinen Tag haben wird. Wenn wir am Morgen für eine gewisse Zeit nach innen blicken und damit innere Ruhe, Klarheit und Stabilität kultivieren, stellen wir die Weichen für den ganzen Tag in genau diese Richtung.

> Wie du in den Tag startest,
> so erlebst du ihn.

Ja, ich weiß, das erfordert Disziplin! Nicht jeder von uns kann seinen Arbeitsbeginn frei wählen, und es erfordert Willenskraft, früher als gewohnt aufzustehen. Als mein Sohn geboren wurde, hat sich die folgende Zeit als eine besondere Härteprobe für mich herausgestellt. Denn er kannte weder das Konzept Durchschlafen, noch hatte er das Feingefühl, seinem Papa während der Meditationssitzung Ruhe zu schenken. Ich musste mir – und das empfehle ich auch anderen jungen Eltern – im Rhythmus des kleinen Mannes meinen Freiraum suchen. Das erforderte viel Flexibilität, denn der Rhythmus eines Babys oder Kleinkindes wechselt gefühlt im Tagestakt. So hatte ich mir angewöhnt, immer um fünf Uhr morgens aufzustehen, um eine Stunde vor meinem Sohn wach zu sein und diese Stunde Zeit für meine Praxis zu haben. Das funktionierte dann einen Monat lang ziemlich gut, bis mein Sohn gemerkt hat, dass ich um fünf Uhr aufstehe, und beschloss, es mir gleichzutun. Daraufhin verlegte ich meine Morgenpraxis auf vier Uhr dreißig. Solche Phasen unseres Lebens erfordern eine besondere Disziplin und Hingabe, doch es sind auch die Phasen, in denen wir am meisten wachsen – nicht nur während der Meditationspraxis.

Erwiesenermaßen gibt es allerdings zwei verschiedene Typen von Menschen, wenn es um Schlaf geht: die »Lerchen«, denen es – wie mir – besser damit geht, früh aufzustehen, und die »Eulen«, die lieber lange wach bleiben. Sicher weißt du ganz intuitiv, welcher Typ du bist: Hast du tagsüber mehr Energie, wenn du früh aufstehst oder wenn du ausschläfst? Wenn du eher zu den Eulen gehörst, dann mach es dir zur Gewohnheit, jeden Abend zu einem festen Zeitpunkt zu meditieren. Nutze dazu gern deinen Smartphone-Wecker als Erinnerung. Achte darauf, dass die letzte Mahlzeit mindestens ein oder zwei Stunden vor dem Meditieren liegt, da es sich mit einem vollen Magen oft nicht so leicht meditieren lässt.

Such dir deine optimale Zeit. Einer meiner Klienten, der weder morgens die Muße noch am Abend die Ruhe hatte, meditierte jeden Tag nach der Arbeit in seinem Auto, bevor er den Feierabend mit seiner Familie begann. Auch das ist möglich. Und nach seiner Aussage ist es der beste Weg für ihn, um friedvoll und mit mehr Energie in den Feierabend zu starten.

Checkliste für deine Zeit

Wann kannst du dir Zeit für deine tägliche Meditationsroutine nehmen?

Blockiere dir diese Zeit, wenn es sein muss, in deinem Terminkalender. Es braucht zu Beginn Disziplin, die Praxis wird aber nach wenigen Monaten so selbstverständlich wie das Zähneputzen am Morgen.

Wie lange meditieren?

Darauf gibt es keine »richtige« Antwort. Ich würde sagen: zwischen einem Atemzug und vierundzwanzig Stunden am Tag. Die komplette Bandbreite ist möglich. Auch wenn ich dir empfehle, wann immer du kannst, einen oder mehrere bewusste Atemzüge zu tun, würde ich dir grundsätzlich immer eine längere Sitzmeditation pro Tag ans Herz legen. Das müssen nicht gleich Stunden sein. Beginne einfach, eine Woche lang mit täglich fünf Minuten. Stell dir einen Wecker – und dann: Steh nicht auf, bevor dieser läutet! Die darauffolgende Woche steigerst du dich auf zehn Minuten. Und wieder: nicht aufstehen, bevor der Wecker das Signal gibt! Das ist am Anfang enorm wichtig, denn dein Geist wird abdriften und dabei tausend Gründe finden, warum du aufstehen solltest. Frühstück machen, Arbeit erledigen, Müll rausbringen, mit dem Partner reden, ein To-do notieren, eine Idee festhalten … Alles willkommene Gründe des Geistes, die Meditationspraxis zu beenden. Wenn du deinem Geist diese Erlaubnis nur einmal gibst, hat er schon ein Schlupfloch gefunden und ahnt, dass er mit »guten Gründen« immer wieder Gehör finden wird. So wie ein kleines Kind, das merkt, dass es nur lange genug jammern oder weinen muss, bevor Mama oder Papa schwach wird. Darum ist es wichtig, während der kompletten Zeit, die du dir vorgenommen hast, auch sitzen zu bleiben.

Wie lange du sitzen solltest, hängt von der Zeit ab, die du dir selbst schenken möchtest, und von dem Ziel, das du erreichen willst. Auch wenn Meditation kein Ziel verfolgt, ist es wie mit jeder Übung: Je mehr wir üben, desto »besser« werden wir. Je mehr du praktizierst, umso stabiler, klarer und friedvoller wird dein Geist, und du wirst immer tiefere Erfahrungen machen. Um dir trotzdem einen Anhaltspunkt zu geben, empfehle ich, dich auf eine Zeit von dreißig Minuten zu steigern.

Buddha soll einmal gesagt haben: Ein entschlossener Schüler, der mindestens drei Stunden täglich meditiert, kann die Erleuchtung in sieben Jahren erreichen. An dieser Aussage hätte ich einiges zu kritisieren – beispielsweise, dass sich »die Erleuchtung« immer (manchmal auch ohne Praxis) einstellen kann und es keinesfalls garantiert ist, dass sie nach sieben Jahren eintritt, weil das von vielen weiteren Faktoren abhängt (Karma, Lehrer und so weiter). Dennoch ist es doch eine schöne Motivation, entschlossen und mit Hingabe zu praktizieren.

Meine persönliche Empfehlung ist nicht die des historischen Buddha. Beginne lieber langsam, statt dir gleich ein zu hohes Pensum aufzubürden. Zu Beginn ist es viel wichtiger, in den Rhythmus zu finden, als lange Meditationsmarathons hinter sich zu bringen. Wenn du mit der Zeit das Bedürfnis spürst, länger zu sitzen, tue es. Du wirst merken: Das kommt von ganz allein. Wenn du dir dagegen ein zu hohes Pensum setzt, besteht die große Gefahr, dass der Stress und die Hektik des Alltags deinen ambitionierten Plan zunichtemachen und du es ganz sein lässt.

Deine Körperhaltung

Grundsätzlich lässt sich in jeder Körperhaltung meditieren. Das erkennen wir am besten im Yoga, genau genommen in den Asanas (den Körperstellungen). Denn das Yoga selbst ist ein Pfad zur Selbsterkenntnis. Die körperliche Bewegung dabei stellt im Grunde nur einen kleinen Teil der Praxis dar und war in ihrer Essenz als Vorbereitung für die Meditation gedacht. Darum sollten Yogapraktizierende nicht nur auf die richtige Ausübung der einzelnen Asanas achten, sondern aus der Bewegung und jeder Position eine Meditation werden lassen. Yoga zeigt daher letztlich die Weisheit, dass Meditation immer und überall möglich ist: ob im Kopfstand, mit den Beinen hinter dem Kopf, in der Schlange an der Kasse oder auf dem Bürostuhl.

Ich möchte in diesem Kapitel verdeutlichen, dass die Haltung beim Meditieren zwar flexibel, aber zugleich wichtig ist. Deine Körperhaltung hat nämlich einen starken Einfluss auf deine innere Haltung – und umgekehrt. So kannst du bestimmt schon aus hundert Metern Entfernung an der Körperhaltung eines Menschen ablesen, ob er sich gerade prächtig oder miserabel fühlt. Und so ist auch in der Meditationspraxis eine würdevolle Haltung wichtig.

Bedeutet das jetzt, dass du stundenlang im vollen Lotossitz mit übereinander verschränkten Beinen ausharren musst? Natürlich nicht. Es ist sogar eher eine Ego-Nummer, sich in irgendwelche Verrenkungen zu zwingen, die dem Körper nicht guttun, weil ihm schlichtweg die Flexibilität fehlt. Trotzdem ist deine Haltung entscheidend. Zahlreiche Forschungsergebnisse aus dem Embodiment, bei dem es um die Wechselwirkung zwischen Körper und Psyche geht, zeigen, dass deine Körperhaltung dein Innenleben massiv beeinflusst, deinen Testosteronhaushalt, deinen Cortisolspiegel und vieles mehr.[11]

Die wichtigste Komponente bei der Meditationshaltung ist für mich die Würde. Nimm eine würdevolle Haltung ein. Das kann auf einem Meditationskissen ebenso sein wie auf einem Stuhl. Wenn es aufgrund von körperlichen Einschränkungen nötig ist, kannst du auch auf einer Matte oder Ähnlichem liegen (das allerdings macht leichter schläfrig).

Probier einmal aus, was Jack Kornfield in seinem Buch *Das weise Herz* anregt: Geh einen halben Tag lang wie eine Königin oder ein König umher. Erhobene Brust, aufrechte Haltung. Das

Kinn leicht angehoben. Tu so, als ob du dich absolut selbstbewusst und voller Würde fühlen würdest. Du wirst staunen, wie sich die Veränderung deiner Körperhaltung auf dein inneres Erleben auswirkt. Und genau das nutzen wir in der Meditation für uns.

Wie steht es eigentlich jetzt gerade um deine Haltung, während du in diesem Buch liest? Wahrscheinlich sitzt du, liegst oder fläzt gemütlich auf dem Sofa. Probiere einmal verschiedene Positionen aus. Setz dich mal gerade und würdevoll hin und lies weiter. Beobachte dabei, wie sich deine geistige Haltung anfühlt. Dann wechsle nach fünf Minuten in eine bequemere Position, mit gerundetem Rücken, vielleicht den Kopf irgendwo angelehnt oder in deine Hände gestützt, die Beine entspannt abgelegt. Versuche nach weiteren fünf Minuten, einmal im Stehen zu lesen, aufrecht, würdevoll. Und dann versuch mal, im klassischen Meditationssitz weiterzulesen. Nicht angelehnt, aufrecht.

Du wirst mit fortgeschrittenem Körperbewusstsein immer deutlicher merken, wie sich deine Innenwahrnehmung durch deine jeweilige Körperhaltung verändert. Eine Position macht dich wacher, die andere schläfriger; in einer kannst du dich besser konzentrieren, in der anderen mehr entspannen.

Generell gilt, je aufrechter deine Wirbelsäule ist, desto wacher bleibst du. Und ein wacher Geist ist wichtig für die Meditation! Du möchtest schließlich wahrnehmen, beobachten und dir über Dinge bewusst werden und nicht dösig in deinem Kopf herumdriften.

Deine Position finden

Dein oberstes Ziel sollte es sein, eine Haltung zu finden, in der du längere Zeit bewegungslos ausharren kannst. Das heißt, sie darf auf keinen Fall unbequem oder schmerzhaft sein.

Probier also die Möglichkeiten aus. Setz dich auf ein Kissen auf dem Boden. Leg einen Fuß auf den anderen Oberschenkel und lass den anderen auf dem Boden liegen oder leg auch ihn auf dem gegenüberliegenden Bein ab. Vielleicht möchtest du auch nur die Unterschenkel oder die Füße nah am Damm, dem unteren Teil deines Beckens, kreuzen. Experimentiere damit, was dir möglich ist und wie es sich anfühlt. Vielleicht ist für dich auch der Fersensitz auf einem kleinen Bänkchen das Richtige. Wenn du nicht auf dem Boden sitzen kannst, finde deine Position auf einem Stuhl. Wenn es dir irgendwie möglich ist, nimm eine aufrechte, am besten freisitzende Haltung ein. Spüre, wie würdevoll sich das anfühlt.

Der Atem

Dein Atem bildet zusammen mit deinem Herzschlag den Grundrhythmus deines Lebens. Ohne Atem kein Leben. Seinen Rhythmus kannst du nutzen, um aus dem chaotischen Denken und der Unruhe deines Körpers herauszufinden und geistige Stabilität zu gewinnen. Dein Atem hat zudem einen direkten Einfluss auf dein autonomes Nervensystem, und du kannst durch bewusstes, entspanntes Atmen deinen ganzen Organismus beruhigen.

Aufgewühlter Schlamm

Ein Zen-Mönch stellte seinem Schüler einmal eine praktische Aufgabe. Er sollte in einem knietiefen kleinen See im Zen-Garten dreißig Minuten lang auf und ab wandern. Der Schüler folgte den Anweisungen des Meisters, ging im See umher und wirbelte dabei den Schlamm des Seegrunds auf, bis es nicht mehr möglich war, auf ihn hinabzusehen. Nach einer halben Stunde kam der Meister zurück und rief: »Was kannst du jetzt tun, damit der See wieder klar und rein wird?«

Der Zen-Schüler blieb still stehen und lächelte.

Der Meister nickte und lächelte.

Dieses Gleichnis wird oft im Zusammenhang mit der Natur unseres Geistes und des Atems erzählt. Es symbolisiert, wie in unseren Köpfen durch ständige Betriebsamkeit und Bewegung alles aufgewirbelt wird, wie der Schlamm auf einem Seegrund. Und was können wir tun, um unseren Geist in seine natürliche Stille zurückzubringen? Ganz einfach: nichts! Und da dieses Nichtstun vor allem zu Beginn alles andere als leicht ist, dient uns der Atem als Anker. Wir tun nichts weiter, als zu atmen.

Meditation soll uns im Hier und Jetzt halten – und dein Atem ist immer jetzt. Du kannst weder für die Zukunft voratmen noch für die Vergangenheit nachatmen. Dein Atem ist immer fest mit dem jetzigen Moment verbunden. Und solange du ihn betrachtest, ist es dein Geist auch.

Solange du atmest, lebst du.
Solange du deinen Atem betrachtest,
meditierst du.

Mit fortschreitender Meditationspraxis wird es dir immer leichter gelingen, deinen Gemütszustand anhand deines Atems zu erkennen. So kennst du es vielleicht aus stressigen Zeiten, dass der Atem flach und schnell wird. Oder umgekehrt, dass du nach einem entspannenden Saunagang daliegst und er tief und langsam ist. Ich habe durch meine Meditationspraxis gelernt, anhand meines Atems zu erkennen, wann es für meinen Organismus stressig wird – schon bevor schwierige Emotionen überhaupt auftauchen. So kann ich direkt eingreifen und die sich anbahnende Aufgewühltheit mit meinem Atem regulieren. Indem du auf eine solche Weise Einfluss auf dein autonomes Nervensystem nimmst, kannst du nicht nur deinen Organismus beruhigen, sondern auch schwierige Emotionen regulieren, insbesondere in Momenten, die Angst in dir auslösen.

Mit fortschreitender Meditationspraxis können manchmal alte emotionale Wunden zum Vorschein kommen. Mit deinem Atem und der EFP-Methode hast du dann alles, was du brauchst, um gut damit umzugehen. Und keine Angst: Beim Meditieren kommt nur das hoch, womit du umgehen kannst. Du weißt ja: Emotionen sind sicher!

Es gibt noch so viele weitere Gründe, warum der Atem das perfekte Meditationsobjekt ist. Seine Formlosigkeit, seine Allgegenwärtigkeit, sein Empfindungsspektrum, seine Verfügbarkeit … Doch du erfährst es am besten selbst.

Wichtig ist dabei: Beobachte nur die tatsächlichen Sinneseindrücke des Atmens (leichter Luftzug an der Nase und im Hals, das Gefühl in der Lunge, das Weiten des Bauches …) und nicht deine Vorstellung, wie der Atem in deinem Körper gerade aussehen könnte. Für mich war diese Erkenntnis beispielsweise völlig faszinierend, da ich immer dachte, ich verfolge den Atem. Bis ich erkannte, dass es ein Bild in meiner Vorstellung war, das ich in den Körper projizierte. Diese Einsicht zeigte mir auch, wie wenig wir die Realität sehen und wie sehr wir unsere Vorstellungen auf die Welt und auf uns projizieren.

Eine zwanzigminütige Atemübung

Achte bei dieser Übung darauf, dass du eine bequeme Hose trägst, die dich besonders am Bauch nicht einengt. Alles, was du brauchst, ist ein Timer, den du immer wieder auf vier Minuten stellen kannst – und gute zwanzig Minuten Zeit in Ruhe für dich.

Setz dich dann aufrecht und würdevoll hin. Du kannst dir vorstellen, du wärst wie eine Marionette an einer Schnur befestigt, die gerade aus deinem Scheitel herauswächst. Jemand zieht diese Schnur liebevoll ein bisschen nach oben, um dich gerade aufzurichten. Rolle deine Schultern nach hinten zurück und lass sie dort entspannt los.

Stell dir dann vor, du würdest gerade auf einem Küstenfelsen über dem Atlantik sitzen. Du siehst hinunter auf das Meer, und Welle für Welle taucht am Horizont auf und nähert sich immer schneller dem Ufer, bis sie sich überschlägt und zwischen den Felsen verschwindet. Welle für Welle baut sich auf und ebbt wieder ab.

Genauso folgst du jetzt deinem Atem. Dein Atem fließt wie die Wellen regelmäßig auf und ab, er kommt und geht dein ganzes Leben lang und gibt dadurch einen Grundrhythmus in deinem Körper vor.

Genauso, wie du das Meer und das Auf und Ab der Wellen einfach nur beobachten würdest, darfst du jetzt, für diese Übung, auch deinen Atem einfach nur beobachten, ohne ihn zu kontrollieren oder zu beeinflussen. Als wäre er eine Naturgewalt, die du bestaunst.

Schritt 1: Stelle deinen Timer nun auf vier Minuten, schließ dann die Augen und beobachte deinen Atem – wie eben beschrieben –, als würdest du Wellen im Meer beobachten. *Achte in diesen ersten vier Minuten besonders auf deine Körperempfindungen beim Ausatmen.* Zusätzlich kannst du mit jedem Ausatmen in angespannte Körperteile hineinfühlen und diese noch ein Stück mehr loslassen. (Achtung: Nur spüren, was tatsächlich da ist! Nicht ins Denken kommen: »Hm, bei vielen Leuten sind ja die Schultern verspannt, und gestern hat mein unterer Rücken wehgetan, entspanne ich doch hier mal gezielt.« Entspanne nur, wenn du eine Verspannung gerade als direkte Körperempfindung wahrnimmst.)

Schritt 2: Stelle dir deinen Timer nochmals auf vier Minuten: In diesen Atemzügen ruhst du mit deiner Aufmerksamkeit besonders auf der stillen Pause nach jedem Ausatmen.

Schritt 3: Hast du die absolute Stille nach dem Ausatmen gründlich erforscht? Prima! Stelle dir deinen Timer nun im dritten Schritt nochmals auf vier Minuten und achte in dieser Zeit besonders auf den Einatem. Einatmen bedeutet in gewisser Weise auch immer ein »Öffnen«, und du darfst gern ausprobieren, an welchen Stellen du dich mit jedem Einatmen noch ein bisschen mehr öffnen kannst, wo du vielleicht noch innerlich verschlossen bist. (Achtung: Auch hier nicht ins Denken kommen, sondern nur die Sinnesempfindungen im Körper spüren.)

Schritt 4: In den nächsten vier Minuten darfst du nun jeweils auf die Stille nach dem Einatmen achten. In vielen Atemübungen wird hier kurz die Luft angehalten, um dieses Gefühl auszudehnen. Auch das kann sehr spannend sein, doch in dieser Übung geht es darum, den Atem so fließen zu lassen, wie er kommt und geht. Achte genau auf die Stille nach dem Einatmen.

Schritt 5: In den letzten vier Minuten dieser Übung machst du den gesamten Atemzyklus (Einatmen, Stille, Ausatmen, Stille) zu deinem Meditationsobjekt. Wie der stille Beobachter auf der Klippe, der das Meer und die Wellen betrachtet, betrachtest du für diese vier Minuten das Auf und Ab deines Atems.

Es klingt so leicht, einfach nur für gute zwanzig Minuten die Aufmerksamkeit auf den Atem zu richten. Sicher weißt du nach dieser Übung, dass es doch wesentlich leichter klingt, als es am Ende ist. Um es dir leichter zu machen, kannst du dir diese Übung auch als Audio-Anleitung von meiner Website herunterladen (siehe Anhang).

Hilfen gegen das Abdriften

Gerade zu Beginn – und ich kann es nicht oft genug erwähnen – ist es völlig normal, dass der Geist ständig abdriftet. Meist sind es die Pausen zwischen Ein- und Ausatmen, in denen sich unser bewusster Geist verabschiedet und in Tagträumereien oder Alltagsgedanken verfällt. Diese kleinen Pausen sind nämlich die Momente, in denen der Geist am wenigsten stimuliert wird: Ihm wird langweilig.

Beobachte mal bei dir selbst, in welchen Momenten dein Geist abdriftet. Dort kannst du dann beispielsweise eine Zählübung einbauen. Ausatmen – in der Stille »eins« zählen – einatmen – in der Stille »zwei« – ausatmen »eins« – einatmen »zwei«.

Eine weitere Möglichkeit, das ständige Abdriften zu vermeiden, besteht darin, den Atem mit einem Laut zu verbinden. Ausatmen »Om«, einatmen »mani«, ausatmen »padme«, einatmen »hum«. Dabei ist die Wortbedeutung irrelevant. Es ist sogar gut, wenn du nichts mit dem Wort verbindest und es für dich einfach nur Silben sind. Denn sobald dein Geist an etwas mit Bedeutung denkt, hat er schon wieder einen wundervollen Anknüpfungspunkt für weitere Gedanken und driftet ab. Theoretisch könntest du beim Einatmen »Coca« und beim Ausatmen »Cola« innerlich mitsprechen, die Gefahr ist hier nur, dass du in der Meditation Lust auf ein überzuckertes Getränk bekommen könntest, vom Ablenkungspotenzial ganz zu schweigen.

Ich möchte dir nicht zu viele Methoden vorstellen, weil dieses Wissen deine Meditationspraxis negativ beeinflussen kann. Denn wenn du tausend Techniken kennst, wird dein Geist jedes Mal, wenn ihm langweilig wird, denken: »Okay, das funktioniert nicht, dann probiere ich jetzt das … Und jetzt das … Und jetzt das … Und jetzt das … « Wir verlieren uns sehr leicht im Technik-Wirrwarr. Kehre besser einfach immer wieder liebevoll und ohne darüber zu urteilen zum Atem zurück. Immer und immer wieder.

Meditation ist Training

Gehst du ins Fitnessstudio? Wenn ja, würdest du dich dafür verurteilen, wenn du nicht sofort nach wenigen Trainingseinheiten deinen Traumkörper besitzt? Vermutlich nicht. So verhalten sich aber leider viele Menschen, wenn sie mit dem Meditieren beginnen. Sie nehmen sich vor, ihrem Atem zu folgen, und müssen nach spätestens zwei Atemzügen feststellen, wie schwierig dieses Unterfangen ist. Sofort taucht ihr Geist in Fantasievorstellungen ab, verliert sich in Alltagsproblemen, denkt über Belangloses oder Wichtiges nach. Der Geist tut alles, außer beim Atem zu sein. Statt Stabilität, Klarheit und Frieden gibt es Chaos, Verwirrtheit und Unruhe. Und soll ich dir was verraten? Das ist völlig okay.

Zu Beginn des Weges ist es völlig normal, dass der Geist ständig – und ich meine wirklich: ständig – abwandert. Die ersten Monate der Meditationspraxis sollten daher eher in Richtung Selbstliebepraxis gehen. Du darfst lernen, genau dann, wenn dein Geist abdriftet, liebevoll zu dir zu sein und ihn zurück zum Atem zu führen.

> Du meditierst, wenn du dir deines
> sprunghaften Geistes bewusst wirst.
> Du meditierst, wenn du ihn
> liebevoll zurückbringst.

Im Buddhismus gibt es dafür die Metapher des jungen Welpen. Stell dir vor, in deinem Kopf läuft ein kleiner Hundewelpe herum, und deine Aufgabe ist es, ihn bei dir zu halten. Der Welpe läuft dir aber tausendmal weg, und du musst ihn tausendmal wieder zurückholen. Bis er bei dir bleibt.

Wie kannst du das schaffen? Indem du ihn liebevoll zurückbringst. Ohne Wut, ohne Genervtheit. Wenn der Welpe wahrnimmt, dass das Zurückkommen Liebe für ihn bedeutet, wird er es gern tun. Wenn er spürt, dass es Schmerz bedeutet, wird er alles dafür tun, um dir fernzubleiben.

Das Gleiche gilt für deinen Geist. Wenn du dich jedes Mal selbst verurteilst, wenn er abdriftet, was wird dein Geist dann lernen? Na klar, er wird weiterhin unbewusst bleiben, denn sobald du dir darüber bewusst wirst, dass er schon wieder unwichtigen Gedanken nachjagt, bedeutet es Schmerz in Form von Selbstverurteilung. Darum sei liebevoll zu dir! Meditation ist zu Beginn eine Selbstliebeübung, die sich im Laufe der Zeit in Liebe zum Selbst verwandeln kann.

Ausrichtung

Ein wundervolles Hilfsmittel, das meines Erachtens viel zu wenig bekannt ist, ist die Fähigkeit, sich innerlich auf ein Vorhaben auszurichten. Ich habe diese, nennen wir es Technik, erst nach vielen Jahren Meditationspraxis für mich entdeckt und möchte sie seither nicht mehr missen. Ausrichtung bedeutet an sich nicht mehr, als dass du dich innerlich darauf einstimmst, für die Zeit der Meditation nur beim Atem zu bleiben. Sage dir dafür innerlich selbst genau diesen Satz vor: »Ich möchte für die nächsten x Minuten mit meiner Aufmerksamkeit beim Atem bleiben.« Sag es aber nicht nur vor dich hin. Deine Intention ist wichtig, unterstreiche dein Vorhaben mit einem positiven Gefühl des Wollens. Wie ein Kind, das unbedingt Eis oder Schokolade möchte. Oder ein Profisportler, der nach dem Finale endlich die lange ersehnte Goldmedaille in seinen Händen halten will. Dieses innerliche Einstimmen hilft deinem Gehirn anzunehmen, was gerade wichtig ist.

Um das genauer zu verstehen, kannst du dir dein Gehirn vereinfacht als eine Einheit aus Dutzenden Geistessystemen vorstellen. Sie alle sitzen um einen großen Konferenztisch und du auf dem Thron am Kopfende. Jedes dieser Geistessysteme möchte etwas und ringt um deine Aufmerksamkeit – jedes will also in deinem Bewusstsein erscheinen, weil es glaubt, wichtig zu sein. Eines möchte, dass du dir die Nase kratzt, das andere möchte auf die Toilette. Das dritte will darüber nachdenken, was du zum Abendessen isst, und das vierte will eigentlich nur tagträumen. Dutzende Geistessysteme mit unzähligen Bedürfnissen. Und jedes möchte in dein Bewusstsein, um sein individuelles Bedürfnis befriedigt zu bekommen.

Indem du dich vor der Meditation bewusst ausrichtest, ist das so, als ob du dich von deinem Thron erhebst und mit deutlicher und liebevoller Stimme sagst: »Jetzt wird bewusst geatmet!« Damit verstehen deine Geistessysteme, was jetzt Priorität hat, und dir wird es tatsächlich gelingen, länger bei deinem Atem zu bleiben. Es bedeutet nicht, dass das eine oder andere Geistessystem nicht trotzdem versuchen wird, in deinem Bewusstsein zu erscheinen, allerdings passiert es deutlich seltener.

Diese Form der Ausrichtung nutzt du bereits täglich, wenn auch meist unbewusst. Wenn du in den Supermarkt gehst, richtest du dich auf bestimmte Lebensmittel aus. Deine Geistessysteme sorgen dafür, dass diese unter all den tausend anderen Produkten auf deinem Radar erscheinen. Oder beim Verfolgen deiner Ziele: Wenn dir etwas wirklich wichtig ist und du es unbedingt möchtest, werden deine Geistessysteme alle Informationen, die dich deinem Ziel näherbringen, in dein Bewusstsein führen. Wenn du dir beispielsweise ein neues Auto kaufen möchtest, sagen wir einen schwarzen Golf, wirst du auf einmal auf den Straßen viel häufiger schwarze Golfs sehen als sonst. Das liegt daran, dass dein Geist diese Information als relevanter einstuft als sonst und sie öfter in dein Bewusstsein bringt.

Aufmerksamkeit und Gewahrsein

Um das Erleben innerhalb deines Bewusstseinsraums noch besser zu verstehen, möchte ich dir zwei weitere Begrifflichkeiten erklären, die dir vor allem in der Meditationspraxis helfen werden: Aufmerksamkeit und Gewahrsein.

Die Aufmerksamkeit in der Meditation richtet sich auf das Meditationsobjekt, in unserem Fall den Atem. Du beobachtest ihn an einer bestimmten Stelle, beispielsweise an der Nasenspitze oder im Rachen, oder nimmst wahr, wie sich dein Brustkorb oder dein Bauch hebt und senkt.

Gewahrsein hingegen ist das Wahrnehmen von allem anderen, was gerade nicht im Fokus liegt. Ein bisschen wie beim Sehen: Du fokussierst mit den Augen einen Punkt und siehst gleichzeitig viele weitere Informationen verschwommen im Umfeld. So liegt deine Aufmerksamkeit jetzt beim Lesen dieser Worte. Gleichzeitig bist du jedoch nicht taub gegenüber allen anderen Sinneseindrücken, merkst also zum Beispiel, dass deine Füße ein bisschen kalt werden, oder spürst den Stuhl, auf dem du sitzt, nimmst immer noch Gerüche und Geräusche wahr. Du kannst deine Aufmerksamkeit beim Lesen lassen und gleichzeitig mit dem Gewahrsein hören, riechen und fühlen. Alles zur gleichen Zeit. Mit andauernder meditativer Praxis wirst du merken, dass nicht nur deine Fähigkeit wächst, deine Aufmerksamkeit über längere Zeit auf einem Meditationsobjekt zu halten, sondern dass sich auch dein Gewahrsein weitet. Du kannst immer mehr Sinneseindrücke gleichzeitig immer deutlicher wahrnehmen. In anderen Worten: Dein Bewusstsein weitet sich.

Erinnerst du dich daran, als es weiter vorn im Buch um die Klarheit ging, eine der drei wichtigen Fähigkeiten, die du in der Meditation übst? Diese Klarheit ist die Fähigkeit, genau erkennen zu können, was gerade in dir vorgeht – bezüglich reiner Sinneswahrnehmungen, aber auch Emotionen und Bedürfnisse. Sie hat viele Vorteile: Mit einer ausgeprägten inneren Klarheit kennst du dich selbst besser und kannst auch mit deinen Mitmenschen besser über deine Emotionen und Bedürfnisse kommunizieren. Außerdem kannst du die anderen besser verstehen.

Ein ausgeprägtes Gewahrsein stärkt genau diese Klarheit: Es ist, als würde in deinem Sichtfeld der verschwommene Teil nach und nach klarer werden. So kann das Gewahrsein dann die Aufmerksamkeit so lenken, wie es dir am besten dient. Wenn du auf einer kurvigen Straße im Wald fährst, ist deine Aufmerksamkeit sicherlich auf den Straßenverlauf gerichtet. Dein Gewahrsein nimmt währenddessen alles wahr, was außerhalb des Straßenverlaufs ist, und bemerkt so das kleine Reh, das gleich auf die Straße hüpfen wird. Das Gewahrsein lenkt ganz schnell deine Aufmerksamkeit auf das Reh, sodass du einen Unfall verhindern kannst.

Ist dein Gewahrsein nicht trainiert, hüpft die Aufmerksamkeit einfach mal hierhin und mal dorthin. Mit einem starken Gewahrsein hingegen kannst du die Aufmerksamkeit auf den Konzentrationspunkt richten, der gerade am interessantesten für dich ist.

Deine Sechzig-Tage-Challenge: Nimmst du an?

Damit all die Informationen, die du auf den letzten Seiten gelesen hast, nicht nur schwarze Farbe auf weißem Papier bleiben, lade ich dich nochmals ein: Tu es, fang an zu meditieren. Mein tiefster Wunsch und meine Mission ist es, Menschen dabei zu unterstützen, sich selbst Schritt für Schritt ein erfüllteres Leben zu erschaffen; dass sie mehr Freude, Liebe und Erfüllung erfahren und wir letztendlich kollektiv dafür sorgen, uns, unser Umfeld und damit unseren Planeten zu einem freudvolleren Ort zu machen. Dazu ist mehr Bewusstsein nötig, und um dieses zu formen und zu erweitern, ist Meditation der Schlüssel.

Schenk dir selbst diese unheimlich große Chance: Praktiziere, lerne und erfahre dich selbst! Es ist das Wichtigste und Bedeutsamste, das du tun kannst. Für dich, für dein Umfeld, für alle.

Möchtest du dich dieser Herausforderung stellen? Dann fordere ich dich gern dazu heraus, die Meditation fest in deinem Alltag zu verankern, damit sie zu einer Routine wird wie das Zähneputzen am Morgen oder etwas anderes, das in deinem Alltag nicht wegzudenken ist. Ich fordere dich dazu heraus, dir sechzig Tage lang jeden Tag eine gewisse Zeit für deine Meditation freizuschaufeln. Auch wenige Minuten reichen aus! Meine Empfehlung ist die Zeit immer gleich am Morgen, aber prüfe für dich selbst, was dein perfektes Meditationsfenster ist.

Um sicherzustellen, dass du nicht in die Selbstsabotagefalle tappst, die Praxis oft nicht ausführst und dir vielfältige Ausreden zurechtlegst, gebe ich dir dafür noch zwei Strategien, die dich gerade am Anfang richtig gut unterstützen können. Die erste ist, dir schriftlich selbst zu versprechen, dass du diese sechzig Tage durchziehst. Das Schriftliche hat meist mehr Kraft als dein innerer Dialog. Außerdem kannst du dir, wenn du das möchtest, einen Meditationspartner suchen. Die meisten von uns lassen sich durch eine gemeinsame Aktivität besser motivieren. Wenn das bei dir der Fall ist, such dir gern jemanden aus deinem Umfeld oder nutze unsere Achtsamkeits-Academy (www.achtsamkeitsacademy.de), wo du auf viele gleichgesinnte Menschen treffen wirst.

Deine Sechzig-Tage-Challenge

Gib dir selbst schriftlich das Versprechen, dass du für die nächsten sechzig Tage jeden Tag x Minuten meditieren wirst, und suche dir, wenn du das möchtest, einen Meditationspartner. Nutze gern diese Checkliste:

- An welchen Ort werde ich mich zurückziehen?
- Zu welchem festen Zeitpunkt werde ich jeden Tag meditieren?
- Wie viel Zeit werde ich mir selbst pro Tag schenken?
- Habe ich mir eine geführte Meditation als Hilfestellung heruntergeladen, oder meditiere ich »frei«?
- Wer ist eventuell mein Partner bei dieser Challenge, und wie tauschen wir uns aus?

Bonus: Gehmeditation

Im Mittelpunkt dieses Kapitels steht die formale Sitzmeditation. Das ist die Methode, mit der du die grundlegenden Fähigkeiten eines stabilen, klaren und friedvollen Geistes am effektivsten schulen kannst. Dabei ist mir natürlich vollkommen klar, dass sich viele Menschen, die in sehr anspruchsvollen und hochemotionalen Lebenssituationen stecken, mit dieser Form der Meditation extrem schwertun werden. Statt Stabilität werden sie erleben, wie ihr kleines Äffchen im Kopf zum King

Kong auf Ecstasy mutiert, sobald sie sich zur Meditation hinsetzen.

Diesen Menschen empfehle ich die Gehmeditation, am besten in der Natur. Das Gehen hilft, Energien und Emotionen in Bewegung zu bringen, um sie im Körper schneller abzubauen. Gleichzeitig unterstützt die Natur, mit deren Geräuschen und Düften wir so vertraut sind, auf wundervolle Weise unseren inneren Frieden.

Wie bei der Sitzmeditation kannst du dich bei der Gehmeditation auf deinen Atem konzentrieren und mit leicht gesenktem Blick nach vorn schauen. Wichtig ist dabei, nicht ins »Umherblicken« zu verfallen. Es geht nicht darum spazieren zu gehen, sondern meditativ zu gehen. Darum sollten deine Augen nur leicht geöffnet sein und circa vier Meter vor dir auf den Boden fokussiert. Es hilft dir zusätzlich, wenn du deinen Atem mit deinen Schritten synchronisierst. Das kann zum Beispiel heißen: vier Schritte einatmen, vier Schritte ausatmen. Finde deinen eigenen Rhythmus und folge ihm.

Ich empfehle allen, auch wenn sie keine großen Schwierigkeiten mit der formalen Sitzmeditation haben, regelmäßig auch die Gehmeditation zu praktizieren. Sie lässt sich überall im Alltag einbauen. Denn oft gehen wir zumindest kleine Strecken sowieso zu Fuß, um von A nach B zu kommen. Statt dies gehetzt und nur als Mittel zum Zweck zu tun, können wir diese Gänge nutzen, um die innere Ruhe zu vertiefen und Stabilität, Klarheit und Frieden in unserem Geist zu trainieren. Jeder Schritt kann dich ins Hier und Jetzt bringen.

Eine schöne Erinnerung dafür schenkte mir erst vor Kurzem mein kleiner Sohn, als er breit strahlend seine ersten Gehversuche an der Hand meiner Frau unternahm. Jeder Schritt war für ihn Freude pur. Ja, wir dürfen wieder lernen zu gehen, als ob jeder Schritt der erste wäre. Wir dürfen erleben, dass wir mit jedem Schritt bereits da angekommen sind, wo wir hinwollten: im Jetzt.

Herausforderungen in der Meditation

Hinsetzen, auf den Atem achten, einfach sein. Das klingt simpel – ist aber für die meisten Menschen die schwierigste Sache der Welt. Sobald sie sich auf das Meditationskissen setzen, nehmen sie wahrscheinlich zum ersten Mal das Chaos in ihrem Kopf wahr. Tausende Gedankenangebote, die scheinbar wahllos ins Bewusstsein strömen. »Warum sitze ich eigentlich hier?«, »Sollte ich nicht den Abwasch machen?«, »Ich muss mich unbedingt um die Steuererklärung kümmern«, »Bringt das Rumsitzen überhaupt was?«, gefolgt von Schmerzen im Knie oder dem Rücken, was wiederum neue Gedanken erzeugt: »Na, ob das das Richtige ist ... Mir tut schon alles weh«, »Ach, stimmt, Peter hat ja gesagt, das gehört dazu«, »Gut, ich konzentriere mich jetzt wie im Buch beschrieben auf den Atem, ich will dabeibleiben« ... »Dieser blöde Peter, o Mann, warum hab ich nur angefangen, dieses Buch zu lesen!«. So oder so ähnlich geht es den meisten, wenn sie zu meditieren beginnen.

Langeweile

Nach dem Chaos kommt oft Langeweile auf. Gewaltige Langeweile. Ich kann mich noch gut an meine ersten Retreats erinnern. Gegenüber dem Zen-Zentrum in Regensburg steht ein Einfamilienhaus, und während der nicht enden wollenden mehrstündigen Sitzungen wechselte meine Aufmerksamkeit zwischen Tagträumereien und dem Zählen der roten Dachziegel auf diesem Haus gegenüber. Verzweifelt suchte mein Geist etwas, womit er sich von der Langeweile und später dem Schmerz ablenken konnte.

Glaub mir, ich fühle mit dir, wenn es dir auch so geht! Ich habe stundenlang in Retreats gesessen und diese Dachziegel gezählt. Falls es dich interessiert, es sind 765 auf einer Seite. Dann erinnerte ich mich, warum ich mit dem Meditieren begonnen habe, und lenkte meine Aufmerksamkeit zurück zum Atmen. Wieder und wieder.

Noch mal: Langeweile ist ganz normal und völlig in Ordnung. Bevor wir die Faszination unserer eigenen Tiefe entdecken, geht es uns allen so. Unser Geist ist es gewohnt, fortlaufend stimuliert zu werden. Am Morgen nach dem Aufwachen ist für viele der Griff zum Smartphone das erste Ritual des Tages. Und mit den ersten Nachrichten und Pop-up-Meldungen beginnt auch schon die Informationsflut in unseren Geist zu strömen. Während des gesamten Tages hört dieser Strom an Informationen und Stimulation nicht auf. Wenn er endet, entsteht automatisch Langeweile, weil es unser Geist schlicht nicht gewohnt ist, nichts zu tun. Er hat sich an die Dauerbefeuerung gewöhnt wie der Raucher an seine Zigarette und der Junkie an seine Drogen. Bleibt die Stimulation aus, macht sich Unruhe im Körper breit. Was beim Junkie die Entzugserscheinungen sind, ist bei den meisten anderen die Langeweile.

Wir kennen es nicht mehr, so etwas einfach auszuhalten. Sobald sich beispielsweise ein kleiner Anflug von Hunger zeigt, springen wir auf und gehen zum Kühlschrank. Wenn wir Langeweile empfinden, ist sofort das Smartphone parat. Kaum ein Bedürfnis, das nicht sofort befriedigt wird oder von dem wir uns nicht durch kompensierenden Konsum ablenken können. Sobald sich eine Empfindung zeigt, reagieren wir wie auf Autopilot darauf. In der Meditation nun lernen wir, genau das nicht zu tun. Wir schaffen Pausen zwischen Empfindung und Handeln (oder Nicht-Handeln). Diese Pausen geben Raum für kluge Entscheidungen, und in der Meditation entscheiden wir uns in diesem Raum, einfach nichts zu tun und weiter den Atem zu beobachten.

Wenn du merkst, dass Langeweile in der Meditation aufsteigt, dann erforsche sie. Langeweile bringt gewisse körperliche Empfindungen mit sich, die du genauer betrachten kannst. Vielleicht ist Langeweile für dich eine gewisse Leere. Vielleicht ist es Unruhe, dann schau dir diese vibrierende Energie in deinem Körper genauer an. Wenn du deine Langeweile aufrichtig erforschst, wirst du schnell nicht mehr gelangweilt, sondern fasziniert sein, was es dabei zu entdecken gibt.

> Was passiert, wenn du dich in
> diese Leerheit oder auch in
> die Unruhe hinein entspannst?

Besonders die Langeweile birgt einige Geschenke in sich. Denn sie kann die Basis für Kreativität, inneren Frieden und Freude sein. Wenn du alles dafür tust, um Langeweile aus deinem Leben zu streichen, streichst du auch die Kreativität und die Freuden des Seins. Also fang an, sie zu erforschen, und lass dich auf das Abenteuer der Langeweile einmal richtig ein.

Ungeduld

Ungeduld ist der größte Feind der Meditation. Besonders fortgeschrittene Meditierende fangen irgendwann einmal an, ungeduldig zu werden – sie wollen schneller Fortschritte machen, um irgendwo hinzukommen. Dabei wechseln sie häufig wahllos die Meditationsobjekte und Meditationstechniken, weil ihnen die Monotonie des Atems früher oder später als zu langweilig, zu unspektakulär erscheint. Und da sie ja bereits Monate auf den Atem meditiert haben und sich immer noch keine Erleuchtung eingestellt hat, suchen viele eben woanders. Diese natürliche Tendenz, etwas anderes auszuprobieren, hilft uns im Alltag oft dabei, passende Lösungen zu finden. Doch leider nicht beim Meditieren.

Ich kann mich noch sehr gut an ein Meditationsretreat erinnern. Es war mein fünftes oder sechstes längeres Retreat. Meine Praxis wurde stabiler, und ich schrieb mich für vierzehn Tage Meditation im Zen-Kloster ein, fest entschlossen, dass jetzt endlich mal etwas »passieren« müsse. Diszipliniert setzte ich mich zusätzlich zu den acht bis zehn offiziellen Meditationsstunden noch weitere Stunden hin, um möglichst tiefe Meditationserfahrungen zu machen. Verkrampft versuchte ich, irgendetwas herbeizuführen, wofür ich offenbar noch nicht bereit war. Doch ich war stur und wollte es erzwingen. Am vierten Tag des Retreats begannen mir dann oberhalb des rechten Ohrs kreisrund die Haare auszufallen, und zwar ziemlich schnell. Am Tag fünf hatte ich bereits eine kahle Stelle von zwei Zentimeter Durchmesser. Ich kannte dieses Phänomen bereits aus meiner Studienzeit, in der ich einmal eine extrem stressige Prüfungsphase hatte und mir das Gleiche passierte.

Kreisrunder Haarausfall. Das ist ein Immunangriff des Körpers auf die eigenen Haarwurzeln. Mein Körper griff sich selbst an. Als ich das bemerkte, erkannte ich erst, wie sehr ich mich unter Druck gesetzt hatte und wie sehr ich versucht hatte, etwas mit Gewalt herbeizuführen. Ich beschloss zu akzeptieren: »Es ist jetzt so, wie es ist, und wenn nichts passiert, passiert eben nichts.« Ab diesem Moment hörten meine Haare auch auf auszufallen. Es dauerte einige Monate, bis die kahle Stelle auf meinem Kopf wieder zugewachsen war, und sie diente dadurch irgendwie als wertvolle Warnung, nichts mehr auf Teufel komm raus zu erzwingen. Diese wichtige Lektion meiner Meditationspraxis möchte ich mit dir teilen, damit du nicht in die gleiche Falle tappst. Meditation ist ein wundervoller Lehrmeister, um dich in Geduld zu üben. Denn die Wahrheit ist: Wenn du etwas erreichen möchtest, bist du mit deinem Geist auf eine gewisse Weise in einer Zukunft, die nicht existiert. Du bist nicht im gegenwärtigen Moment verankert.

Mit deinem Atem ist es das Gleiche. Vertraue deinem Meditationsobjekt! Manipuliere dich nicht selbst, indem du ständig versuchst, etwas anderes auszuprobieren. Mein Meditationslehrer erklärt es gern mit der sehr plastischen Metapher des Seemanns, der auf hoher See in den Sturm seines Lebens geriet. Viele seiner Kameraden wurden bereits von den hohen Wellen von Deck gerissen, die Segel des Bootes waren schon zerrissen. Es schien, als ob nur noch Gott selbst ihn und sein Boot retten könne. In seiner Verzweiflung band er sich selbst an den Mast, um nicht von den Wellen mitgerissen zu werden. Dein Mast ist dein Atem! Halte daran fest! Anfangs wird er dir dabei helfen, Stabilität und Klarheit zu kultivieren. Mit fortschreitender Praxis hilft er dir, emotionale Stürme zu meistern. In tiefer Meditationserfahrung wird er dein innigster Verbündeter.

Müdigkeit

Wenn wir der Langeweile und der Ungeduld nicht folgen und achtsam beim Atem bleiben, kann sich besonders anfangs irgendwann auch Müdigkeit einstellen. Das hat den einfachen

Grund, dass ein großer Teil der Aufgaben deines Gehirns darin besteht, Impulse zu sortieren und zu verarbeiten. Bleiben diese Stimuli aus, fährt das Gehirn sozusagen herunter, da es in diesem Moment keine Aufgabe mehr hat. Gleichzeitig sorgt der ruhige Atem für die Beruhigung des autonomen Nervensystems, und dein Körper entspannt. Das Resultat aus einem entspannten Körper und einem arbeitslosen Geist: Müdigkeit.

Ich möchte hier ein paar Tipps mit dir teilen, die mir geholfen haben, mit der Müdigkeit besser umzugehen. Der erste und wichtigste Punkt ist ein gesunder Schlaf. In unserer Leistungsgesellschaft ist ein erholsamer Nachtschlaf schon fast zur Seltenheit geworden. Kannst du dich daran erinnern, wann du das letzte Mal so richtig ausgeschlafen warst?

Sehr viele leiden heute unter Schlafstörungen, was zum größten Teil auf den Dauerstress zurückzuführen ist, den unser Lebensstil verursacht. Solltest auch du davon betroffen sein, wird dir das Meditieren Stück für Stück dabei helfen, besser zu schlafen. Vor allem eine Abendmeditation kann Wunder wirken. Dennoch ist es anfangs mehr als normal, dass du beim Meditieren müde wirst, bis du einen gesunden Schlafrhythmus etabliert hast.

Ein weiterer wichtiger Einflussfaktor auf unsere Müdigkeit ist die Ernährung. Sowohl allgemeiner Flüssigkeitsmangel als auch zu viel und zu schweres Essen vor der Meditationspraxis machen deinen Körper müde. Das Gleiche gilt für kurzkettige Kohlenhydrate und Süßigkeiten, die deinen Blutzuckerspiegel schnell hochtreiben und ebenso rasch wieder abfallen lassen. Trinke daher immer ausreichend Wasser und ernähre dich ausgewogen; das bereichert nicht nur deine Meditationspraxis, sondern dein komplettes Leben.

Um für optimale Meditationsbedingungen zu sorgen, kannst du auch auf die Raumtemperatur achten. Wenn es kuschlig warm ist, werden wir leichter schläfrig. Ein leicht unterkühltes Zimmer lässt uns wacher und präsenter sein. Mein Meditationslehrer erzählte uns immer Geschichten aus Südkorea und Japan, wo es bei längeren Meditationsretreats durch die weit geöffneten Fenster direkt in sein Gesicht geschneit hat, während er stundenlang eisern der inneren Reise folgte. Solch ein Bootcamp musst du aus deiner Meditationspraxis natürlich nicht machen, dennoch hilft dir ein kühl temperierter Raum, wacher zu bleiben.

Eine meiner Lieblingshilfen, und das gebe ich ehrlich zu, ist Kaffee. Ich liebe es, vor meiner Meditationspraxis achtsam mit geschlossenen Augen in Ruhe meinen Kaffee zu genießen. Das ist für mich nicht nur purer Genuss und bereits eine Form der Meditation, der Kaffee hilft mir, in der Meditationspraxis wacher zu sein. Das Gleiche gilt natürlich für grünen oder schwarzen Tee und alle anderen koffeinhaltigen Getränke. Vorsichtig wäre ich bei zuckerhaltigen Getränken, aufgrund der Auswirkung auf den Blutzuckerspiegel. Koffein sollte auch keine Kompensation für eine ungesunde Ernährung oder zu wenig Nachtschlaf sein.

> Wenn du eine gute Tasse Kaffee
> oder Tee genauso genießt wie ich,
> ist bestimmt nichts falsch daran. ;-)

Während der Meditationspraxis: Das A und O ist und bleibt die Körperhaltung. Eine aufrechte, würdevolle Haltung hilft dir, wach zu bleiben. Ein gerader Hals und ein leicht gesenktes Kinn lassen dein Blut problemlos zirkulieren und halten dich wach.

Ein Frühwarnindikator für eine herannahende Müdigkeit ist ein immer weiter zusammensackender Oberkörper und ein sich senkender Kopf. Im Zen-Buddhismus hat man noch einen weiteren geschickten Indikator für Schläfrigkeit: und zwar die Hände, die man zu einer Mudra formt. Eine Mudra ist eine bestimmte Handhaltung, die dich in deiner Meditationspraxis unterstützt. In unserem Fall liegt die rechte Hand mit der Handfläche nach oben im Schoß, und die linke Hand wird in die rechte Handfläche hineingelegt. Die Unterarme liegen dabei auf der Leiste. Dabei heben sich die beiden Daumen nach oben zu einem Oval, wobei sich die Daumenspitzen leicht berühren. Sie sind dann dein Indikator für Müdigkeit. Fallen die Daumen während der Meditation langsam nach unten, zeugt dies von einem schläfrigen Bewusstsein. Zeigen die Daumenspitzen angespannt nach oben, ist das wiederum ein Indikator für übermäßiges Denken.

Wenn du merkst, dass du schläfrig wirst, kannst du auch durch ein paar tiefe Atemzüge mehr Sauerstoff in deinen Körper bringen. Nimm diese Atemzüge aber sehr bewusst und achtsam.

Augen weit öffnen!

Wenn alles nicht hilft, gibt es noch einen kleinen Tick, und zwar die Augen so weit aufzureißen, wie du nur kannst. Weit geöffnete Augen sind für deinen Körper ein Indikator für Wachheit. Du signalisierst ihm dadurch, dass gerade keine Schlafenszeit ist. Versuche aber auch das so achtsam und bewusst zu machen wie möglich. Denn das bewusste Wahrnehmen jeglicher Bewegungen hilft dir, in deinem meditativen Zustand zu bleiben.

Bevor du darauf zurückgreifst, die Augen weit aufzureißen, probiere es mit einem Mantra. Es kann eine leichte Stimulation auf dein Gehirn ausüben. Atme einfach, wie am Anfang dieses Kapitels beschrieben, ein Mantra, das dir gefällt. Du kannst auch probieren, das Mantra vom Atem losgelöst zu rezitieren. Achte dabei aber darauf, dass du das Gewahrsein des Atems nicht verlierst. Probiere aus, was dir am besten hilft.

Wenn all diese Tipps nicht so richtig helfen sollten, keine Sorge! Bau einfach Gehmeditationen in deine Praxis mit ein. Das ist natürlich je nach Raumgröße leichter oder schwerer. Doch auch wenn du keinen Platz zum Gehen hast, kann allein ein Aufstehen und Meditieren im Stehen wahre Wunder bewirken.

Müdigkeit ist übrigens nicht nur ein Phänomen unter Meditationsanfängern; selbst die erfahrensten Zen-Meister müssen sich gelegentlich noch damit auseinandersetzen. Wenn du schon fortgeschritten in deiner Meditationspraxis bist, kannst du mehrere Dinge tun. Zum einen kannst du regelmäßig einen »Check in« machen und überprüfen, ob sich Dumpfheit in deine Meditation einschleicht. Denn Müdigkeit ist nichts, was dich wie ein Blitz trifft. Sie schleicht sich langsam durch die Hintertür in dein Haus. Unerfahrene Meditierende bemerken diese Dumpfheit meist erst, wenn sie das ganze Haus eingenommen hat oder sogar schon der Oberkörper ruckartig zusammensackt.

Fortgeschrittene Meditierende halten nach dieser Dumpfheit regelmäßig Ausschau. Dumpfheit erkennst du vor allem daran, dass deine Aufmerksamkeit häufiger abdriftet oder nicht mehr so klar und detailliert wahrzunehmen ist wie in einem wacheren Zustand. Ebenso kannst du Dumpfheit auch in deinem Gewahrsein erkennen: Es ist dann nicht mehr so deutlich. Allein das regelmäßige Ausschauhalten nach Dumpfheit hält deinen Körper wacher, und du kannst bei den ersten feinen Signalen bereits gegensteuern, indem du dich neu ausrichtest.

Du kannst diese feinen Signale, die bei mir beispielsweise meistens im Bauch oder im Kopf auftauchen, erforschen. Und dieses Erforschen der Müdigkeit selbst ist wiederum eine wundervolle Aktivität des Geistes – er hat wieder etwas zu tun, und das macht ihn wach.

Wenn alles nicht hilft, geh schlafen! Eine meiner Lieblingsdefinitionen von Zen (auch wenn man Zen nicht definieren kann!) ist: »Wenn du hungrig bist, iss, wenn du schläfrig bist, schlafe.« Wenn also alles nicht hilft, geh schlafen.

Schmerzen

Mein erstes Meditationsretreat, der Winter war gerade über die wunderschöne Altstadt von Regensburg hereingebrochen. Es kam noch mal ein Gefühl von Weinachten auf, obwohl es schon Anfang Januar war. Die ersten Schneeflocken fielen vorm Fenster herab, und ich saß motiviert und mit großen Erwartungen in der ersten Abendpraxis. Erst dreißig Minuten Chanting alter koreanischer Zen-Gebetsgesänge und danach die erste Stunde Stillsitzen und auf den Atem achten. Auch wenn das überhaupt nicht funktionierte, war ich stolz auf mich, dass ich eine Stunde ohne große Regung meditieren konnte. Danach ging es gleich ins Bett, doch die Nacht war unruhig, da ich es nicht mehr gewohnt war, mit vielen anderen Menschen in einem Raum zu schlafen, und die harten Matratzen mehr als unangenehm waren.

Vier Uhr dreißig: Die Morgenglocken wurden geschlagen, und es ging zur nächsten Meditation. Auch diese lief ziemlich entspannt, obwohl ich alle zwei Minuten fast eingeschlafen wäre, hätte mich mein zusammensinkender Körper nicht immer wieder aufgeweckt. Nach der Morgen- und Vormittagspraxis merkte ich aber langsam, wie mir der Rücken wehtat, dass meine Knie durch den Schneidersitz schmerzten und mein Geist mit den ersten fragenden Gedankenangeboten, was ich hier eigentlich machte, anklopfte. Bevor noch der erste Tag des einwöchigen Retreats zu Ende war, wurde mir so richtig (schmerzhaft) bewusst, auf was ich mich da eingelassen hatte. Schon nach einer Minute im Meditationssitz meldete sich fortan die Muskulatur zwischen den Schulterblättern, und die schmerzenden Knie waren kaum mehr auszuhalten. Durch ein Wechseln der Körperposition fühlte ich jedes Mal für wenige Sekunden eine kurze Erleichterung, der jedoch schnell noch stärkere Schmerzen folgten. Natürlich versuchte ich, mich möglichst wenig zu bewegen, weil die anderen Teilnehmer mucksmäuschenstill, ohne jede Regung stundenlang dasaßen, was es nicht besser machte. Die folgenden Tage waren die Hölle. Jeder Tag schmerzvoller als der vorherige. Minute für Minute kämpfte ich mich durchs Retreat. Mein Geist schrie kontinuierlich: »Steh auf! Steh endlich auf!« Ich wurde wütend. Projizierte die Wut auf den Zen-Meister, der die Sitzung einfach nicht beendete, und ich war wütend auf mich selbst. Der Wut folgte Verzweiflung, und ich wusste damals leider noch nicht, wie ich damit umgehen sollte.

Am vorletzten Tag passierte dann etwas Besonderes. Während der Abendmeditation wurden die Schmerzen schier unerträglich. Meine Beine begannen zu zittern, ich fing an zu schwitzen. Mir wurde heiß und kalt gleichzeitig. Ich hatte sogar Angst, ohnmächtig zu werden und einfach auf dem Meditationskissen umzukippen. In dem Moment, als es kaum noch auszuhalten war, hatte ich zwei Möglichkeiten: aufstehen und gehen – oder einfach aufgeben und den Schmerz da sein lassen. Intuitiv entschied sich mein System, den Kampf aufzugeben … und in diesem Moment war alles Leid weg. Mein Geist wurde für einen kurzen Moment völlig still. Alles war plötzlich weit und klar. Ich konnte immer noch pulsierende hitzeartige Empfindungen in meinen Knien, zwischen meinen Schulterblättern und in meinem unteren Rücken wahrnehmen, aber ich saß da und beobachtete das alles nur noch ohne Widerstand, ohne Kampf, ohne Gedanken, ohne Leid. Ein Zustand der tiefen Versenkung in den jetzigen Moment. Staunend war ich für eine kurze Zeit (ich weiß nicht, wie lange) die reine beobachtende Instanz des ganzen Schauspiels. Ich erlebte, was ich später durch Shinzen Young lernen durfte, nämlich dass Leid = Schmerz + Widerstand ist. Dass Schmerzen da sein können, aber das Leiden darunter optional ist. Und dass Leiden immer ein Widerstand unseres Verstandes gegen den jetzigen Moment ist.

Ich möchte dir hier keine Angst machen. Ich denke, ich habe durch bestimmte muskuläre Vorbedingungen besondere Herausforderungen mit den Schmerzen in den Retreats gehabt. Andere können von vornherein problemloser sitzen. Und ich kann dir nichts Wertvolleres als ein Meditationsretreat ans Herz legen. Diese Erkenntnis, diese Erfahrung war es hunderttausendmal wert. Ein Retreat ist eine der wertvollsten Erfahrungen im Leben (und das jedes Mal wieder)! Das berichtet ausnahmslos jeder, zumindest, was ich gehört habe.

Die meisten Meditierenden kennen die Schmerzen, die uns insbesondere zu Beginn begegnen können. Dann, wenn sich unsere Sehnen, Muskeln und unser ganzes System noch nicht an längere Sitzepisoden gewöhnt haben. Die Frage ist nun: Wie gehen wir mit diesen Schmerzen um? Eine klare Antwort darauf gibt es nicht. Ich habe aber ein paar Empfehlungen für dich.

Beginne langsam. Du musst nicht gleich (wie ich) mit einem langen Retreat starten, in dem du zehn Stunden täglich still sitzen musst. Starte mit fünf Minuten und steigere dich langsam. Das gibt deinem Körper die Möglichkeit, sich an die neue Situation anzupassen. Ich habe gefühlt mit einem Marathon begonnen, ohne vorher jemals Ausdauerlauf zu trainieren. Das Resultat war der Muskelkater meines Lebens. Darum trainiere und steigere dich langsam.

Trotz langsamer Steigerung wird jeder Mensch auf irgendeine Art und Weise Schmerzen beim Meditieren erfahren. Wenn welche auftreten, kannst du zum einen lernen, dass du nicht jedem Impuls folgen musst, der in dein Bewusstsein kommt. Zum Beispiel kann da eine juckende Nase sein, die du nicht kratzt, oder ein verspannter Nacken, den du aushältst. Diese Qualität, nicht automatisch auf alles reagieren zu müssen, ist eine unendlich wertvolle Erfahrung, die unseren Alltag in jeder Hinsicht bereichert. Ein Teilnehmer, der Inhaber einer Handwerksfirma war, brachte es sehr schön und einfach auf den Punkt: »Ich habe immer gedacht, was muss, das muss! Aber das stimmt nicht, ich bin frei und muss erst mal gar nichts!«

Bei intensiveren Schmerzen hast du die Möglichkeit, die Erfahrung von Leid = Schmerz + Widerstand zu machen. Genauso wertvoll wie diese Erfahrung kann es aber auch sein, aufzustehen und zu beobachten, welche Emotionen entstehen, wenn wir unserem Ego, das nicht aus der Reihe tanzen möchte, nicht nachkommen. Denn bei der Erfahrung in meinem ersten Retreat war es mein Ego, das mich dazu brachte, mich selbst so zu quälen, nicht die Situation. Ich war völlig frei, jederzeit zu gehen oder mich zumindest hinzustellen oder zu bewegen. Doch mein Ego erlaubte es mir nicht, denn ich wäre der Einzige im Raum gewesen.

Du siehst, es gibt zum Thema Schmerzen keine richtige Antwort, aber unendlich viel zu lernen. Lass dich also auf das Abenteuer ein! Erforsche den Schmerz und dein Ego, es wird dein Leben bereichern.

Starke Emotionen und innere Reinigung

Eine häufige Angst, die Menschen vom Meditieren oder gar dem Besuch eines Retreats oder der täglichen Sitzmeditation abhält, ist die, dass unterbewusste, lang verdrängte Emotionen wieder ans Licht kommen könnten. Und ja, das wird auch höchstwahrscheinlich passieren, sonst wärst du schon nahe an der Erleuchtung. Es passiert meist nicht zu Beginn, aber durch deine fortschreitende Meditationspraxis fangen Körper und Geist an, sich systematisch zu reinigen. Emotional, geistig und energetisch.

Wie du bereits weißt, tragen wir alle unzählige leichte und schwierige Prägungen in unserem Unterbewusstsein, ungesunde Glaubensmuster und emotionale Verletzungen, aber auch unser Energiesystem ist im seltensten Fall ausgeglichen. All das reguliert sich durch die Meditation.

Dieser Prozess der inneren Reinigung kann durchaus intensiv sein. Aber wie bereits erwähnt, gibt dein Unterbewusstsein immer nur das frei, womit du gerade umgehen kannst. Darum kommt es am Anfang deiner Meditationspraxis auch nicht gleich zu dramatischen Erfahrungen. Zumindest ist mir kein solcher Fall bekannt.

Begegne allem, was sich zeigt,
einfach genau so, wie ich es im Kapitel
zu den Emotionen beschrieben habe,
und achte dabei vor allem auf die eine Regel:
nicht denken.

Allzu oft neigen wir besonders in solchen inneren Reinigungsmomenten dazu, darüber zu grübeln, warum jetzt welche Emotionen da sind, woher sie gekommen sind, wer dafür verantwortlich ist und so weiter. Doch all das bringt dich kein Stück weiter. Es bringt dir im besten Fall eine Erkenntnis darüber, worin der Ursprung liegt, im schlechtesten Fall beginnst du wieder zu projizieren.

Mit »nicht denken« meine ich natürlich nicht, dass keine Gedanken da sein dürfen. Sie kommen und gehen. Aber du hältst nicht an ihnen fest oder folgst ihnen. Nur das Fühlen wird dir letztendlich Heilung bringen. Orientiere dich am bereits beschriebenen EFP. Auch wenn in diesem Fall oft der Trigger fehlt, da die Emotionen und geistigen Prägungen direkt aus deinem Unterbewusstsein ins Bewusstsein gespült werden. Beobachte einfach, wie, was und wo es sich zeigt. Gib allem Raum und erlaube, dass es da sein darf. Beobachte dann einfach die Show. Emotion für Emotion, Erfahrung für Erfahrung befreist du dich!

Medien und anderer Müll

Die Aufgabe deines Gehirns ist es, die aufgenommenen Informationen zu verarbeiten und wenn nötig in dein System zu integrieren. Je mehr Informationen du aufnimmst, desto mehr muss dein Gehirn auch verarbeiten. Und das schadet deiner Praxis. Du wirst schnell merken, dass sie an besonders stressigen oder emotional aufgeladenen Tagen unruhiger sein wird, wenn du viele Medien konsumiert oder den ganzen Tag an deinem Smartphone gesessen hast. Dein Geist wird viel schneller abdriften als sonst, und du benötigst deutlich mehr Zeit, um ihn zu beruhigen. Es ist, als ob du abnehmen wolltest und dafür intensiv Sport treibst, dir aber direkt danach eine ganze Schokoladentorte einverleibst.

Im Buddhismus gibt es einen Spruch, der für die Praktizierenden vor Hunderten von Jahren galt: Wenn du den ganzen Tag andere Menschen verletzt und lügst, meditiert es sich am Abend schwer. Für unsere heutige Zeit habe ich ihn etwas abgeändert:

> Wenn du dir den ganzen Tag sinnlos
> am Smartphone und vor dem Fernseher
> unnütze Informationen reinziehst,
> meditiert es sich am Abend schwer.

In den Zen-Retreats, die ich regelmäßig besuche, gibt es für die Zeit des Retreats keinerlei Informationszufuhr. Keine Zeitung, keine Medien, kein Buch, keine Gespräche, nichts! Nicht einmal der Blickkontakt mit anderen Teilnehmern. Und das hat einen guten Grund, denn jedes Gespräch, jede Information, jeder fremde Gedanke ist nur Futter für dein Gehirn, das es verarbeiten muss und das in der Stille der Meditation wieder auftaucht.

Ich beobachte zum Glück bei den Teilnehmern unserer Achtsamkeits-Academy einen natürlichen Rückgang des medialen Konsums, je länger sie meditieren. Sie nehmen wieder deutlicher wahr, was zu viele (meist unnütze!) Informationen mit unserem Gehirn anrichten, und lassen es mehr und mehr sein. Wenn du dir viel Frust ersparen möchtest, sorge für dich selbst und verzichte auf Informationen, die du nicht brauchst. Genieße einfach mehr das wunderschöne Fließen deines Atems, die Stille und die Tiefe, die du Stück für Stück erreichst.

Noch mehr Motivation gewünscht? Ein Ausflug in die Wissenschaft

Wir leben in einer ganz besonderen Zeit unserer Menschheitsgeschichte, denn Wissenschaft und Spiritualität, zwei scheinbar nicht zu vereinbarende Disziplinen, die in der Vergangenheit nicht unterschiedlicher hätten sein können, nähern sich immer mehr an. Einer der Hauptgründe, warum Meditation immer mehr Einzug in unsere westliche Kultur findet, ist daher auch die Tatsache, dass Wissenschaftler viele positive Qualitäten bei Menschen feststellen konnten, die regelmäßig meditieren.

Noch vor einhundert Jahren kämpfte die westliche Welt mit Themen wie Hunger oder mangelnder Versorgung bei Krankheiten. Seit einigen Jahrzehnten haben sich die Hauptprobleme in unserer Gesellschaft aber auf etwas anderes verschoben: Viele kämpfen mit Depressionen, Angststörungen, Schlafstörungen und Burn-out, auf der Ebene der Ernährung haben wir nun eher mit Diabetes Typ II und Zivilisationserkrankungen zu tun, die von übermäßigem und ungesundem Essen kommen.

Somit forschen wir nun auch eifrig an Möglichkeiten, um Menschen psychisch »resilienter«, das bedeutet stärker im Umgang mit herausfordernden Situationen, zu machen. Achtsamkeit und Meditation sind dabei mit ins Zentrum der Forschung gerückt. Die Erfahrungen von meditierenden Mönchen und Nonnen, sei es im Christentum, im Buddhismus oder in der Ashram-Tradition des Yoga, faszinieren schon lange nicht mehr nur spirituell interessierte Menschen. So wird seit Jahrzehnten vor allem in den Bereichen der Psychologie, Neurowissenschaft und Medizin erforscht, was in Gehirn und Körper passiert, wenn wir still sitzen und auf unseren Atem achten.

Ich kann mir vorstellen, dass die wissenschaftlichen Aspekte der Meditation sehr spannend für dich sein könnten, und mir ist es wichtig, das Thema von allen Seiten zu beleuchten. Meditation aus spirituellen Gründen zu praktizieren ist, lass uns ehrlich sein, für die wenigsten Menschen der wirkliche Auslöser, damit anzufangen und sie auch regelmäßig zu praktizieren. Also muss es andere, ganz klare Argumente für die Meditation geben, denn so viele Menschen haben sie bereits zu ihrer Gewohnheit gemacht.

Laut einer Studie meditieren in Deutschland bereits 6,6 Prozent der Bevölkerung regelmäßig. Das klingt wenig; schaut man sich jedoch die Gesamtbevölkerung Deutschlands an, sind es immerhin 5,46 Millionen. Und es werden mehr: weitere 12,4 Prozent möchten sich demnächst der Meditationspraxis widmen, dann sind wir bereits bei 15,7 Millionen meditierenden Deutschen. Fast alle dieser Menschen (ganze 95 Prozent!) geben dabei an, dass die Meditation ihr Leben bereichert.[12]

Bleibt nur die Frage: Wie genau macht die Meditation das Leben besser? Um auf diese Frage zu antworten, werde ich zuerst einige höchst interessante Erkenntnisse zur Wirkung der Meditation auf den Körper und die physische Gesundheit beschreiben. Danach geht es weiter zur psychischen Gesundheit.

Meditation und körperliche Gesundheit

Gesundheit fängt bekanntlich ja bei einer guten Ernährung an. Und eine intuitive Ernährungsweise, die darauf hört, was der Körper gerade an Nährstoffen braucht, wird offenbar durch Meditation gefördert. Bei einer Studie aus dem Jahr 2016 fand man heraus, dass die Meditierenden ein Gefühl dafür entwickelt hatten, wann sie wirklich Hunger hatten und wann sie lediglich ihren Gelüsten nach bestimmten Nahrungsmitteln zum Opfer fielen.[13] Der Grund dafür liegt in der erlernten und praktizierten

Achtsamkeit. Sie fördert die Selbstkontrolle und das Selbstempfinden, man entwickelt also ein Gefühl für die eigenen Bedürfnisse und Ressourcen. Heißhungerattacken nehmen automatisch ab.

Auch ein Achtsamkeitstraining, das ein Diät- und Bewegungsprogramm begleitet, macht dieses wirksamer: Es verbesserten sich in einer Studie der Blutdruck, der Blutzucker, der Cholesterinspiegel und der Taillenumfang der Teilnehmer stärker als ohne ein solches Training.[14]

Zur Blutdrucksenkung wird sogar von offiziellen Institutionen wie der American Heart Association (AHA, die amerikanische Kardiologen-Vereinigung) Meditation empfohlen. Es gilt als bewiesen, dass Meditation und Yoga Bluthochdruckwerte signifikant reduzieren; sie werden als wirksame und sichere Alternativen zu medikamentösen Therapien angesehen.[15]

Das zeigt auch eine Studie der Universität Würzburg, die Werte von dreißig- bis siebzigjährigen Bluthochdruckpatienten nach einem zweimonatigen ganzheitlichen Meditationsprogramm und dem Training spiritueller Atemtechniken untersuchte: Sie waren um durchschnittlich 12 Prozent gesunken! Und der Grund dafür? Die Forscher vermuten, dass Meditation eine Entspannung der verengten Blutgefäße und eine verringerte Ausschüttung von Stresshormonen im Gehirn bewirkt.[16]

Es gibt auch erste Untersuchungen dazu, dass Meditation präventiv vor Herzinfarkten und Schlaganfällen schützt: In einer Langzeitstudie über fast fünfeinhalb Jahre beobachtete man rund zweihundert Probanden in einer Meditationsgruppe. Dort nahm das Risiko für Herzinfarkte, Schlaganfälle und allgemeine Sterblichkeit um durchschnittlich 48 Prozent ab.[17]

Doch es geht noch weiter: Meditation hilft dir, so könnte man sagen, jeden Winter gegen die typische Erkältung. Sie stärkt nämlich dein Immunsystem. Das zeigt eine Studie aus dem Jahr 2012 sehr schön: Man hat 149 Versuchsteilnehmer in zwei Gruppen aufgeteilt. Die eine Gruppe meditierte über acht Wochen regelmäßig, die andere tat nichts dergleichen. In den Wintermonaten überprüfte man, wie oft die Probanden jeweils krank waren und zum Arzt mussten, und fand heraus, dass die Meditationsgruppe tatsächlich seltener krank war, und wenn, dann in geringerem Ausmaß. Wenn sie einmal krank wurden, ließen die Symptome schneller wieder nach.[18]

Eine Studie der Calgary University lieferte sogar Hinweise darauf, dass Meditation direkte positive Auswirkungen auf die Zellen und damit das Erbgut hat. 88 ehemals brustkrebserkrankte und unter Depressionen leidende Frauen wurden auf diesen Effekt hin getestet, und es stellte sich heraus, dass durch die stressvermindernde Wirkung der Meditation auch die »Telomere« besser arbeiten konnten.[19] Telomere könnte man als kleine Wachmänner und -frauen bezeichnen, die sich beschützend vor dein Genmaterial stellen und mit Judo und Karate unter Einsatz ihres Lebens deine Körperzellen beschützen.

Auch zu diesen kleinen »Telomer-Wachmännchen« gibt es noch mehr Spannendes: Je weniger Körperzellen in deinem Körper absterben oder zu Krebszellen entarten, desto langsamer alterst du selbstverständlich auch. Sind deine Körperzellen jung und frisch, dann fühlst du dich ebenso. Die kleinen Wachmännchen sorgen genau dafür, brauchen allerdings auch Nahrung. Was der Spinat für Popeye ist, sind bei den Telomeren sogenannte Telomerase-Proteine. Und jetzt kommt's: Meditation, das hat eine Forschergruppe schon im Jahr 2011 herausgefunden, steigert die Aktivität der Telomerase-Proteine um ein starkes Stück! Bei den untersuchten Probanden waren es immerhin 30 Prozent mehr, nachdem diese drei Monate lang meditiert hatten.[20] Diese Proteine lassen die Telomer-Wachmännchen länger leben, sodass diese auch deine Körperzellen besser beschützen können, die dann wiederum länger gesund und munter bleiben.

Von der Verlangsamung des Alterns geht es zu Beschwerden, die viele von uns im Alltag belasten: Mindfulness-Based Stress Reduction (MBSR), das konnte beispielsweise in einer Studie aus dem Jahr 2016 festgestellt werden, hilft gegen chronische Rückenschmerzen. Und das anscheinend sogar besser als der Arzt: In der Studie stellte man die Gruppe, die dieses Achtsamkeitstraining absolvierte, einer Gruppe gegenüber, die sich ausschließlich hausärztlich behandeln lassen hatte. Und während die hausärztliche Behandlung immerhin 44 Prozent der Patienten geholfen hatte, gaben in der MBSR-Gruppe 60 Prozent eine Besserung an.[21]

Auch die Reduktion von Migräne konnte gezeigt werden: Nach einem achtwöchigen MBSR-Kurs litten die teilnehmenden Patienten monatlich 1,4 Mal seltener an den Beschwerden. Die Anfälle wurden jedoch nicht nur seltener, sie dauerten auch kürzer, und der Schmerz war weniger intensiv. Zusätzlich berichteten die Teilnehmer von einer Verbesserung der Lebensqualität und dem Gefühl, selbst mehr Kontrolle über die Anfälle zu haben.[22]

Meditation und psychische Gesundheit

Kennst du dieses Gefühl, dass du vor dem Kühlschrank oder deinem Kleiderschrank stehst, einige Momente mit leerem Blick in die Luft starrst und plötzlich bemerkst, dass du keine Ahnung hast, was du gerade holen oder tun wolltest? Damit bist du sicher nicht allein. Freu dich deshalb darauf, dass die Meditation sowohl dein Erinnerungsvermögen als auch deine generelle Denkfähigkeit verbessern kann!

Die ersten Effekte lassen sich dabei bereits nach ungefähr drei Monaten messen. So konnte in einer Studie, deren Teilnehmer sogar schon erste Anzeichen von Alzheimer oder Gedächtnisverlust aufwiesen, schon nach eben diesen drei Monaten festgestellt werden, dass sie sich besser an Dinge erinnern und auch allgemein wieder besser denken konnten. Diese Effekte werden umso stärker, je länger du meditierst: Nach sechs Monaten konnten die Studienteilnehmer sich nochmals besser erinnern, waren mit mehr Aufmerksamkeit bei der Sache, und auch die Reaktionsgeschwindigkeit optimierte sich. Daneben profitierten auch ihr Schlafverhalten, ihre Laune und ihre Fähigkeit zur Stressbewältigung.[23]

Ein weiterer interessanter Befund: Meditation hilft auch gegen Angst und Stress! In einer Untersuchung hatte sich die Hirnsubstanz in der Amygdala (dem Teil des emotionalen Gehirns, der vor allem für Angst und Stress zuständig ist) verringert. Das spricht dafür, dass Angst und Stress bei Meditierenden im Laufe der Zeit weit weniger häufig und weniger intensiv vorgekommen waren.[24]

Du willst aufhören zu rauchen? Dann meditiere! Meditation kann tatsächlich gegen Sucht helfen. In einem Versuch, bei dem es eigentlich um etwas ganz anderes ging, durchliefen die Teilnehmer zwei Wochen lang ein Programm mit Achtsamkeitsübungen und Ganzkörperentspannungen. Nach der Auswertung fiel den Forschern eines ganz deutlich ins Auge: Bei den Rauchern verringerte sich der Nikotinkonsum um 60 Prozent! Und das, obwohl das Rauchen in dem Versuch nicht einmal angesprochen wurde. Das Verlangen reduzierte sich ganz automatisch durch die meditative Praxis.[25]

Ich könnte dieses Kapitel noch Hunderte Seiten fortführen, mit unzähligen Ergebnissen aus Forschungsprojekten, die zeigen, wie ungemein wertvoll Meditation und Achtsamkeit sind.

Auch wenn es dadurch vielleicht so scheint, ist Meditation aber kein Allheilmittel, keine Wunderpille, die du dir nur einwerfen musst, um all diese Wirkungen zu spüren. Es braucht Zeit. Die meisten dieser Folgen der Meditation entfalten ihre volle Stärke, wenn du über Jahre und Jahrzehnte nicht mit deiner Gewohnheit gebrochen, sondern weitergemacht hast. Und seien es nur zehn Minuten, die du dich jeden Tag auf dein Kissen setzt.

Zusammenfassen lassen sich die gesundheitlichen Vorteile von Achtsamkeit und Meditation so:

- Stärkung des Immunsystems
- Hilfe bei Übergewicht
- Regulation des Herzkreislaufsystems
- Gelindertes Schmerzempfinden (beispielsweise bei Rücken- oder Kopfschmerzen)
- Reguliertes Schlafverhalten
- Langsameres Altern (die Zellalterung wird gebremst, insbesondere im Gehirn)
- Reduziertes Stressempfinden
- Besseres Kurzzeitgedächtnis
- Weniger Angst (insbesondere bei Angststörungen und akuter Panik)
- Linderung von Depression
- Hilfe bei der Bewältigung von Traumata
- Hilfe bei Sucht
- Gesteigerte Kreativität
- Mehr Selbstkontrolle und Selbstvertrauen
- Verbessertes allgemeines Wohlbefinden

Geführte Meditation
Zu diesem Kapitel findest du auf meiner Website eine geführte Meditation:

- Tiefe Atembetrachtung

Website: www.peter-beer.de/meditation
Das Passwort für den internen Bereich ist: JETZT.

Wer du glaubst zu sein und wer du wirklich bist

Selbsterkenntnis: Wer du wirklich bist

Der Impuls für dieses Kapitel ist entstanden, als mein Sohn gerade vier Wochen alt war. Es war ein sonniger Sonntagmorgen im Juni, und ich war mit ihm im Wald nicht weit von unserer Wohnung unterwegs. Es war ein Tag wie im Bilderbuch: Ein frischer Wind wehte, aber die Morgensonne war bereits so warm, dass es im T-Shirt angenehm war. Die Vögel zwitscherten fröhlich vor sich hin, und der Morgentau an den Blättern begann langsam zu verschwinden.

Meinen kleinen Sohn trug ich eng umschlungen mit einem Tragetuch vor meinem Bauch. Friedlich schlief er mit dem Kopf an meiner Brust. Nach kurzer Zeit kam mir ein Mann mit seinem Hund entgegen, und ich konnte bereits von Weitem erkennen, wie hektisch und unruhig er war. Mit einer Zigarette im Mund schien er sich nur in der Natur aufzuhalten, um seinem Hund Auslauf zu geben. Sobald der Hund einen Moment stehen blieb, um an den Bäumen zu schnüffeln, zog der Mann schon wieder ungeduldig und mürrisch an der Leine.

In diesem Moment fragte ich mich: »Was ist da passiert?« Vor wahrscheinlich vierzig Jahren war dieser Mann genau wie mein kleiner Sohn: unschuldig, voller Freude und Lust, die Welt zu entdecken. Wo ist über die Jahre all diese Freude, die Liebe, das Auge für die Schönheit der Welt geblieben? Ist es normal, dass wir im Prozess der Konditionierung durch unser Umfeld in einer Welt voller »Müssen« und »Sollen« all unsere Freude und Begeisterung verlieren? Ist es normal, dass Menschen auf der Straße herumlaufen und blicken, als ob niemals die Sonne scheinen würde?

Die alten Weisheitslehren geben darauf eine klare Antwort: Nein. Ganz im Gegenteil. Alle Menschen, die einen direkten Einblick in die Natur der Wirklichkeit erfahren durften, berichten uns, dass es noch mehr gibt als das, was wir sehen. Dass wir unsere wahre Natur von Freude und Liebe kennenlernen dürfen. Wir brauchen dafür nur herauszufinden, wer wir sind, und das wieder leben. Dabei geht es nicht darum, wie ich es hier gern gebetsmühlenartig erwähne, etwas zu glauben. Es geht um deine direkte Erfahrung. Ein Glaube steht ihr sogar im Weg.

Doch wo fangen wir an? Auch hierfür haben die alten Lehren eine Antwort. Jesus sagte zum Beispiel: »Wenn ihr nicht umkehrt und werdet wie die Kinder, so werdet ihr nicht ins Himmelreich kommen« (Matthäus 18, 3). Die Hindus sagen: »Der kindliche Geist ist der erleuchtete Geist«, im Zen spricht man vom Anfängergeist. All diese Lehren deuten auf das, was wir bereits sind und als Kind (noch unbewusst) gelebt haben. Um diese Freude zurückzugewinnen, müssen wir uns natürlich nicht verhalten wie Babys, sondern uns intensiv darin üben, wieder jeden einzelnen Moment völlig neu, völlig frisch und unschuldig zu sehen. Auf diese Art, das Leben zu erfahren, deuten die Weisheitslehren.

Dieses frische, wache, immer neue Sehen, Hören, Riechen, Fühlen und Schmecken bringen wir zum einen durch die Meditation wieder zurück in unser Leben: indem wir unseren Geist immer wieder zur direkten Wahrnehmung lenken, wenn er in seine alten Muster abdriftet. Gleichzeitig ist dieses »Zurückgehen« ein Dekonditionierungsprozess. Wir befreien uns Stück für Stück von frühen Prägungen, Verletzungen, Denkgewohnheiten und ungesunden Emotionen. Dieses Abtragen von Altem, das dir nicht dient, erinnert mich an die Geschichte einer Buddhastatue in Thailand.

Der Buddha aus Lehm

Irgendwo in Thailand stand eine große unbedeutende Buddhastatue aus Lehm, die mit farbigen Glasscherben verziert war. Hunderte Jahre blieb sie mehr oder weniger unbeachtet in einem Pagodentempel stehen, bis 1954 ein neues Tempelgebäude gebaut wurde und die Statue dort einen neuen Platz finden sollte. Beim Umzug riss eines der Transportseile, und die tonnenschwere Statue knallte auf den Boden, wobei ein Stück der Lehmhülle abbrach und etwas golden Schimmerndes zum Vorschein brachte. Sofort wurden die Arbeiten gestoppt, und man begann, die Hülle Stück für Stück vorsichtig abzutragen. Unter der dicken Lehmschicht befanden sich 5500 Kilogramm pures Gold, aus dem die Statue eigentlich gefertigt war. Der alleinige Goldwert der Statue wurde auf umgerechnet 225 Millionen Euro geschätzt. Die Forscher, die sich in den darauffolgenden Jahren mit der Statue beschäftigten, vermuteten, dass die Sta-

tue aus der Zeit der Sukhothai-Dynastie im 13. oder 14. Jahrhundert stammte und im Jahr 1767 mit Lehm ummantelt wurde, um sie vor Plünderungen während der burmesischen Invasion zu schützen. Danach geriet die Statue langsam in Vergessenheit, bis irgendwann niemand mehr wusste, dass unter der dicken Lehmhülle pures Gold versteckt war.

Diese Geschichte versinnbildlicht auf wundervolle Weise, dass wir alle einen unendlich wertvollen Wesenskern besitzen, unendlich wertvoller als die goldene Statue. Doch haben wir seine wahre Beschaffenheit über all die Jahre vergessen. Und manchmal braucht es eben einen Knall, ein reißendes Seil, ein scheinbares Unglück, damit die harte Hülle zerschellt und der wahre Kern zum Vorschein kommt. Wenn wir anfangen zu erkennen, dass es etwas unendlich Wertvolles in uns gibt, beginnt die eigentliche Arbeit. Wir dürfen Stück für Stück das abtragen, was nicht zu uns gehört. Das ist wahre Persönlichkeitsentwicklung, im wahrsten Sinne des Wortes. Wir »ent-wickeln« unseren Kern aus einer Hülle von Dingen, die wir nicht sind. Wir lassen los, was niemals unseres war, und es bleibt nur übrig, was wir sind.

Dieser Prozess des Abtragens ist Teil fast jeder meditativen Praxis. Im Hinduismus, insbesondere in der Philosophierichtung der Advaita Vedanta, ist er unter dem Ausdruck »Neti Neti« bekannt, was so viel bedeutet wie »Nicht dies, nicht das«. Neti Neti ist ein meditativer Prozess des Suchens nach dem eigenen Wesenskern, der nicht das sein kann, was beobachtet wird. Es ist gewissermaßen das stückweise Abtragen alter Lehmschichten, der vielen Schichten deiner Identifikation – bis sich deine wahre Natur zeigt. Diesen Prozess des »Neti Neti« beginnen wir hier in diesem Buch gemeinsam, indem wir uns anschauen, womit du dich bis heute identifizierst und welche Auswirkungen diese Identifikation auf dein Leben hat.

Warum es so wichtig ist zu wissen, wer du bist

Spirituelle Selbsterfahrung ist nichts Neues. Vermutlich gibt es seit Anbeginn der Menschheit Einzelne, Gruppen und sogar ganze Kulturen, die direkte spirituelle Erfahrungen suchten. Und vielleicht kommen wir gerade jetzt in eine Phase der Geschichte, in der wir kollektiv aufwachen. Viele unserer Vorfahren versuchten, uns die Wichtigkeit der Selbsterkenntnis näherzubringen. Schon am Eingangstor des Tempels von Delphi, der dem römischen Gott Apollo gewidmet war, stand *Gnothi seauton*: »Erkenne dich selbst.«

Platon, einer der großen griechischen Philosophen der Antike, beschrieb die Wichtigkeit dieses Prozesses im berühmten Höhlengleichnis: Darin leben Menschen in einer dunklen Höhle mit dem Gesicht zur Wand sitzend. Weit hinter ihnen ist der Ausgang, sie sind aber so gefesselt, dass alles, was sie sehen und je gesehen haben, diese Schatten sind, die durch das Licht und Objekte am Höhleneingang erzeugt werden. Und da sie ihr Leben lang nichts anderes als diese Schatten gesehen haben, halten sie sie für die Realität. Sie denken, diese Schatten sind alles, was existiert, und der Mensch links und rechts von ihnen erzählt natürlich das Gleiche: Geschichten von Schatten. Erst wenn sich ein Mensch von seinen Fesseln befreit und den Weg aus der Höhle findet, erkennt er das wahre Leben – und würde sich wahrscheinlich sogar erst einmal dagegen sträuben.

Genauso blickst auch du auf deine spezielle Felswand und verwechselst das Echte mit den Schatten, der Projektion. Du blickst in die Welt und siehst nicht, dass alles nur Projektionen sind, Schatten. Du denkst, das Glück, die Liebe, die Freude seien irgendwo draußen.

Alles wird sich für dich ändern, wenn du jetzt anfängst, Stück für Stück zu erkennen, dass Liebe, Freude, das Leben selbst in dir sind. Dass sie schon immer in dir waren und du Freude, Liebe und all die anderen Dinge bisher wie Schatten auf die äußeren Projektionsflächen geworfen hast – auf Partner, Kinder, Besitz und so weiter. Dass alles, was du im Außen gesehen hast, nur Schatten waren.

Diese Wahrheit geht noch unendlich viel tiefer, aber ich möchte sie erst einmal auf einer leicht verständlichen Ebene beschreiben. Stell dir vor, jemand sagt dir: »Glückwunsch, du hast eine Million im Lotto gewonnen.« Was passiert? Wahrscheinlich freust du dich! Du kannst dein Glück kaum fassen und läufst in freudiger Erwartung auf das Geld durch den Tag. Obwohl du das Geld noch nicht hast, fühlst du dich glücklich und leicht. Du denkst: »Klar, ich fühle mich so großartig, weil ich Geld bekomme!« Aber die Wahrheit ist, dass du einfach nur etwas, das du als wichtig erachtest – in diesem Fall Geld –, mit Freude verbunden hast. In Wahrheit hast du diese Freude erzeugt. Du bist die Quelle der Freude.

In Partnerschaften ist es das Gleiche: »Wenn ich nur endlich von meinem Traumpartner geliebt würde.« Erfährst du schließlich eine solche Liebe, dann denkst du: »Ja klar, Liebe erfahre ich jetzt wegen dem Partner.« Du vergisst aber dabei, dass du die Quelle dieser Liebe bist. Du bist und warst schon immer die Quelle von allem, was du erlebst und wonach du dich sehnst.

Auch wenn sich das in deinen Ohren seltsam anhören mag: Du bist das Licht. Und um dieses Licht zu erkennen, musst du nach innen blicken.

Das zweite große Problem, das Platon seinen Schülern näherbringen wollte, ist das des Lehrers. Was würde ein Höhlenmensch tun, wenn er von den Fesseln befreit und ans Licht hinausgebracht würde. Er müsste sich erst einmal daran gewöhnen, dann aber würde er sofort versuchen, den anderen in der Höhle zu erklären, dass es wichtig ist, sich zu befreien, und dass es draußen etwas unbeschreiblich Schönes gibt, das sie entdecken können. Doch leider würden die anderen nur ungläubig den Kopf schütteln, auf die Schatten an der Wand verweisen und darauf beharren, dass nur sie wirklich seien. »Sie waren schon immer da und werden immer da sein. Mein Vater hat die Schatten gesehen, meine Mutter hat die Schatten gesehen. Alle sehen Schatten. Es gibt also nur Schatten! Das ist die Wahrheit!«

Anders formuliert: »Du musst, wie wir alle, hart arbeiten und Karriere machen, um etwas zu sein. Du musst Partner und Kinder haben, um geliebt zu werden. Du musst erfolgreich sein, um glücklich sein zu können. Und den Beweis findest du direkt vor deinen Augen. Schau doch hin: Schau auf die Schatten!«

Was Menschsein bedeutet

Dennoch: Wenn du dieses Buch liest, willst du dich befreien. Und die Meditation wird dir dabei helfen. Was unterscheidet dich denn von den meisten Tieren und Pflanzen auf diesem

Planten? Du kannst dir deiner selbst bewusst sein. Was vielleicht manchmal gar nicht so beneidenswert ist. Denn Tiere sind immer völlig im jetzigen Moment, sie haben kein gedankliches Konzept von Zukunft und Vergangenheit. Darum sind zum Beispiel Hunde wirklich zu beneiden. Unbefangen tollen sie durch die Welt und finden scheinbar an allem Freude und Interesse. Ein Hund macht direkte Erfahrungen, ist sich aber nicht darüber bewusst.

Echtes Menschsein bedeutet, dass man sich seiner selbst bewusst ist. Es ist die Fähigkeit, nicht nur in die Welt dort draußen, sondern in sich hineinzublicken. Das eigene Verhalten, die Gedanken, die Gefühle nicht nur wahrzunehmen, sondern sich ihrer auch bewusst zu sein. Und vielleicht am Ende – darum geht es in der Meditation und in diesem Kapitel – sich seiner selbst bewusst zu werden. Sich darüber bewusst zu werden, wer hier sieht, wer riecht, wer fühlt, wer hört. Wer blickt in diesem Moment in dieses Buch?

In diesem Bewusstwerdungsprozess geht es weder darum, dass du deine Stärken und Schwächen, Werte oder Ziele besser kennenlernst, noch geht es darum, einen neuen Glauben über dich selbst zu entwickeln. Und keine Angst – es geht bestimmt nicht darum, ab jetzt an eine »unsterbliche Seele« zu glauben. Denn auch viele »spirituelle« Menschen haben nur mit ihrem Denkapparat einen neuen New-Age-Glauben übernommen. Statt an Gott glauben sie ans Universum. Und die unsterbliche Seele übernehmen sie, weil es ein tröstlicher Gedanke ist. Doch sind die meisten ihrem wahren Wesenskern durch ihren neuen Glauben nicht nähergekommen. Sich selbst zu erkennen geschieht jenseits von Glauben.

Bevor eine Idee von einer Seele auftaucht, bevor überhaupt ein Gedanke, ein Glaube ins Bewusstsein kommt: Wer bist du? Wer erkennt die schöne Vorstellung einer unsterblichen Seele?

Der erste Schritt zur Erfahrung: Ein festes Ich?

Dass die Welt um uns herum turbulent, chaotisch und im ständigen Wandel ist, damit haben wir uns leidlich abgefunden. Doch wie sieht es mit uns selbst aus? Sind wir die einzige Konstante für uns, gibt es da ein kaum veränderbares Ich? Bevor du jetzt vorschnell antwortest, spüre mal hinein! Wie nimmst du dich selbst wirklich wahr?

Vor noch wenigen Jahrzehnten hätten sogar Experten behauptet, dass sich die wichtigen Wesenszüge des Menschen etwa mit dem dreißigsten Lebensjahr ausgeprägt haben und er danach sozusagen »fertig« ist. Wenn du darüber nachdenkst, kannst du aber schnell erkennen, dass wir, so wie alles in der Natur, lebendig sind und uns ständig wandeln. So etwas wie »fertig« gibt es nicht. Wir sind fortlaufend im Wandel und im Tanz mit der Welt um uns herum.

Doch wie kommt es, dass sich die meisten Menschen als statische Wesen in einer dynamischen Welt betrachten? Das ist ein genialer, aber trügerischer Trick unseres Verstandes, und der Mensch ist wahrscheinlich die einzige Spezies auf diesem Planeten, deren Gehirn diesen Trick anwenden kann. Denn dazu braucht es ein ausgeprägtes Gedächtnis, das fortlaufend Erfahrungen abspeichert und kategorisiert.

Wenn du dich fragst: »Wer bin ich?«, greift dein Geist instinktiv auf dieses Archiv in dir zurück. Dein Gehirn erinnert sich, wie du dich in der Vergangenheit verhalten und was du erfahren hast, was du gut konntest und was nicht. Dann behauptet es, dass dieses Erleben und Verhalten der Vergangenheit dein »Ich« ist. Du ziehst also bei der Frage, wer du bist, automatisch Erinnerungen aus der Vergangenheit heran und definierst diese dann als »Ich«. Und da die Vergangenheit nun einmal Vergangenheit ist und sich nicht mehr verwandeln kann, nehmen wir uns als statische Wesen in einer verrückten (und sich ständig weiter »verrückenden«) Welt wahr.

Was unser Gehirn damit aber veranlasst, ist, dass wir fortlaufend unsere Vergangenheit wiederholen. Wir stecken mit dem Kopf in unseren Erinnerungen und projizieren damit unser Verhalten aus der Vergangenheit auf die Zukunft. Dadurch machen wir immer wieder die gleichen oder sehr ähnliche Erfahrungen und bestätigen uns in dem Glauben: »Ich bin eben so, wie ich bin.«

Die Menschen laufen also mit einem statischen »Ich« durch die Welt, das nur eine Projektion vergangener Erfahrungen ist. Und dann wundern sie sich, warum sie sich gestresst und überfordert fühlen. Nun, das müssen sie. Die Welt ist einem permanenten Wandel unterworfen. Mit einem statischen Selbstbild aber kämpfen wir stetig gegen den Fluss des Lebens an, um unsere Illusion des »Ich« aufrechtzuerhalten. Wir versuchen, an der gleichen Stelle des Flusses zu bleiben, und klammern uns an jedem Ast fest, um nicht davongespült zu werden. Natürlich gibt uns diese Stelle im Fluss Sicherheit, weil wir schon immer dort herumgeschwommen sind. Trotzdem ist es ein fortlaufender Kampf gegen die Strömung des Lebens. Wird sie zu stark, werden wir weggerissen und verlieren uns, im wahrsten Sinne des Wortes! Das sind die Phasen im Leben, in denen wir ausbrennen und das Gefühl haben, dem Leben nicht mehr gewachsen zu sein.

Wer dagegen seine veränderliche, sich stetig wandelnde Natur akzeptiert, der lässt sich mit dem Fluss treiben. Er genießt friedlich die ruhigen Zeiten, und in stürmischen Zeiten ist er wach und weicht den Gefahren flexibel aus.

Leider haben wir uns daran gewöhnt, uns aus der Rückschau zu analysieren und zu definieren. So wie Sigmund Freud versuchte, durch die Psychoanalyse das Rätsel der Seele zu lüften, versuchen wir, uns selbst zu begreifen, indem wir in die Vergangenheit starren. Doch was wir dort entdecken, ist nicht lebendig; es sind tote Erinnerungen. Das bist nicht du! Allein durch das Lesen der letzten Seiten hast du dich verändert. Neue neuronale Verknüpfungen sind entstanden. In den letzten Minuten sind Millionen von Zellen in deinem Körper gestorben, und Millionen haben sich neu gebildet. Fast alle deine Zellen werden im Laufe von zwei bis zehn Jahren (je nach Organ oder Zellart) komplett ausgetauscht! Du bist also rein faktisch nicht mehr der Mensch, der du vor zwei Jahren warst.

> Wir wandeln uns, wie die Natur um uns herum, jeden Tag, jede Minute, jede Sekunde. Ob wir es wollen oder nicht. Nur ein Trick unseres Geistes hält die Illusion eines statischen »Ich« aufrecht.

Um dieses Buch und vor allem dein Leben voll zu verstehen, darfst du einen dynamischen Geist, ein dynamisches »Ich« annehmen und erforschen. Diese Forschungsreise beginnen wir gemeinsam und sehen uns auf den nächsten Seiten an, wie du dir durch falsche Identifikationen ein verzerrtes oder falsches

Selbstbild angeeignet hast und wie dadurch in deinem Leben Leid entstanden ist und weiter entstehen kann. Das alles soll aber nicht zu einem intellektuellen Spiel des Verstehens werden. Es ist keine mathematische Gleichung, die wir irgendwann »verstanden« haben. Um etwas wirklich zu verstehen, müssen wir es leben. Täglich in jeder Situation, wach, präsent, neugierig. So wie ein Primatenforscher mit den Affen leben muss, um ihr Verhalten wirklich zu begreifen, so sollten auch wir uns selbst im jetzigen Moment achtsam wahrnehmen lernen.

Vielleicht sagst du: »Ich lebe schon mein ganzes Leben mit mir, ich kenne mich.« Wirklich? Wann hast du dich selbst einmal wirklich erforscht? Nicht im Rückblick, sondern jetzt? Wann bist du aufrichtig deinen Gefühlen gefolgt, anstatt auf Autopilot auf sie zu reagieren? Hast du dich schon mal wirklich, nicht in Gedanken, sondern im jetzigen Moment mit einem stillen Geist wahrgenommen, ohne dich zu bewerten und zu kategorisieren? Bist du schon einmal aufrichtig der Trauer, der Angst, der Furcht in dir gefolgt? Hast du dich schon einmal aufrichtig gefragt, wer diese Gefühle wahrnimmt? Hast du schon einmal die Stille zwischen deinen Gedanken erforscht?

Wir können einen urteilsfreien Geist kultivieren, der weder zustimmt noch ablehnt, sondern den jetzigen Moment unvoreingenommen entdeckt. Solange wir verurteilen und beurteilen, wiederholen wir nur die Meinungen, die wir im Laufe unseres Lebens erlernt haben. Wir betrachten die Welt durch die vielen Kategorisierungen der Vergangenheit.

Wer trifft wen?

Lass uns ein kleines Experiment machen. Nimm dazu eine x-beliebige Person aus deinem Leben. Es kann eine Freundin, ein Kollege, dein Partner oder auch dein Vater oder deine Mutter sein.

Hast du jemanden? Wenn du an die Person denkst, dann hast du wahrscheinlich ein bestimmtes inneres Bild von ihr. Du hast eine gewisse Vorstellung, wie diese Person ist, und umgekehrt ist es genauso. Nun überleg einmal in Ruhe: Wenn du dich mit dieser Person triffst, wer trifft sich? Bei genauerer Betrachtung treffen sich nicht zwei Menschen, es treffen sich zwei Vorstellungen. Du siehst die Person durch die Brille deiner Vorstellungen und Erwartungen und umgekehrt.

Was könntest du tun, damit ihr euch neu entdeckt?

Wenn ich alte Freunde aus der Vergangenheit treffe, wird es meist interessant. Durch meinen enormen persönlichen Wandel über die Jahre, den sie nicht miterlebt haben, wissen sie oft überhaupt nicht, wie sie mit mir umgehen sollen. Sie haben noch das »alte« Bild vom Peter im Kopf und versuchen ständig, diesen wiederzufinden, anstatt mich neu kennenzulernen. Genauso bemerke ich diese Muster in mir und muss mich immer und immer wieder daran erinnern, Menschen, die ich früher einmal gut kannte, neu und achtsam kennenzulernen, wenn ich sie nach langer Zeit wiedertreffe. Zu erforschen, wer diese Person jetzt ist.

Unser Gehirn sorgt automatisch dafür, dass wir Aspekte wahrnehmen, die zu unserer Vorstellung passen. Was wir dabei nie sehen, ist die Person, wie sie wirklich in diesem Moment ist.

Besonders in engen Beziehungen ist dieses Phänomen ausgeprägt. Wir können unseren Partner, unsere Eltern oder unser Kind nicht so sehen, wie es ist.

Jetzt die spannende Frage: Mit welchem Menschen hast du die engste Beziehung in deinem Leben? Welcher Mensch begleitet dich von der ersten bis zur letzten Sekunde? Richtig, das bist du selbst! Darum ist auch die Vorstellung von dir selbst am stärksten.

Wir alle haben Millionen von Leitbildern, Vorstellungen und Meinungen von der Welt und uns selbst. Diese über Bord zu werfen und sich immer wieder daran zu erinnern, sich selbst und die Welt neu zu entdecken, ist eines der schwierigsten, aber auch lohnendsten Dinge, denen sich der Mensch verschreiben kann. Und dieser immer wieder neu erfahrende Geist ist der achtsame Geist.

Um dein »wahres Ich« zu erkennen, musst du die verkrusteten alten Muster durchbrechen. Dafür brauchst du einen klaren, entdeckungsfreudigen, frischen Geist. So wie ein Kind, das die Welt mit leuchtenden Augen entdeckt, kannst du auf dich selbst blicken. Gespannt darauf, womit du dich gleich selbst überraschen wirst. Mithilfe von meditativer Schulung und alltäglicher Achtsamkeit kannst du Stück für Stück aufhören, alles durch die gefärbte Brille der vergangenen Konditionierungen, Bewertungen und Erfahrungen zu betrachten, und anfangen, die Welt und dich selbst so zu sehen, wie du wirklich bist.

Der zweite Schritt zur Erfahrung: Wer du glaubst, wer du bist

In einem Interview sprach der amerikanische Schauspieler Jim Carrey über seine Erfahrung, sich für einen Filmdreh so sehr in eine Rolle hineinzuversetzen, dass er diese mit jeder Zelle seines Körper ausfüllt. Er denkt die Gedanken dieser Rolle, er adaptiert ihre Werte, er fühlt ihre Emotionen. In diesem Prozess verliert er sich oft selbst und fragt sich irgendwann: »Wenn ich mich so in eine Rolle hineinversetzen kann, dass ich eine komplett neue Persönlichkeit entwickle und vergesse, wer ich bin – wer bin ich dann wirklich?«

Du musst kein Schauspieler sein, um diese Erfahrung von Jim Carrey nachvollziehen zu können. Denn wir alle wechseln unsere Rollen im Laufe des Tages mehrmals. Als ich noch als Ingenieur in der Automobilindustrie arbeitete, kam es mir oft so vor, als ob die Menschen an der Drehtür ins Konzerngebäude eine Maske aufsetzten. Es gab das Privat-Ich und das Arbeits-Ich. Wurde die Drehtür Richtung Heimweg verlassen, gab es eine andere Maske, vielleicht blieb man sogar ohne und führte ein ehrliches Gespräch mit einem Arbeitskollegen im Bus. War man zu Hause angekommen, setzte man oft die nächste Maske auf, mit der man dem Partner und den Kindern begegnete. Am Abend mit den Freunden eine weitere. Je nachdem, mit wem wir zusammen sind, verhalten wir uns unterschiedlich. Die Frage ist: Steckt denn hinter diesen verschiedenen Rollen eine Person? Und wenn ja, wer und wie ist sie wirklich? Wer bist du wirklich?

Warum dir so wichtig ist, was andere denken

Wir alle haben ein gewisses Bild von uns. Eine vage Vorstellung, wer wir sein könnten – auch wenn wir sie nicht greifen können. Dabei hängt dieses Selbstbild von mehreren Faktoren ab: unseren Prägungen, unseren angenommenen Werten sowie Stärken und Schwächen, die sich im Laufe der Zeit herausgebildet haben. Dieses Selbstbild entsteht aber größtenteils nicht durch unsere Selbstbeobachtung und -bewertung, sondern durch die Rückmeldungen des Umfelds.

Unser Selbstbild baut also im Kern auf der Wirkung auf, die wir bei anderen ausgelöst haben. Haben dich deine Eltern und Bezugspersonen für intelligent, sportlich, musikalisch oder technisch begabt erachtet? Welchen Charakter haben sie dir zugeschrieben? Worin, fanden sie, warst du gut und worin weniger? Und vor allem: Worin haben sie dich bestärkt und worin gekränkt? Je nach überwiegend positiver oder negativer Rückmeldung über deine Person (meist in deiner Kindheit), hat sich ein positives oder eher negatives Selbstbild geformt. Wenn deine Eltern dir für irgendein Verhalten Liebe und Aufmerksamkeit geschenkt haben, wenn du etwas »richtig« gemacht hast, dann hast du dieses Verhalten vermutlich ausgeprägt. Wenn es positives Feedback für dein Aussehen gab, hast du das in den Mittelpunkt gestellt. Wenn du negatives Feedback über dein Äußeres bekommen hast, hast du in diesem Bereich versucht, den anderen doch noch gerecht zu werden oder dich in einem anderen Feld hervorzutun. In der Sehnsucht nach der Liebe deiner Eltern wurdest du geformt wie der Lehm um die goldene Buddhastatue herum.

So wie du dich selbst wahrnimmst, das ist also im Grunde das, was dein Umfeld auf dich projiziert hat und was Eltern oder Bezugspersonen früh in dir bestärkt oder kritisiert haben.

Es ist also *nicht*, was du bist. Und weil du nicht weißt, wer du wirklich bist, bist du ständig auf der Suche nach der Bestätigung deines Selbstbilds.

Wenn du glaubst, du bist die oder der Nette, Liebenswerte oder Kluge, dann versuchst du dich entsprechend zu verhalten, um dieses Feedback deiner Mitmenschen immer neu zu bekommen. Wenn du glaubst, du bist die oder der Fleißige, Erfolgreiche oder Disziplinierte, versuchst du dieses Bild in den Köpfen der anderen zu erwecken, um dann genau das erneut widergespiegelt zu bekommen. Dir ist wichtig, dass die anderen das Bild in dir sehen, das du von dir selbst hast. Oder das, das du gern von dir haben möchtest.

Dein Bild von dir selbst

Nimm dir ein paar Minuten Zeit und notiere dir am besten schriftlich, welches Bild du von dir selbst hast. Bist du die oder der Akkurate? Ausgeglichene? Ehrgeizige? Großzügige? Intelligente? Kommunikative? Kooperative? Optimistische? Pessimistische? Spontane? Ruhige? Unkomplizierte? Harmoniebedürftige? Witzige? Akribische? Bodenständige? Bescheidene? Emotionale? Energetische? Intellektuelle? Introvertierte? Extrovertierte? Neugierige? Robuste? Sensible? Temperamentvolle? ... Welcher der genannten Begriffe passt zu dir? Oder ein ganz anderer? Lass dich dafür auch gern von einer Liste von Charaktereigenschaften inspirieren, das macht die Übung noch etwas leichter. Gib dazu einfach den Begriff »Charaktereigenschaften« in eine Suchmaschine ein.

Werde dir darüber bewusst, welche Aufgaben du wegen dieses Selbstbildes erfüllen »musst«. Und mach dir auch bewusst, woher dieses Bild kommen könnte. Vielleicht erinnerst du dich sogar an frühe Ereignisse, die dich davon überzeugt haben, dass du der oder die »XYZ« bist.

Unbewusst versuchen wir, das einmal angenommene Selbstbild zu verteidigen. Bei mir war es das Selbstbild, dass ich niemals aufgebe. Es ließ mich ausbrennen, weil ich mir nicht eingestehen konnte, dass es auch bei mir eine Grenze gibt. Bei anderen ist es der übermäßige Ehrgeiz. Wieder andere trauen sich nicht, ihre Meinung zu äußern, weil sie glauben, sie seien die Unkomplizierten. Andere können nicht loslassen, weil sie den Perfektionismus für sich angenommen haben. Ein weiteres Laster von mir war zum Beispiel, dass ich mir Traurigkeit nicht erlaubt habe, weil ich immer gedacht habe, ich bin der Witzige und müsse alle unterhalten.

Zu erkennen, dass wir nicht unsere Persönlichkeitsaspekte sind, bedeutet nicht, seine ganze Persönlichkeit loszulassen. Viele haben die Vorstellung, durch Meditation jegliche Persönlichkeit, ja jegliche Menschlichkeit fallen lassen zu müssen. Das Gegenteil ist der Fall. Ich verbringe viel Zeit mit erleuchteten Zen-Meistern, und ich kann dir sagen, die haben eine ausgesprochen lebendige Persönlichkeit. Der Unterschied ist nur, dass sie nicht daran festhalten. Sobald du das erkennst, kannst du all deine Fähigkeiten, deine Charaktereigenschaften und alles, was dich ausmacht, für dich nutzen. Du kannst es leben und Freude damit haben, doch kannst du es im gleichen Atemzug loslassen, wenn du es nicht mehr brauchst oder wenn es sogar Leiden erzeugt, weil du glaubst, dem dazugehörigen Bild entsprechen zu müssen.

Dann wirst du auch nicht mehr verletzt, wenn die Welt dir gerade etwas anderes spiegelt als das, was du glaubst zu sein. Du musst nicht mehr zwanghaft aufgrund deiner alten Muster reagieren und kannst, wenn nötig, anders agieren oder einfach gar nicht. Das Spannendste im Zusammensein mit sehr erfahrenen Meditierenden ist: Sie sind überaus spontan und wenig berechenbar. Sie reagieren auf jeden Moment neu, so wie es der Augenblick erfordert, und stecken nicht in Mustern fest. De-Identifikation befreit deine Energie und macht dich lebendiger, kreativer und flexibler.

Die verschiedenen Lehmhüllen des goldenen Buddha

Weil wir nicht wissen, wer wir sind, identifizieren wir uns mit allem Möglichen. Wir machen uns zu diesen Dingen. Neben deinen Charaktereigenschaften machst du deine Rollen, deinen Besitz, dein Aussehen, deinen Status, deine Errungenschaften, deinen Beruf, deine Geschichte und noch vieles mehr zu deiner Identität.

»Das bin ich!«, sagt dir dein Gehirn und tut alles dafür, um deine Identität zu schützen. Die falsche, unbewusste Identifikation führt zu allerlei Problemen und vor allem dazu, dass wir leiden: »Der Perfektionist« arbeitet sich für Job, Heim und Familie auf. Für »die Ehrgeizige« gilt das Gleiche. »Der Liebevolle« opfert sich für andere auf. Und »die Ruhige« spricht nie ihre Wahrheit aus.

Manche Menschen verlieren sich so sehr in falschen Identifikationen, dass sie sich sogar das Leben nehmen, wenn sie nicht mehr ihrer eigenen Identität entsprechen.

Solche drastischen Ereignisse sehen wir beispielsweise bei einem Börsencrash, wenn ein Spekulant sein ganzes Geld verliert. Da er identifiziert ist mit Geld, Besitz, Status und Macht und das dann plötzlich alles auf einmal wegfällt, scheint ihm das Leben sinnlos.

Damit dir weiteres Leid erspart bleibt, tragen wir jetzt, wie bei der goldenen Buddhastatue, das ab, was dir nicht dient, damit am Ende das übrig bleibt, was du wirklich bist. Auf den nächsten Seiten gehen wir dafür die meiner Meinung nach wichtigsten »Lehmhüllen« durch, die bei sehr vielen Menschen (und damit vielleicht auch bei dir) den inneren goldenen Buddha verdecken. Überlege dir bei jedem der folgenden vier Bereiche, was der Text mit dir zu tun hat. Es geht um die

- Identifikation mit einer Geschichte,
- Identifikation mit Rollen,
- Identifikation mit Besitz,
- Identifikation mit dem Körper.

Identifikation mit einer Geschichte

Eine der stärksten Formen der Identifikation ist mit unserer Geschichte. »Ich bin zu dem Menschen geworden, der ich bin, weil ich dies und das erlebt habe …« Wir erzählen uns eine Geschichte über uns selbst. Eine Geschichte voller Höhen und Tiefen, Erfolge und Misserfolge, gescheiterter Beziehungen, Verletzungen, Prägungen und Schicksalsschläge. Wir definieren uns selbst, unser Verhalten und unser Leben aufgrund unserer Vergangenheit und verstehen nicht, dass wir dadurch an ihr festhalten und wie bei einer Schallplatte eine immer tiefere Rille in das Vinyl kratzen, wenn wir sie immer wieder abspielen.

Unsere jetzige Realität ist aus unseren vergangenen Erlebnissen und Erfahrungen entstanden. Und indem wir an diesen und den damit einhergehenden Denkmustern festhalten, erzeugen wir die gleichen Erfahrungen immer wieder neu, und sie werden zu unserem Leben. Alle Informationen, die auf uns einströmen, werden sofort abhängig von unserer persönlichen Geschichte und unseren Prägungen und Überzeugungen gefiltert.

Aus dem, was bei uns ankommt, erzeugt unser Gehirn Gedankenangebote, Emotionen und letztendlich unser Verhalten, mit dem wir auf die Welt reagieren. So erschaffen wir eine Zukunft, die der Vergangenheit entspricht. Das wiederum lässt die Überzeugungen stärker werden: Die Welt, das Leben und wir selbst sind eben so.

Dieses Hamsterrad oder »Rad des Samsara« (das Rad des Leidens), wie die Hindus es nennen, kannst du nur durch Bewusstheit verlassen. Bewusstheit für den Moment und Bewusstheit darüber, dass deine Gedanken, Emotionen und dein Verhalten von deiner Vergangenheit geprägt und nicht in Stein gemeißelt sind. Dieses Loslassen funktioniert, sobald wir nicht mehr mit unserer Geschichte identifiziert sind.

Vielleicht erzählst du dir die Geschichte der betrogenen Ehefrau oder des Ehemanns, deiner schweren Kindheit, der schlimmen Lehrer oder die der komplizierten Verletzungen oder Krankheiten. Du bist damit identifiziert – und vielleicht kommt Wut in dir hoch, wenn du das hier liest. Wenn ich an der Ernsthaftigkeit deiner Geschichte zu zweifeln scheine, ist das, als ob jemand an deiner Lehmstatue rüttelt, die du so mühevoll errichtet hast. Dabei hast du ganz vergessen, dass sie nur ein Schutz ist und darunter pures Gold liegt. Oder es tut sich nichts in dir, weil du überzeugt davon bist, dass deine Geschichte nun einmal so war und es daran nichts zu rütteln gibt.

> Hier gibt es einen wichtigen Punkt zu verstehen: Es existiert nicht die eine in Stein gemeißelte Geschichte von dir. Es gibt nur die, die du dir immer wieder selbst erzählst.

Um das zu verdeutlichen, möchte ich dir folgendes Gedankenexperiment zeigen: Stell dir vor, du hast dich letzte Woche mit einem Freund verabredet. Du kommst in das Café, setzt dich hin und wartest, wartest und wartest. Die Minuten vergehen, und der Freund kommt nicht. Nach einer halben Stunde versuchst du aufgebracht, ihn zu erreichen, doch er geht nicht ans Telefon. Nach einer Stunde gibst du auf und gehst frustriert nach Hause. Du erzählst dir: »So ein Arsch, jetzt hat er mich sitzen lassen! Was denkt der überhaupt, wer er ist?!« Zu Hause angekommen triffst du deinen Partner und erzählst ihm alles ausführlich, wobei deine Wut immer wieder neu entflammt.

Erst am nächsten Morgen erhältst du von deinem Freund eine Nachricht: »Tut mir so leid, ich konnte gestern nicht kommen. Meine Mutter hatte einen Unfall, und ich musste für sie da sein.« Sofort ändert sich alles. Aus der Geschichte des sitzen gelassenen Opfers wird Verständnis für den Freund.

Am Nachmittag triffst du dann zufällig eine Freundin und erzählst ihr die Geschichte. Sie schaut dich verdutzt an und sagt: »Das stimmt gar nicht. Er war gestern auf einer Party bei Martin und hat sich total betrunken.« In dieser Sekunde ändert sich deine Geschichte vom Verständnis wieder in eine der Wut.

Du siehst also, dass sich die Geschichte, die wir uns erzählen, ständig ändert und fast nur davon abhängt, wie wir unsere Erfahrungen interpretieren. Es gibt nicht *deine* Geschichte, es gibt lediglich die, die du dir erzählst. Erst wenn du wirklich verinnerlicht hast, dass es nur eine Geschichte ist, kannst du anfangen, entweder deine eigene zu schreiben, oder ganz damit aufhören und achtsam Moment für Moment betrachten.

Das Loslassen beginnt mit dem Verstehen und endet mit dem Betrachten des jetzigen Moments. Wenn wir mit all unseren Sinnen, all unserer Aufmerksamkeit und unserem Gewahrsein im jetzigen Moment verankert sind, gibt es keine Vergangenheit und keine Zukunft. Nur das Jetzt.

Deine Geschichte

Welche Geschichte erzählst du dir immer und immer wieder und hältst dadurch, wie der Affe an einer Banane, an deiner Vergangenheit fest?
Bist du der oder die Betrogene?
Die oder der mit der schweren Kindheit?
Die Person, auf die nie jemand Rücksicht nimmt?
Der oder die Ausgenutzte?
Sei schonungslos ehrlich und notiere dir, welche Rollen du dir zu eigen gemacht hast.

Identifikation mit Rollen

Wenn wir gefragt werden, wer wir sind, antworten wir meistens mit unserem Namen. »Ich bin Peter.« Gefolgt von Smalltalk, in dem wir erklären, was uns so ausmacht. »Ich bin Familienvater«, »Ich bin Ingenieur«, »Ich bin Hausbesitzer«, »Ich bin dies, und ich bin jenes«. Der andere ergänzt dann das Gespräch durch seine Rollen. Ich kann mich nur noch allzu gut an genau diese Gespräche in meiner Zeit als Ingenieur erinnern. Immer die gleiche oberflächliche Angelegenheit. Während des Prozesses, in dem ich meine Rollen Stück für Stück abgelegt oder aber Rollen bewusst eingenommen habe, habe ich aufgehört, mich auf diese Art zu unterhalten.

Unsere Rollen sind eng an unsere Geschichten geknüpft. Du hast eine bestimmte Ausbildung oder ein Studium absolviert und deswegen einen Titel oder eine bestimmte Berufsbezeichnung.

Haben wir eine Immobilie, sind wir »Besitzer(in)«, haben wir Kinder, sind wir Vater oder Mutter. Zusätzlich gibt es unzählige soziale Rollen, die wir je nach Situation einnehmen oder die uns zugewiesen werden und mit denen wir uns dann unbewusst identifizieren. Diese Rollen sind an sich nichts Schlimmes, sondern sogar notwendig, um leichter sozial interagieren zu können. Denn durch die jeweilige Rolle tritt ein Mensch mit einer anderen Person in Beziehung. Und die jeweiligen Rollenerwartungen erleichtern (im Idealfall) den Umgang miteinander.

Dabei können wir in der Definition der Rolle bereits das damit einhergehende Problem erkennen. Denn eine Rolle ist die Summe der von einer Person erwarteten Verhaltensweisen. Das dient uns natürlich auf der einen Seite, weil es wichtig ist, dass bestimmte Rollen entsprechende Verhaltensweisen erfüllen. So sollte ein Richter versuchen, objektiv zu sein. Ein Arzt gewissenhaft. Ein Therapeut verständnisvoll. Ein Handwerker präzise. Die Rolle gibt uns also eine gewisse Sicherheit, da wir in ihr nicht hinterfragen, wie wir sein sollen, da das bereits weitgehend definiert ist.

Problematisch wird es nur, wenn wir so stark mit der Rolle identifiziert sind, dass wir nicht mehr durchschauen, dass es nur ein soziales Konstrukt ist. Viele glauben irgendwann, dass sie die Erwartungen der anderen und vor allem die eigenen oft ungesunden oder übertriebenen Erwartungen, die sie mit der Rolle verbinden, unbedingt erfüllen müssen. Denn sie sind ja XYZ! Und »müssen« deswegen ...

- Als Lehrer(in) muss ich immer alles im Griff haben.
- Als Handwerker(in) muss ich immer alles genau machen.
- Als Polizist(in) muss ich immer hundertprozentig korrekt sein.
- Als Chef(in) muss ich mich immer um alle Mitarbeiter kümmern.

- Als Pflegekraft darf ich mir keine Pause gönnen.
- Als Manager(in) muss ich Jahr für Jahr erfolgreicher sein
- Als Oberarzt/-ärztin muss ich besser sein als alle anderen.
- Als Mutter/Vater muss ich immer für mein Kind da sein.
- Als Intellektuelle(r) muss ich immer eine kluge Antwort parat haben.

Irgendwann sind die meisten so stark mit ihren Rollen identifiziert, dass sie es nicht mehr schaffen, sie abzulegen, wenn die Zeit dafür gekommen ist. Das ist zum Beispiel der Fall, wenn hart arbeitende Angestellte in die Rente verabschiedet werden und dann in ein großes Loch fallen. Sie fühlen sich leer und unnütz, weil sie die Rolle des »Gebrauchten« jetzt nicht mehr ausüben können und die neue Rolle des freien (aus ihrer Sicht unnützen) Rentners nicht annehmen wollen. Die Identifikation mit der Rolle kann viel Leid schaffen. Und so passiert es, dass die Mutter weiter das Kind überwacht, obwohl es schon alt genug ist, selbstständig die Welt zu entdecken. Der Polizist sieht auch nach Feierabend jede Unkorrektheit. Der Manager versucht, selbst in der Freizeit überall der Beste zu sein.

Klingt anstrengend, nicht wahr? Und das ist es auch – für alle Beteiligten. Zu erkennen, dass beispielsweise dein Beruf oder dein aktueller Status nur eine Rolle ist und nichts mit dem zu tun hat, wer du wirklich bist, bringt dir Freiheit!

Deine Rollen

Welche Rolle(n) hast du zurzeit?
Welche Erwartungen musst du deswegen erfüllen?
Gibt es Rollen, die du schon ablegen kannst?

Die entscheidende Frage ist: Weißt du, dass du ein Schauspieler bist, oder bist du in deiner Rolle gefangen? Die Identifikation mit Rollen loszulassen bedeutet nicht, sich selbst loszulassen oder nicht mehr gesellschaftlich aktiv zu sein. Es bedeutet ganz bestimmt nicht, sich in eine Höhle zurückzuziehen und dort als Yogi den Rest seines Lebens zu verbringen. Du kannst weiter genau der Mensch sein, der du bist. Nur eben, dass du dir bewusst darüber bist, welche Rollen du spielst. Du kannst Mutter, Vater, Chef(in), Angestellte(r), Arbeiter(in), Manager(in), Sohn, Tochter, Single, Geschiedene(r), Ehemann, Ehefrau und tausenderlei mehr sein.

Wenn du eine Rolle spielst, dann tu es bewusst und fülle sie vollkommen aus. Das bedeutet nicht, dass du dich verstellst. Für meinen Sohn bin ich Vater, wenn ich aber die Rolle des Vaters bei meinen Mitarbeiterinnen einnähme, würde das nicht so gut ankommen. Genauso wenig würde sich meine Frau freuen, wenn ich sie nach einem anstrengenden Arbeitstag über das Thema Gelassenheit belehren und die Rolle des Meditationslehrers einnehmen würde.

> Wir nehmen zwangsläufig immer Rollen ein. Das bedeutet zu leben. Doch dürfen wir uns immer bewusst sein, dass wir nicht diese Rollen sind.

Rollen sind etwas, was wir tun, und nichts, was wir sind. Je stärker wir uns mit den Rollen identifizieren, desto mehr leiden wir irgendwann. Wer seine Rollen spielt wie ein Schauspieler, der ist frei. Wenn eine Rolle ausgedient hat, legt man sie wie einen Mantel ab und schlüpft in eine andere – oder lässt alle Rollen los und meditiert.

Sobald du dir der Identifikationen bewusst bist, kannst du Stück für Stück hinterfragen, welche Erwartungen von außen und welche eigenen Erwartungen damit einhergehen. Du kannst, noch während du eine Rolle spielst, Aspekte davon ablegen, die dir nicht mehr dienen, und wenn die Rolle nicht mehr notwendig ist, legst du sie komplett ab. Als Elternteil könnte das bedeuten, das »Immer-da-sein-Müssen« zu hinterfragen und sich mehr Pausen zu gönnen. Damit bist du nicht egoistisch, sondern schenkst dir Zeit, in der du deine Akkus aufladen und somit nachher gestärkt zurück in deine Elternrolle gehen kannst.

Spiele deine Rolle voller Hingabe, voller Freude und Liebe. Wenn es Zeit für eine andere Rolle ist, spiele diese genauso. Wenn es Zeit ist für Frieden – spiele nicht mehr und sei einfach.

Identifikation mit Besitz

Im verzweifelten Versuch, unsere Unwissenheit über unsere wahre Natur zu kompensieren, identifizieren wir uns mit allem, was wir um uns herum finden. Wenn die inneren und äußeren Qualitäten und Rollen nicht genügen, fangen wir oft an, uns mit Besitz und Status zu identifizieren. »Mein Haus, meine Frau, meine Yacht.« Größer, höher, schneller, weiter. Diese Anhaftung an Besitz muss sich nicht gleich auf Auto oder Boot beziehen, sie ist oft viel subtiler und beginnt zum Beispiel damit, was auf unserem T-Shirt steht, welchen Laptop wir nutzen, welche Schuhe wir tragen.

Tausend Dinge, die Rückschlüsse auf Status, Intelligenz, Einzigartigkeit, Zugehörigkeit zu einer bestimmten Gruppe und zu einem Lifestyle geben sollen. Wir wollen uns von anderen abgrenzen und gleichzeitig zu einer gewissen Gruppe gehören. Und in der Gruppe wollen wir natürlich auch möglichst gut aufgestellt sein.

Anhaftung ist im Buddhismus unter dem Begriff *Upadana* bekannt und gehört zu den fünf Ursachen für Leid. Buddha wusste bereits, dass alles, was kommt, wieder gehen wird. Wenn wir an dem, was wir besitzen, festhalten oder uns sogar damit identifizieren, wird der Moment, wenn es wegfällt, großes Leid erzeugen. Die unbestreitbare Wahrheit ist: Alles ist vergänglich. Alles. Und sobald du einen Besitz verlierst und gegen diesen Verlust ankämpfst, leidest du. Genauso, wenn du dich ständig mit anderen vergleichst und Neid verspürst. So regt sich der stolze Autobesitzer unfassbar auf, sobald der erste Kratzer im Lack ist. Der Hausbesitzer wird nervös, wenn eine größere Reparatur ansteht und es finanziell eng werden könnte mit der Abzahlung. Der Jugendliche ärgert sich, wenn auf einmal jeder »seine« Schuhe trägt und er nicht mehr einzigartig ist. Der Yachtbesitzer wird neidisch, wenn im Yachthafen ein größeres Boot neben ihm anlegt.

Aber nicht nur an dem Punkt, an dem uns der Besitz verlässt, leiden wir. Bereits davor erzeugt Besitz, mit dem wir uns identifiziert haben, Angst. Eine subtile Angst, die wir gern mit Versicherungen und allerlei anderen Vorsichtsmaßnahmen versuchen abzufangen. Ein wohlhabender Coaching-Klient erzählte einmal von seiner Mutter, die schweißgebadet am Frühstückstisch sitzt, wenn sie in der Zeitung liest, dass die Aktienkurse um ein paar Prozent gefallen sind. Obwohl die Familie mehrere Millionen hat, ist ihre Angst, alles zu verlieren, die dominierende Emotion.

Und so bauen die Reichen oft die höchsten Mauern und sichern sich gegenüber allen möglichen Schadensfällen ab, weil sie Angst davor haben, dass sie das, was sie vermeintlich ausmacht, eines Tages verlieren könnten. Sie verbringen den Großteil ihres Lebens mit der Anhäufung und gleichzeitigen Absicherung ihres Besitzes, statt ihr Leben zu genießen und dem zu folgen, was ihnen Freude macht. Meister Yoda aus *Star Wars* sagte einmal weise: »Übe dich darin, alles loszulassen, von dem du fürchtest, es zu verlieren (…). Furcht ist der Weg zur dunklen Seite. Furcht führt zu Wut, Wut führt zu Hass, Hass führt zu Leid.«

Bedeutet das nun, jeglichem Besitz abzuschwören wie ein buddhistischer Bettelmönch? Ganz und gar nicht. Ich glaube, die Kunst in unserer Gesellschaft ist es, die Dinge zu genießen, während sie da sind, und bereit zu sein, sie loszulassen, wenn sie sich verabschieden. Die folgende Geschichte aus dem alten Indien finde ich wunderbar, um zu verstehen, wie gelassen man mit Besitz umgehen kann.

König Janaka verschenkt sein Königreich

Es war einmal ein König namens Janaka. Dieser König war noch recht jung und wollte einige Zeit zu einem großen Meister in die Lehre gehen. Der größte Meister, den Janaka kannte, hieß Ashtavakra. Er galt als ein ganz großartiger Meister. Und Ashtavakra stimmte zu, Janaka als Schüler aufzunehmen. Janaka organisierte eine Vertretung in seinem Königreich und ging für einige Zeit zu Ashtavakra in die Lehre. Er lernte dort Yoga und Meditation. Er lernte, wie er seinen Geist unter Kontrolle bringen konnte und eine Vielzahl spiritueller Prinzipien. Er lernte auch viel über Gelassenheit.

In Indien ist es üblich, dass der Schüler dem Meister am Ende einer Lehrperiode ein Geschenk gibt, eine sogenannte Dakshina. Und es gibt keine festen Sätze, sondern man gibt, was man kann. Janaka war ein König, er konnte also recht viel geben. Aber er wusste auch, dass Ashtavakra alles hatte, was er brauchte. Und Ashtavakra war als großer Meister sogar recht zufrieden. Er schien nichts zu brauchen, und so fragte Janaka Ashtavakra: »Meister, ich würde dir gern eine Dakshina, ein Lehrgeld geben. Was kann ich dir schenken? Du weißt, ich habe große Mittel, ich kann dir alles geben, was du willst.«

Ashtavakra antwortete: »Du weißt nicht, worauf du dich einlässt. Du sagst, du willst geben, was auch immer ich will. Ist das wirklich so?« Janaka sagte: »Ja, mein Wort als König gilt. Was auch immer du willst, wenn es mir möglich ist, werde ich es dir geben. Du hast mich so viel gelehrt, so wertvolles Wissen, so großartige Techniken. Was auch immer du willst, ich werde es dir geben.«

Ashtavakra lächelte und sagte: »Gut, dann überschreibe mir dein Königreich. Ich will dein Königreich haben.«

Janaka schluckte einen Moment. Damit hatte er nicht gerechnet, aber er wusste, er hatte sein Wort gegeben, und antwortete: »Gut, mein Wort gilt, ich überschreibe dir das Königreich.« Sie setzten das Vorhaben gleich um, Ashtavakra nahm ein Pergament, und Janaka unterzeichnete.

Ashtavakra hatte einige Schüler, die als Zeugen ebenfalls unterschrieben. Janaka drückte sein Siegel auf das Schriftstück und übergab Ashtavakra seinen Siegelring und noch ein paar weitere Insignien der Macht. Nachdem das alles getan war, lächelte Ashtavakra und sagte: »Danke, Janaka, du kannst jetzt gehen.«

Janaka wusste nicht, was er nun machen sollte. Er hatte nur gelernt, König zu sein, aber er dachte, irgendetwas würde sich schon finden, und ging seines Weges. Als er fast außer Hörweite war, rief Ashtavakra laut: »Janaka, bitte komm noch mal zu mir.« Janaka ging zurück zu Ashtavakra, und dieser sagte: »Weißt du, ich fühle mich ja hier im

Wald momentan ganz wohl, und ich weiß auch gar nicht, wie man ein Königreich regiert. Könntest du nicht das Königreich für mich regieren? Du regierst für mich unter zwei Bedingungen: 1. Du wirst so tun, als ob du der König wärst, du wirst auch weiterhin König genannt. 2. Du weißt, dass ich in jedem Moment zu dir kommen und die Regierungsgeschäfte übernehmen könnte.« Janaka lächelte und stimmte zu. So ging Janaka zurück in sein Königreich, das ja eigentlich nicht mehr seines war.

Er tat gegenüber allen anderen so, als ob er der König wäre, wurde auch als König angesehen, lebte im Palast, saß auf dem Thron, kam allen königlichen Verpflichtungen nach, wusste aber tief im Inneren, dass es nicht sein Königreich war. Und alle paar Monate kam Ashtavakra vorbei und sagte lächelnd: »Janaka, na, wie geht es dir? Ich überlege gerade, ob ich das Königreich übernehmen soll, aber ich glaube, du kannst noch eine Weile weiterregieren.« So regierte Janaka das Königreich mit großem Engagement, denn für seinen Meister wollte er alles tun.

Er regierte, so gut er konnte, anhand der ethischen Prinzipien seines Meisters: Gerechtigkeit, Geschicktheit, Frieden, Ausgleich … Und er wusste, dass ihm das Königreich jederzeit genommen werden könnte, weil es ja letztlich nicht seines war. Wenn Ashtavakra mit seiner Regierung nicht zufrieden war, könnte er jederzeit jemand anderen einsetzen. Mit diesem Bewusstsein konnte er entspannt und friedlich regieren, denn er brauchte keine Angst zu haben, Dinge falsch zu machen. Schließlich war es ja eigentlich Ashtavakras Königreich, und er identifizierte sich nicht damit. So konnte Janaka zeigen, wie man mit einer spirituellen Lebenseinstellung sehr gut und engagiert lebt.

Trotz allem lebte Janaka natürlich auch wie ein König. Er genoss den damit verbundenen Luxus, denn letztlich brauchten die Menschen das, um den König bewundern und zu ihm aufschauen zu können. Janaka war sich stets bewusst, dass er all das jeden Moment verlieren konnte. Und so hatte er als König inmitten des Luxuslebens und inmitten aller Verantwortung, allen Stresses der Regierung eines Königreiches die höchste Verwirklichung erreicht.

Janaka gilt in der Mythologie und in vielen Geschichten als ein Beispiel für jemanden, der weltlich lebt, sich aber nicht mit Weltlichem wie Besitz und Status identifiziert. Der engagiert ist, aber nicht verhaftet. Der Luxus genießen kann, aber nicht daran hängt. Es war natürlich ein weiser Zug von Ashtavakra, Janaka auf diese Weise auszubilden.

Auch wenn das nur eine Geschichte ist, im Grunde ist es für dich und mich genau das Gleiche: Uns gehört nichts. Angenommen, du hast ein Haus, dann gehört dir das Haus nicht wirklich. Das Haus ist im Grunde nur Steine an einem bestimmten Ort, der mit einem Stück Papier dir zugesichert wurde. Aber bei genauer Betrachtung hast du keine volle Kontrolle darüber. Es kann dir jederzeit weggenommen werden. Vielleicht durch ein Erdbeben, weil es anderweitig Schaden nimmt oder durch eine finanzielle Katastrophe. Es gehört dir nicht, es wurde dir nur für eine bestimmte Zeit anvertraut. Du kümmerst dich um das Haus, du kümmerst dich um alles und tust nach außen so, als ob es dir gehört. Du bist ja auch offiziell der Besitzer, aber du weißt, es kann dir genommen werden.

Identifikation mit dem Körper

Neben der Identifikation mit unzähligen Rollen und unseren Charakterstärken beziehungsweise Schwächen gibt es noch eine weit offensichtlichere Form der Identifikation, und zwar die mit dem eigenen Körper. Sie hat vor allem in der westlichen Konsumgesellschaft tief ihre Wurzeln geschlagen.

Es beginnt erst mal mit dem offensichtlichen Äußeren. Wir alle haben ein Idealbild antrainiert bekommen, wie ein Mann und wie eine Frau auszusehen hat. In Tausenden Magazinen, in den Medien, auf Plakatwänden, egal wo wir hinschauen, sehen wir »perfekt« geformte Prachtkörper, die ein gewisses Idealbild suggerieren. Dieses Idealbild gleichen vor allem junge Menschen fortlaufend mit sich selbst ab und fühlen sich schlecht, wenn sie ihm nicht entsprechen. Viele jagen dem Idealbild nach und rennen jeden Tag ins Fitnessstudio, zur Kosmetik, unterziehen sich Schönheitsoperationen und sind unzufrieden mit sich, wenn sie irgendwo Falten oder ein Gramm Fett zu viel oder ein Kilo Muskeln zu wenig haben. So hängen sie durch die unbewusste Identifikation mit einem falschen Idealbild des Körpers in einer endlosen Selbstoptimierungsschleife fest, in der sie nur verlieren können. Denn ein Faktor wird jeden Körper, sei er noch so gut trainiert, zerstören: die Zeit. Ein gewisser Lebensstil, Pillen, Hormone und Chirurgen können den Verfallsprozess hinauszögern, aber letztendlich unterliegen unsere Körper der einen Wahrheit: Alles vergeht, nichts bleibt ewig. Für viele wird daraus ein Kampf, der nicht zu gewinnen ist.

Versteh mich bitte nicht falsch. Ich liebe meinen (meist) gesunden Lebensstil, ich liebe es, Sport zu machen, mich fit zu halten. Ich war jedoch auch eine lange Zeit meines Lebens damit beschäftigt, irgendwelchen Idealbildern nachzujagen. Deshalb praktiziere ich regelmäßig das bewusste Loslassen dieser Identifikation und möchte dir dazu eine kleine Übung zeigen.

Die Identifikation mit dem Körper loslassen

Nimm dir fünf Minuten Zeit und stell dich vor den größten Spiegel, den du zur Verfügung hast. Schau dich ganz genau an. Komplett, nicht nur Teile von dir. Wir neigen dazu, immer nur einen gewissen Bereich unseres Körpers zu betrachten.

Schau dir dann in die Augen und sage zu dir selbst: »Ich liebe dich!« Wenn das für dich gar nicht geht, beginne mit: »Ich finde dich toll/wunderbar/wirklich okay.«

Beobachte, welche Emotionen dabei aufsteigen. Sind es Emotionen der Ablehnung? Vielleicht Scham oder Schuld? Oder kannst du Liebe wahrnehmen?

Ganz egal, was es ist, nimm die Emotionen an, so wie du es im vierten Kapitel anhand der EFP-Methode gelernt hast.

Wiederhole diese Übung am besten täglich, zum Beispiel nach dem Zähneputzen am Morgen und vor dem Zubettgehen am Abend. Du wirst sehen, dass es Tag für Tag leichter wird, weil du die ungesunden Emotionen verarbeitest und dir weiter deine Liebe bekundest. Allein diese Übung kann dein Leben revolutionieren!

Der dritte Schritt zur Erfahrung: Wer fühlst du zu sein?

Die ungesunde Identifikation mit dem eigenen Körper ist für dich bestimmt nachvollziehbar, doch sie geht tatsächlich noch viel tiefer. Hast du dich schon einmal selbst gefragt, worauf du dich beziehst, wenn du »Ich« sagst? Wenn du sagst: »Ich spreche … Ich atme … Ich tue etwas.«

Wenn wir aufhören, unser »Ich« im Kopf bei unseren Stärken oder unserer Geschichte zu suchen, sucht unser Bewusstsein das »Ich« üblicherweise auf körperlicher Ebene. Als westlich geprägter Erwachsener haben wir wahrscheinlich gelernt, das Zentrum des Ichs irgendwo in der Mitte unseres Gehirns, ein paar Zentimeter hinter der Stirn wahrzunehmen. Je nach Kultur ist das aber höchst unterschiedlich. Im fernöstlichen Raum ist dieses Zentrum im Bereich des Sonnengeflechts, in etwa auf Höhe des Magens. Die alten Griechen hatten es angeblich im großen Zeh, auch wenn ich mir das nicht vorstellen kann.

Es ist üblich, dass wir sagen »meine Beine, meine Hände …«, so wie wir sagen »meine Kleidung, mein Haus, meine Frau«. Interessanterweise würde aber kaum ein Mensch sagen: »Ich lasse meine Zehennägel wachsen.« Und selbst Frauen, die dieses Wunder der Natur bewerkstelligen, würden nicht sagen: »Ich lasse Leben wachsen.«

Vielleicht sagst du bereits: »Ich habe verstanden, dass ich nicht meine Gedanken bin. Ich bin mein ganzer Organismus, Kopf und Körper.« Dann bin ich mir sicher, dass du die Grenze bei deiner Haut ziehst. »Ich bin hier drinnen, und dort draußen ist die Welt.« Ungeachtet der Tatsache, dass ohne Boden, auf dem du stehen, ohne Luft, die du atmen, und ohne Nahrung, die du essen kannst, kein »innen« möglich wäre. Hast du dich schon einmal gefragt, wann aus dem Essen, das du isst, »Ich« wird? Beim Kauen? Im Magen? Im Darm? Wo ist die Grenze? Gibt es überhaupt eine Grenze?

Ich vermute, du sitzt gerade gemütlich irgendwo und liest dieses Buch. Du hast ein Gefühl von dir selbst. Du bist ja da. Lass uns dieses Gefühl genauer erforschen. Dazu nutze ich wieder die sechs Ebenen des Bewusstseins aus dem Kapitel »Ein klarer Geist«, weil sie dir dabei helfen, ein übersichtliches Bild zu schaffen.

Nehmen wir mal an, Tanzen ist deine Leidenschaft, und du bist gerade neu in eine Stadt gezogen. Du hast weder Freunde noch andere Bekannte dort, mit denen du tanzen gehen kannst. Also beschließt du, all deinen Mut zusammenzunehmen und allein einen Salsaabend zu besuchen. Angespannt und doch mit leichter Vorfreude betrittst du den Tanzsaal, dein Herz pocht (Fühlen innen), und du denkst dir (Hören innen): »Hoffentlich sind hier tolle Menschen, mit denen ich eine gute Zeit haben kann.« In diesem Moment hast du ein starkes Gefühl von »Ich«.

Dieses »Ich« ist im Grunde eine starke Ausprägung aus »Hören innen« (Gedanken) und vor allem »Fühlen innen« (Körpergefühl). Unsicher drängst du dich durch die volle Tanzfläche an die Bar, wo du dir erst einmal einen kleinen Drink zum Ankommen gönnst. Du entspannst dich etwas, und das Gefühl von »Ich« wird schwächer. Andere Eindrücke in deinem Bewusstsein übernehmen die Oberhand. Du hörst die Musik (Hören außen) und beobachtest die tanzenden Paare (Sehen außen).

Während du genüsslich an deinem Cocktail nippst, bemerkst du die Blicke einer interessanten Person, die dir gefällt und dich mit freundlichen Augen anlächelt. Ihr haltet Blickkontakt, und du bemerkst, dass du innerlich unruhig wirst (Fühlen innen). Das Gefühl von »Ich« nimmt wieder zu. Kurze Zeit später seid ihr ins Gespräch gekommen, und du denkst (Hören innen): »Hoffentlich mag er/sie mich.« Du fühlst (Fühlen innen) dein Herz pochen, und deine Hände schwitzen leicht. Du hast weiterhin ein starkes Gefühl von »Ich«. Wenige Minuten später hast du das Gefühl, als ob ihr euch schon ewig kennt. Deine Anspannung lässt nach, und ihr unterhaltet euch großartig (das Gefühl von »Ich« wird schwächer). Dann der große Moment: Die Person fordert dich zum Tanzen auf, und völlig fasziniert merkst du, dass nicht nur euer Geist, sondern auch eure Körper perfekt harmonieren. Völlig mühelos schwebst du über die Tanzfläche und gehst völlig in der Musik und dem Tanz auf (dein Gefühl von »Ich« verschwindet) ...

Jeder kennt diese Momente mit guten Freunden, wenn die Zeit wie im Flug verrinnt und wir völlig in einem Gespräch aufgehen. Wenn uns die Stimmung und die Energie eines guten Konzerts völlig vereinnahmen und wir mit der Masse an Menschen eins werden. Oder auch jeden Abend, wenn wir schlafen. All diese Dinge erfahren wir ohne »Ich«. Wir erfahren einfach. Wenn ich dich in diesen Momenten fragen könnte: »Wer bist du?«, würdest du einen kurzen Moment (wenn auch nur eine Millisekunde) innehalten, fühlen, wahrnehmen und nicht wissen, was du sagen sollst. Danach lenkt sich deine Aufmerksamkeit auf deinen Körper und deinen Geist; Gedanken und Gefühle steigen auf, die du wiederum als Referenz für dein »Ich« verwendest.

Bestimmt kennst du es aus deinem Alltag, dass das Gefühl von »Ich« manchmal stärker ist, wenn du mit dir beschäftig bist oder dich in einer stressbehafteten Situation befindest. Und mal ist das »Ich« schwächer bis nicht mehr existent, wenn du im Flow und eins mit einer Sache bist. Auch fortgeschrittene Meditierende berichten über ein Verschwinden des »Ich« und ein Einswerden mit allem.

Das heißt, das Gefühl von »Ich« wird stärker und schwächer, je nach Situation und Verfassung. Und es verschwindet in seltenen Momenten auch komplett. Diese könnten wir dann vielleicht als die Höhepunkte unserer Erfahrung bezeichnen.

Beobachte dein »Ich«-Gefühl

Lass dich mehrmals am Tag durch einen Wecker oder eine App daran erinnern zu überprüfen, wie stark dein Gefühl von »Ich« gerade ist. Beobachte, wann das Gefühl stark ist und wann eher schwach. Beobachte, wie es dir geht, wenn dein Selbstgefühl stark oder schwächer ist. Wie sehr machst du aus einem Problem eine große Sache, wenn dein »Ich« schwächer ist? Wie persönlich nimmst du beispielsweise Anfeindungen? Nimmt das Selbstgefühl gerade in diesen Situationen zu? Wie stark ist das Selbstgefühl, wenn du im Flow bist? Wie stark ist es, wenn du einen schönen Abend mit Freunden verbringst, wenn viel gelacht und getanzt wird?

Alles, was sich in deinem Leben (in deinem Bewusstsein) zeigt, ist einem stetigen Wandel unterworfen, ganz egal ob im Außen oder im Innen. Die Illusion vom statischen »Ich« entsteht aus deiner Fähigkeit, Erfahrungen in deinem Gedächtnis aufzuzeichnen. Mit Teilen dieser abgespeicherten Informationen identifizierst du dich dann unbewusst. Diese Aufzeichnungen haben aber nichts mit deinem jetzigen »Ich« zu tun. Du lebst weitgehend in der Vergangenheit, weil du dich – wie wir alle – gern an etwas Statischem festhältst, das dir eine gewisse Sicherheit gibt, anstatt dich dem Fluss des Lebens hinzugeben.

Dabei entsteht sogar noch ein viel größeres Problem. Dieses »illusionäre Geschichte-Ich« hat Vorstellungen, wie der Moment sein sollte. Wie das Leben sein sollte. Wie du sein solltest. Und jedes Mal, wenn das Leben nicht mit deinen Vorstellungen übereinstimmt, kämpfst du. Im Grunde kämpft eine Illusion gegen das Leben selbst, gegen das, was jetzt ist. Und dieser Kampf bedeutet immer Leid.

In den Momenten, in denen deine Vorstellungen mit deinem Leben übereinstimmen, bist du glücklich. Wenn du quasi am Strand den Sonnenuntergang bestaunst. Aber kaum kommt eine nervige Mücke angeflogen, springt dein »illusionäres Geschichten-Ich« an und kämpft. Und wie wir bereits wissen, *ist dieses »Ich« nur inneres Hören, Sehen und Fühlen.* Es ist kein »festes« Ego, das sich irgendwo versteckt hält. Es sind Wellen im unendlichen Ozean des Lebens – und genauso kannst du sie ab jetzt behandeln. Als eine Wahrnehmung im Bewusstsein, eine Welle, die in deinem Bewusstsein aufsteigt und wieder abflacht.

Die paradoxe Erfahrung, die wir alle unbewusst jeden Tag machen, ist, dass wir umso glücklicher und freudvoller sind, je schwächer unser »Ich« ist. Wenn du mit dem Leben eins bist, dann bist du glücklich, im Frieden und voller Energie. Wenn du die Illusion des »Ich« durchschaust und dich dem Leben hingibst, anstatt auf die Stimme im Kopf zu hören, bist du da, wo du schon immer sein wolltest. Und das muss dann nicht der perfekte Strand mit dem perfekten Sonnenuntergang sein. Es kann genauso auf der übelriechenden Bahnhofstoilette sein oder eben einfach da, wo du jetzt bist.

Buddha bezeichnete unser empfundenes »Ich« als Anatta. Das heißt so viel wie »kein Ding« oder »Nicht-Selbst«. Als ich das zum ersten Mal hörte, dachte ich wirklich zunächst: »Was für ein Unsinn!« Ich war bereits auf meiner meditativen Reise zu »mir selbst« und fand die Idee, dass es kein »Ich« gibt, äußerst deprimierend. Für die meisten Menschen ist diese Idee sehr befremdlich, weil sie ja nur eine Millisekunde sich selbst wahrnehmen müssen, um zu sagen: »Ich bin ja da, also gibt es mich. Was soll dann ›Nicht-Selbst‹?«

Doch wenn wir einmal genauer betrachten, auf was wir uns beziehen, wenn wir »Ich« sagen, dann ist es eben meist eine Kombination aus innerem Hören, Sehen und Fühlen. Doch alles, was wir wahrnehmen, können wir ja nicht selbst sein. Sobald wir etwas beobachten können, sind wir der Beobachter, nicht das Beobachtete. Noch mal, weil es so wichtig ist: Alles, was du beobachten kannst, bist nicht du! Weil du ja das bist, was beobachtet.

Ja, der Gedanke, dass es kein Ich gibt, ist schwierig. Die Erfahrung dagegen atemberaubend. Lass dich nicht von dem Gedanken abschrecken. Du kannst deinen Körper sehen und fühlen – und was gesehen und gefühlt wird, kann nicht das Sehende sein. Du kannst müde, fit, energetisch oder depressiv sein, aber du bist nicht die Müdigkeit, das Fitte, die Energie oder die Depression. Du kannst Angst haben oder glücklich sein, aber du erfährst diese Emotionen, du bist sie nicht. Dein Körper kann sich schwer oder leicht anfühlen, du nimmst das wahr, du bist es aber nicht. Du kannst Gedanken wahrnehmen. Du bist aber nicht diese Gedanken, du bist das, was diese wahrnimmt.

Was bleibt, wenn alles wegfällt?
Was bleibt, wenn alles
abgetragen ist?

Nimm dir einmal ganz kurz Zeit, um das alles sacken zu lassen. Alles, was du beobachten kannst, bist nicht du! Du bist nicht deine Gedanken. Das heißt, alle Gedanken, die du bisher über dich gedacht hast, kannst du beiseitelegen. Wie befreiend ist das denn? Wir alle haben Millionen von Selbstzweifeln, Ängsten, Sorgen und Nöten, all die Gedanken und Probleme, klein und groß. Und du kannst *jetzt* all diese Gedanken auf einmal ablegen, weil du erkennst, dass du nicht diese Gedanken bist!

Im gleichen Atemzug kannst du auch erkennen, dass du nicht dein Körper bist, weil du auch diesen wahrnehmen kannst. Gib auch dieser Idee erst einmal etwas Raum und Zeit. Dein Körper ist das Objekt, das wahrgenommen wird, und nicht das, was wahrnimmt. Auch diese Erkenntnis kann extrem befreiend sein.

Der vierte Schritt zur Erfahrung: Wer du wirklich bist

Was bleibt also übrig, wenn die Gedanken still werden, wenn all die Identifikationen mit Gedanken, Rollen, Körper und Besitz wegfallen? Wenn alles, was du wahrnehmen kannst, nicht du bist? Wenn jedes zu beobachtende Objekt wegfällt – was bleibt?

Während sich die westliche Psychologie und Wissenschaft erst seit wenigen Jahrzehnten mit der Natur des Bewusstseins beschäftigen, setzt die buddhistische Psychologie das Bewusstsein schon von jeher in den Mittelpunkt. Dort wird es als »das, was weiß« beschrieben. Also das, was die Erfahrungen macht. Um es zu begreifen, müssen wir unseren Blick um 180 Grad drehen und genauer beobachten, was auf die Welt blickt (anstatt dass wir in die Welt blicken). Es ist die Grundlage, auf der alles andere aufbaut – ohne Bewusstsein keine Erfahrung. Was bleibt, wenn alles wegfällt, ist das Bewusstsein selbst – das, was die Erfahrung macht. Das, was jetzt gerade liest.

Dieses Erforschen von dir selbst kannst du damit beginnen, dass du einfach mal in den Spiegel blickst. Du siehst dich selbst und erschrickst vielleicht manchmal, wenn du zum Beispiel erkennst, wie alt du geworden bist, obwohl du dich doch im Kern kein Stückchen älter fühlst. Es scheint, als ob dein Körper altert, während es gleichzeitig etwas in dir gibt, das nicht älter wird. Das vor fünf ebenso wie vor zehn Jahren und während deiner Jugend da war und auch jetzt in diesem Moment da ist. Etwas, das du vielleicht als »Ich bin« bezeichnest.

Die Erfahrung dieses »Ich bin« bleibt über die Jahre die gleiche, denn unsere Essenz altert nicht; sie ist einfach immer präsent als das, was wahrnimmt. Es ist, als ob dieses Bewusstsein, dieses Wissen den Hintergrund jeder Erfahrung darstellt. Die Formen, Farben und Erscheinungen, die wir wahrnehmen, ändern sich. Der Raum, in dem sich das alles abspielt, bleibt der gleiche. So wie eine weiße Leinwand, auf der sich der Maler mit Form und Farbe verewigt. So scheint Bewusstsein der Raum für die Erfahrung selbst zu sein. Ohne Leinwand (ohne Raum) sind Farbe und Form (Erfahrung) nicht möglich.

Während unseres Alltags sind wir mit dem Inhalt der Erfahrung beschäftigt, dem Beruf, den Kindern, dem Partner, den Problemen, Freuden und vielem mehr. Allerdings nie mit dem erfahrenden Selbst. Der Grund dafür ist einfach: Die Natur des Bewusstseins (das, was sich bewusst ist) ist wie das Wasser für den Fisch oder die Luft um dich herum. Du nimmst sie nicht wahr, weil sie immer da und die Grundlage für das Leben selbst ist.

»Wer bin ich eigentlich wirklich?«

Probiere einmal folgende kurze Übung aus. Stell dich vor den Spiegel, schau dich an und frage dich: »Wer bin ich eigentlich wirklich?« Schau dir in die Augen und frage dich:

- Wer bin ich, wenn ich nicht meine Prägungen bin?
- Wer bin ich, wenn ich nicht meine Vergangenheit bin?
- Wer bin ich, wenn ich nicht meine Rollen bin?
- Wer bin ich, wenn ich nicht mein Verstand bin?
- Wer bin ich, wenn ich nicht mein Körper bin?

Jede menschliche Erfahrung spielt sich auf einer oder mehreren der sechs Ebenen des Bewusstseins ab: Sehen innen oder außen, Hören innen oder außen, Fühlen innen oder außen. Du kannst dir deiner Gedanken bewusst sein, deiner Körperempfindungen oder des Zwitscherns der Vögel. Die Millionen von Erfahrungen, die du jeden Tag machst, kommen und gehen wie die Wellen im Meer. Gedanken steigen auf und verschwinden wieder. Gefühle und Emotionen kommen und gehen. Wie die Wellen im Meer sind sie mal stärker und mal schwächer, je nachdem, ob gerade Ebbe oder Flut ist. Auf zwei Dinge können wir uns verlassen: Erstens werden die Wellen nie aufhören, und zweitens wird keine Welle für immer bleiben. Alles in deiner Außenwelt kommt und geht. Sogar dein Körper ist in einem stetigen Prozess des Kommens und Gehens. Alles an deinem Körper kommt, ist und stirbt wieder. Doch eine Komponente ist immer gleich und immer da: Du. Und genau dort beginnt deine Reise zu dem, wer oder besser: was du bist.

Glaube versus unmittelbare Erfahrung

Google doch mal die Frage »Wer bin ich wirklich?«. Schnell spuckt die Suchmaschine 246 Millionen Ergebnisse aus. Nach ein paar westlichen psychologischen Erklärungsmodellen findest du dich vermutlich schnell auf spirituellen Seiten wieder, wo man dir eine Antwort auf die Frage geben will. Die New-Age-Szene bezeichnet das »Wahre Ich« gern als »Pures Bewusstsein«, »Higher Self« oder »Wahres Selbst«, das Christentum spricht von der »unsterblichen Seele«, die Hinduisten von »Atman« und die Buddhisten von »Buddhanatur« oder »Leerheit«.

Egal, ob du dich im Internet umsiehst oder dich bereits in die Thematik eingelesen hast, dir werden unzählige Bezeichnungen begegnen. Und unser Geist glaubt gern, dass er Bescheid weiß, nur weil er sich in ein Thema eingelesen hat. Sein Wissen hat dann aber nicht die Form von Erfahrung, sondern von Glauben. Ein altes gedankliches Weltbild wurde durch ein neues ersetzt.

Spätestens jedoch bei der nächsten Krise, nach einem Unfall, dem Verlust deines Arbeitsplatzes oder eines geliebten Menschen, hast du dein unsterbliches größeres Selbst schnell vergessen und befindest dich wieder mitten im Leid des Lebens.

Solange Spiritualität nur auf dem Spielplatz der Gedanken stattfindet, steckst du mitten im Rad des Leidens fest. Im Umkehrschluss bedeutet das natürlich nicht, dass nach einem kurzen Einblick in die Natur der Wirklichkeit alles Leid der Vergangenheit angehört. Doch je mehr du praktizierst und deine wahre Natur tatsächlich erlebst, umso weniger wirst du leiden.

Aus diesem Grund möchte ich dir in diesem Buch keinen neuen Glauben und keine Vorstellung von dir vermitteln, sondern dich zu direkten Erfahrungen einladen. Auch wenn dieses Kapitel vielleicht nicht so leicht greifbar ist, ist es doch zugleich sehr praktisch und im Alltag lebbar, wenn du die Übungen machst und mit deiner Meditationspraxis fortfährst.

Unsere Essenz: Die Leerheit tiefer betrachten

Die Natur des Bewusstseins gleicht einem leeren weiten Raum, ohne Form, ohne Farbe, ohne Gerüche, ohne etwas, das die Sinne wahrnehmen könnten. Doch anders als ein leerer Raum nimmt Bewusstheit wahr – du nimmst gerade wahr. Buddhistische Texte bezeichnen das als den klaren offenen Himmel des Gewahrseins.

Schau dich mal für einen kurzen Moment dort um, wo du gerade bist. Wahrscheinlich siehst du allerlei Objekte, vielleicht Stühle, den Boden, Wände und Gegenstände. All diese Dinge könnten nicht da sein ohne Raum. Das klingt erst mal furchtbar trivial, und weil es so einfach und klar ist, denken wir nie darüber nach. Der Raum selbst ist notwendig für die Objekte im

Raum, das leuchtet jedem ein. Das Gleiche gilt für den Besuch eines Museums: Wir betrachten die Gemälde, aber niemand nimmt die Leinwand selbst wahr. Doch ohne Leinwand kein Gemälde.

Genauso ist es bei dir. Deine Natur ist Wahrnehmung, deine Gefühle, Gedanken, das Sehen, Hören, Riechen und alle anderen Empfindungen finden in dir statt, in diesem Raum der Wahrnehmung. Und wie der Raum von dem, was in ihm ist, unberührt bleibt, so bleibt dein Bewusstsein selbst von dem Drama in deinem Leben unberührt. So wie der Raum davon unberührt bleibt, wenn jemand einen Stuhl im Raum verrückt oder sogar einen Tisch zerschlägt.

Vielleicht kennst du das auch: Du bist in einem spannenden Film. Der Höhepunkt bahnt sich an. Dein Lieblingscharakter steht kurz vor einer Niederlage, dem Tod oder einer unmöglichen Entscheidung, und du gehst völlig in der Szene auf. Du schwitzt, fühlst, leidest mit ihm. Vollkommen identifiziert bist du mitten im Geschehen. Genau so geht es uns mit unserem Leben, wenn wir nicht erkannt haben, wer wir sind. Wir sind völlig identifiziert mit dem »Film«. Aber wie im Kino, wo du tief durchatmen und dich zurücklehnen kannst, kannst du dir auch im Leben darüber bewusst werden, dass du bewusst bist, und dich in dich selbst hineinentspannen. Zu Beginn sind diese Momente nur kurz, weil du noch stark identifiziert bist. Aber je öfter du dich »in dich hineinentspannst« und je tiefer du dich selbst kennenlernst, desto leichter wird es.

> Die Befreiung vom Leid, wie Buddha es gepredigt hat, ist das vollständige Erkennen, dass wir reines Bewusstsein sind.

Die Leinwand, auf der der Kinofilm läuft, wird niemals verletzt, beschädigt oder anderweitig verändert, ganz egal, ob ein Liebes- oder Horrorfilm darauf läuft. Jeder, der sich erkennt, versteht, dass selbst Schmerz und Stress nur Erfahrungen sind, die kommen und gehen. Keine noch so schmerzhafte Erfahrung kann deine wahre Natur verletzen. Und was du irgendwann selbst erfahren kannst: Nicht einmal der Tod kann das.

Diese Erkenntnis nicht nur intellektuell zu verstehen, sondern diese Leerheit direkt zu erfahren ist die Befreiung vom Leid, die uns Buddha vor mehr als zweitausendfünfhundert Jahren gepredigt hat. Doch gerade zu Beginn kann diese Forschungsreise nach innen äußerst verwirrend sein, da wir meist dem Irrglauben aufsitzen, dass es in uns etwas Festes oder ein Zentrum gibt. Bei genauerer Betrachtung wird uns aber bewusst, dass das nicht stimmt. Denn jedes Objekt wäre ja wieder etwas, das beobachtet werden kann, und ist somit nicht du.

Ich möchte dir jetzt eine Frage stellen, die dich direkt dazu führen kann, dein Selbst zu hinterfragen. Viel direkter als die Frage: Was bist du? Sie lautet:

> Kannst du dir bewusst sein,
> dass du bewusst bist?

An dieser Stelle gibt es zwei Optionen, je nachdem, wie lange du bereits auf der Reise zu dir selbst bist. Entweder (und das ist der Normalfall beim westlich konditionierten Menschen) geht deine Aufmerksamkeit in deinen denkenden Geist und sucht dort Gedanken oder Referenzerfahrungen. Du versuchst, über Bewusstsein nachzudenken, weil das das ist, was du immer gemacht hast, wenn dir eine Frage gestellt wurde.

Doch das, was du bist, ist nicht im Denken zu finden. Denken passiert im Raum des Bewusstseins. Du kannst dir des Denkens bewusst sein – bist aber nicht das Denken. Die spannende Frage ist: Wer bist du in der Stille zwischen zwei Gedanken?

Im Westen haben wir uns so stark mit unseren Gedanken identifiziert, dass der erste Reflex immer ins Denken, in unsere Erinnerung statt in die direkte Erfahrung geht. Genauso wenig ist es ein Gefühl. Gefühle sind auch im Raum des Bewusstseins.

Die Alternative dazu ist: Du nimmst wahr, dass du wahrnimmst (oder bist dir bewusst, dass du bewusst bist). Dieses kurze Erwachen des Bewusstseins hält meist nicht länger als eine Sekunde an, bevor der denkende Geist wieder seinen Platz einnimmt. Um diesen antrainierten Reflex, sich sofort wieder in den Objekten unseres Erlebens zu verlieren, immer weiter hinauszuzögern, meditieren wir. Wir schulen unseren Geist darin, auf einem Objekt zu ruhen, nämlich dem Atem. Und gerade weil der Atem keine Form besitzt und an den Enden seiner beiden Phasen in die Stille führt, dient er so hervorragend zur Selbsterkenntnis.

»Bin ich mir bewusst, dass ich bewusst bin?«

Sobald dein Geist in der Meditation längere Zeit stabil auf dem Atem ruhen kann und deine Gedanken zur Stille finden, frage dich in diesem Raum der Stille: »Bin ich mir bewusst, dass ich bewusst bin?« Verweile in diesem Gewahrsein und tauche in die Unendlichkeit des Bewusstseins ein.

Um dich selbst zu erkennen, braucht es weder Intelligenz (die oft sogar im Weg stehen kann, weil wir mit ihr versuchen, alles mit dem Verstand zu erfassen) noch Fleiß oder anderen Aufwand. Es ist das Einfachste, Intimste, Offensichtlichste der Welt. Du bist es. Lass einfach die »Erfahrung«, dass du bewusst bist, in den Vordergrund treten. Suche nicht nach etwas Besonderem, sondern sei dir einfach bewusst, dass du bewusst bist.

Mir ist klar, dass dieses Buch auch viele Menschen lesen werden, die schon länger auf der Reise zu sich selbst sind, die vielleicht viele metaphysische Bücher gelesen haben und in Seminaren vor Achtsamkeitslehrern saßen. Oft haben sie sich ein Bild im Kopf zusammengebaut, dass das Erkennen des Selbst oder das »Erwachen«, wie es auch gern genannt wird, ein phänomenal großer Moment sein muss, in dem sie nur noch pure Liebe und Glückseligkeit sind. Und ja, unendliche Liebe und Glückseligkeit und unendlich viel mehr ist tatsächlich ein Ausdruck unseres Selbst. Wir dürfen uns aber nicht von diesen »Hochmomenten« täuschen lassen. Zu Beginn, bevor wir in die »Leerheit« unseres Selbst hineintauchen, dürfen wir den Startpunkt erkennen. Und der Startpunkt dieser Reise ist die Bewusstheit, dass du bewusst bist. Das ist nicht besonders spektakulär! Doch wenn du etwas Spektakuläres suchst, wirst du nichts finden! Das Unbeschreibliche taucht auf, wenn du aufhörst zu suchen und einfach bewusst bist. Es ist deine alltägliche Erfahrung, die du *jetzt* machst. Nicht irgendwann, sondern *jetzt*! Sei dir jetzt bewusst, dass du bewusst bist.

Wenn du nach etwas Besonderem suchst, bist du nur in deinem denkenden Geist, der sich Illusionen von etwas Spektakulärem ausmalt. Sei einfach bei deiner jetzigen Erfahrung, das ist der Startpunkt. Sei einfach.

Für einen Moment ist es still

Zu erkennen, dass du dir deines Selbst bewusst bist, ist der erste Schritt, der gern mal als »Erwachen« bezeichnet wird. Es sind die ersten kurzen Momente, in denen wir uns für vielleicht nur eine Millisekunde selbst erkennen. In denen wir aufhören, völlig absorbiert im Denken, Fühlen, Sehen und Hören zu sein, und einfach nur sind.

Dabei ist das Bewusstwerden von Bewusstsein kein »Blicken« im direkten Sinne. Es ist nicht so, wie wir auf dieses Buch, das Fenster, die Gefühle in unserem Körper oder auf unsere Gedanken blicken. Dazu zwei Übungen, die dir das verdeutlichen sollen.

Den Fokus »entspannen«

Versuche einmal, deine Zehen zu fühlen. Nimm sie wahr und dann richte deine Aufmerksamkeit wieder auf das Buch. Danach richte deine Aufmerksamkeit auf die Empfindungen des Sitzens, also das Gefühl, dass der Stuhl dein Gesäß berührt. All diese Bewegungen in deinem Geist sind fokussierte Aufmerksamkeit auf ein Objekt (Zehen/Buch/Gesäß). Um bewusst zu sein, dass du bewusst bist, braucht es eher das Gegenteil von fokussierter Aufmerksamkeit, nämlich Gewahrsein. Darum nennen es die Buddhisten auch den klaren, offenen Himmel des Gewahrseins. Bewusstsein ist kein Objekt, auf das du deinen Fokus lenken kannst, es ist der Fokus selbst. Daher musst du deinen Fokus »entspannen«. Lass alle Objekte (Gedanken, Gefühle, Sehen …) so sein, wie sie sind, und entspanne dich in die Wahrnehmung selbst hinein. So wie du eine Linse eines Fotoapparats scharf stellen kannst, um ein Objekt zu fokussieren, so kannst du diese Linse auch de-fokussieren. Die Objekte werden dadurch verschwommen. Wenn du das Gleiche mit deiner Aufmerksamkeit machst, dann »entspannst« du dich in dich selbst hinein. Es ist wie ein bewusstes Zurückfallen oder eben Hineinentspannen in die eigene Bewusstheit.

Wenn dir das alles im Moment noch unverständlich erscheint, dann ist das okay. Das Erwachen des Bewusstseins passiert, du kannst es nicht erzwingen. Was du tun kannst, ist, dich weiter in der Meditation zu üben und die praktischen Angebote in diesem Buch zu nutzen. So wie du bei dem im See aufgewühlten Schlamm nichts »tun« kannst, damit du den Boden wieder siehst, kannst du auch im Hinblick auf das Erwachen nur still werden und warten, bis sich der »Schlamm« gelegt hat. Dann kannst du klar sehen.

Wir sind so stark identifiziert mit dem Inhalt unseres Lebens, haben unzählige Probleme, und der scheinbar endlose Strom an Gedanken und Ideen trübt unseren Blick. Wenn wir still werden, geben wir unserem Geist die Möglichkeit, sich zu beruhigen. Und mit der Zeit, wenn die Gedanken sich absetzen und es still wird in uns, dann sehen wir auf einmal klar, wer wir sind. Darum ist Meditation auch »Nichtstun«. Wir sitzen nur da, folgen entspannt unserem Atmen und lassen alles so sein, wie es ist. Langsam, aber sicher beruhigt sich unser überaktiver Geist, und es kommt klarer und klarer das zum Vorschein, was schon immer da war.

Eine hilfreiche Frage

Ein weiterer Ansatz, der dir helfen kann, ist, dass du dich regelmäßig im Alltag fragst: »Bin ich bewusst?« Diese einfache Frage ist die Einladung für deinen Geist, sich von den Objekten im Außen und im Inneren zu lösen und sich auf seine Quelle selbst zu richten.

Lass uns noch mal betrachten, was dabei passiert. Die Frage »Bin ich bewusst?« ist ein Gedanke (inneres Hören), danach folgt eine Pause, in der sich dein Bewusstsein seiner selbst bewusst werden kann. Doch dem Gedanken folgt meist blitzschnell ein neuer Gedanke, der mit Ja oder Nein auf die Frage antwortet. Zu erfahren, was in diesem kurzen Moment der Stille, des Bewusstwerdens passiert, das ist die höchste Form der Meditation. In der Stille zwischen zwei Gedanken existiert die lautlose, formlose Antwort auf die Frage: »Wer bin ich?«

Falls du es kompliziert möchtest – lass es! Das, was du findest, ist das Bekannteste, Gewöhnlichste, Intimste, was nur sein kann. Es ist das einfache »Ich bin« oder einfach »Sein«. Die überwältigenden Erfahrungen, über die Meditationsgurus oder Mystiker sprechen, sind Hochmomente der Meditation. Der Startpunkt ist immer hier und jetzt mit der einfachen Frage: »Bin ich bewusst?«

Vielleicht denkst du jetzt: »Warum sollte ich mich überhaupt selbst erkennen, wenn es das ›Gewöhnlichste‹ ist, was es gibt?« Ganz einfach, weil das Gewöhnlichste in seiner Essenz alles ist. Es ist unendliche Liebe, Frieden und Glückseligkeit. Zunächst sind diese Qualitäten in den Millisekunden, in denen wir uns bewusst sind, dass wir bewusst sind, kaum wahrnehmbar. Doch je tiefer wir uns in uns selbst fallen lassen, umso klarer werden sie.

Grenzenloses Bewusstsein?

Ein gängiges Weltbild ist, dass wir geboren werden und damit auch unser Bewusstsein geboren wird. Wenn wir älter werden, altert unser Bewusstsein, und wenn wir sterben, erlischt es. Da ist es doch ein spannender Gedanke, wann dieser magische Moment stattfindet, in dem einem das Bewusstsein eingehaucht wird.

Aus deiner direkten Erfahrung vor dem Spiegel weißt du, dass das »Ich bin« nicht altert. Der Gedanke, dass Bewusstsein vergeht, ist genau so, wie wenn wir denken, dass Bewusstsein im tiefen Schlaf verschwindet. Wir wachen am Morgen auf und schauen auf die Uhr. Viele Stunden sind vergangen, doch wir sind uns nicht darüber bewusst, irgendeine Erfahrung gemacht zu haben. Und das ist auch richtig. Wir waren uns keiner Erfahrung bewusst, doch es ist wie mit der Kinoleinwand: Auch wenn der Film irgendwann endet, die Leinwand bleibt. Pures Bewusstsein ohne Inhalt bleibt. Wir haben gelernt, den Inhalt zu betrachten, nicht den Raum (die Leinwand), in dem der Inhalt spielt.

> Je mehr du mit dir selbst in Kontakt kommst, umso klarer wirst du auch erkennen, dass du nicht mit dem Körper endest.

Doch Vorsicht: An dieser Stelle besteht die Gefahr, dass du dich von den schön klingenden Worten einlullen lässt und denkst: »Ha! Ich habe es doch gewusst, ich bin eine unsterbliche Seele.« Und dann ziehst du dich mit diesem sehr angenehmen Gedanken in deinen Wohlfühl-Gedankenpalast zurück. Wie Buddha sagte: Glaub mir kein Wort! Nur die direkte Erfahrung dieser Wahrheit wird dich befreien. Den Anfang hast du bereits gemacht, indem du dir immer häufiger bewusst wirst, dass du bewusst bist. Folge diesem Pfad!

Der Schlüssel zur Unendlichkeit

Viele Weisheitslehrer unserer Menschheitsgeschichte berichten von einer Erfahrungsqualität, die kaum mit der eines »normalen« Menschen zu vergleichen ist. Die mystischen Erfahrungen, die in unzähligen alten Schriften beschrieben sind, finde ich dabei besonders spannend.

Ich muss ehrlich zugeben, dass ich früher all dem gegenüber sehr kritisch eingestellt war. Zum einen identifizierte ich mich mit einem rational eingestellten jungen Mann, der die Welt lieber aus einer »sicheren«, strikt wissenschaftlichen Sicht betrachtet. Zum anderen war es ganz einfach so, dass ich noch nie etwas anderes erlebt hatte. Die Welt war, wie sie war, und mystische Angelegenheiten wie Gotteserfahrungen, Erfahrungen der Leerheit, unendliche Liebe oder Lichterfahrungen schienen mir eher Wunschvorstellungen zu sein oder etwas, das einst erfunden wurde, um eine Religion (und die damit verbundene Machtausübung) zu rechtfertigen.

Als ich mich dann im Laufe meines Psychologiestudiums und vor allem in der Zeit danach vermehrt mit der buddhistischen Psychologie, dem Yoga und anderen Weisheitslehren beschäftigte, stellte ich fest, dass sich die Erfahrungsberichte der christlichen Mystiker, der Sufis, Lamas, buddhistischen Mönche, Yogis, Schamanen und so weiter alle sehr ähnelten. Einzelne Aspekte waren zwar unterschiedlich, aber ihnen allen war gemeinsam, dass sie von einer Art transzendentaler Erfahrung berichteten: von etwas, das hinter all den »Lehmschichten« des begrenzten Ichs lag. Sie schienen gewissermaßen einen Blick auf die innere goldene Statue erhascht zu haben. Noch blieb ich skeptisch, obwohl ich doch zugeben musste, dass es zwei wissenschaftlich begründete Argumente gibt, transzendentalen Erfahrungen doch offen gegenüberzustehen. Und damit auch der Meditation, weil sie als ein Weg dorthin gilt.

Erstes Argument: Unabhängig voneinander vorkommende Phänomene

Wie bereits gesagt, lassen sich Berichte von transzendentalen Erfahrungen in verschiedenen Kulturen und unterschiedlichen Epochen nachverfolgen. Zu allen Zeiten haben in beinahe allen bekannten Kulturen einige Menschen von etwas berichtet, was »über« oder »hinter« dem Weltlichen liegt. Und ich meine hier nicht den Glauben an einen oder mehrere Götter, ich meine nicht die Religion. Ich meine Ergebnisse der inneren Versenkung, der systematischen Stärkung der Konzentrationsfähigkeit durch die regelmäßige und länger anhaltende Konzentration auf ein Objekt.

Die Meditation ist nicht nur in fernöstlichen Traditionen wie dem Buddhismus, Hinduismus, Jainismus oder Daoismus verwurzelt. Nein, wir finden sie auch in praktisch allen anderen Teilen der Welt: sei es im Schamanismus oder im Christentum, das neben dem Gebet seit vielen Jahrhunderten sowohl die *meditatio* (gegenstandsfreie Anschauung) als auch die *contemplatio* (gegenständliche Betrachtung, Kontemplation) kennt. Auch im Islam und im Judentum wird traditionell jeden Tag gebetet, wobei die Gebete oft einen ähnlichen Sinn wie ein Mantra erfüllen: den Geist auf ein Objekt lenken, um nicht abzuschweifen.

An dieser Stelle sei einmal ganz provokativ gefragt: Wieso würden Menschen seit Jahrtausenden in jeglichen bekannten Kulturen und Traditionen Praktiken der Meditation und inneren Versenkung üben, wenn sie keine positiven Auswirkungen daraus ziehen würden?

Zweites Argument: Die positiven Auswirkungen der Meditation sind gut erforscht

Die vielen positiven Wirkungen der Meditation, sei es auf die körperliche oder die psychische Gesundheit, habe ich schon im fünften Kapitel dieses Buches beschrieben. Deshalb halte ich es hier kurz: Meditation tut der Seele und schlussendlich auch dem Körper gut, und das ist spürbar. Mehr als das: Hunderte wissenschaftlich publizierte Studien sprechen für all diese positiven Aspekte.

Wie es in der Medizin so schön heißt: »Was wirkt, hat recht.« Egal, ob man erklären kann oder nicht, warum eine Methode jemandem hilft – es ist zweitrangig, sobald sicher ist, *dass* sie hilft. Egal, ob wir uns also nur einbilden, dass hinter all unseren »Lehmschichten« der Identifikation tatsächlich eine Statue aus purem Gold steckt: Viele Menschen berichten davon, sie gesehen zu haben. Und diese Menschen sind nicht nur Mönche, Schamanen oder Yogis, die seit Jahrzehnten meditieren. Es gibt Berichte über transzendentale Erfahrungen nach anstrengenden Bergwanderungen am Gipfel, wenn der Geist für wenige Sekunden innehält. Es gibt sie auch bei Geburten, Unfällen und Nahtoderfahrungen, bei einem intensiven Orgasmus, durch psychedelische Substanzen und in anderen Extremsituationen.

Die vielen Erkenntnisse, die uns heute vorliegen, konnten meinen Geist damals ein Stück weit überzeugen – und doch blieb ein Restfunken an Zweifel, da meine Welt, meine Erfahrung und meine Meditationspraxis nicht diese Erfahrungsqualitäten zeigten. Das letzte Stückchen Zweifel verflog erst, als sich durch meine eigene Praxis die ersten mystischen Erfahrungen einstellten. Diese waren so klar, dass jeglicher Zweifel wie verflogen war. Ich fragte mich, wie es nur möglich war, dass ich all das mein Leben lang nicht hatte sehen können.

Ja, transzendente Erfahrungen können sich auch ohne Meditationspraxis einstellen. Doch mit der systematischen Schulung unserer Konzentrationsfähigkeit erhöhen wir die Wahrscheinlichkeit. Ein befreundeter Mönch beschrieb es einmal so: »Unser Ziel ist es, vom Blitz getroffen zu werden. Wenn wir die ganze Zeit in unserer sicheren Wohnung sitzen, ist es höchst unwahrscheinlich, dass uns aus heiterem Himmel der Blitz trifft. Doch wenn wir bei Gewitter auf dem Gipfel eines Berges stehen und dem Himmel eine Eisenstange entgegenstrecken, erhöhen wir die Wahrscheinlichkeit massiv.« Und genau das erreichen wir durch Meditation. Wir strecken so lange das Metallrohr in den Himmel, bis uns der Blitz trifft.

Die Praxis dafür muss nicht unbedingt Meditation sein, es können auch andere Praktiken wie Chanten, Beten, Schamanentrommeln sein. Im Buddhismus zielt man auf solche Zustände ab, indem man systematisch die Konzentrationsfähigkeit schult. Diese Fähigkeit, wir können sie auch Achtsamkeit nennen, führt zu mehr Freude, besserer Gesundheit, aufrichtigeren Beziehungen oder unterstützt uns in unserer beruflichen Tätigkeit. Und sie führt dazu, dass wir unseren Geist klären und tiefer blicken können. Der stabile, klare Geist führt uns in neue Welten, die wir aufgrund der Zerstreuung und Überlagerung von unzähligen Gedankenmustern vorher nicht erblicken konnten. Je klarer und stabiler wir blicken können, desto mehr können wir sehen.

Nicht zwei und nicht eins

Jetzt habe ich ganz schön viel über »das, was wahrnimmt« gesprochen. Das suggeriert die Vorstellung, dass es auf einer Seite ein Subjekt (das Wahrnehmende) und auf der anderen Seite ein Objekt (das, was wahrgenommen wird) gibt. Sollte das in dir so angekommen sein, möchte ich ergänzen, dass das nur eine Zwischenstation auf dieser weg- und zeitlosen Reise ist. Falls meine Wortwahl manchmal unverständlich für dich war, entschuldige ich mich dafür, doch gerade im metaphysischen Bereich wird die Sprache zum größten Hindernis. Deswegen verwende ich auch gern Metaphern:

Stell dir noch einmal vor, dass ein spannender Kinofilm läuft. Die Handlung nimmt dich so ein, dass du völlig übersiehst, dass eine Leinwand nötig ist, um darauf die Bilder zu projizieren. Alles, was scheinbar da ist, ist der Film. Am Ende, nachdem du mitgefiebert, vor Aufregung gezittert, gelacht und geweint hast (alles reale Emotionen), gehst du auf dem Weg aus dem Kinosaal an der Leinwand vorbei und stellst fest: Sie war von all dem Geschehen vollkommen unberührt! Wenn du anfängst, dich auf diese Reise zu begeben, ist es ein wichtiger Schritt zu erkennen, dass es eine Leinwand gibt. Dass es etwas gibt, auf das all deine Erfahrungen projiziert werden.

Beim tieferen Erforschen von dem, was wahrnimmt, wird es dazu kommen, dass das, was wahrnimmt, und das Wahrgenommene eins werden. Leinwand und Film werden eins. Der Film (und hier passt die Metapher nicht mehr so richtig) entsteht aus der Leinwand. Wir erkennen, dass alles, was ist, Bewusstsein ist. Raum und Zeit verschwinden, und was bleibt, ist eins. Im Grunde waren sie nie zwei.

Die Vorstellung von Subjekt und Objekt – dem Seher und dem Gesehenen – entsteht nur in der Vorstellung unseres Geistes. Das, was du erfährst, ist die »Aktivität« des Bewusstseins.

Jeder, der lange Zeit nur sieht, hört, fühlt – der einfach nur da ist –, wird eins mit dem Gesehenen, dem Gehörten, dem Gefühlten. Was bleibt, ist Wahrnehmung ohne Wahrnehmenden. Was bleibt, ist nur das eine große Ganze. Bevor ein Künstler im alten China ein Bild zeichnete, setzte er sich vor das Objekt, beispielsweise einen Baum. Für viele Tage betrachtete er den Baum, still, ohne etwas zu wollen. So lange, bis er und der Baum eins waren. Kein Raum, keine Zeit, kein Erfahrender. Er wurde zum Baum, und nur in diesem Zustand konnte er ihn malen.

Diese Erfahrung der Einheit (die jeder machen kann!) ist nicht nur eine in fast jeder spirituellen Richtung tief verankerte Weisheit, auch rein wissenschaftlich betrachtet können wir uns nicht von unserer Umgebung oder dem ganzen Universum trennen. Wenn du ein beliebiges Buch über Quantentheorie aufschlägst, wirst du Ähnliches lesen. Wie bei einem ihrer berühmtesten Vertreter, David Bohm, der schrieb: »Es ist nicht korrekt, wenn man die Welt als voneinander getrennte Einzelteile analysiert. Stattdessen muss sie als unsichtbare Einheit aufgefasst werden.«[26]

Dieses Wechselspiel, diese Einheit ist nichts Totes. Sie ist etwas Lebendiges, das du in diesem Moment erfahren kannst. Alles ist im Großen und im Kleinen miteinander verbunden. So ist dein Herz beispielsweise mit dem ganzen Universum verbunden, und ohne das Universum würde es nicht schlagen. In diesem Moment, in dem du dieses Buch liest, schlägt dein Herz.

Das wäre nicht möglich ohne den eisenhaltigen Proteinkomplex Hämoglobin. Ohne dieses Eisen kannst du nicht leben, und der einzige Weg, wie Eisen in diesem Universum entsteht, ist durch Fusionsprozesse in Sternen und gewaltige Explosionen im Weltall. So ist jeder deiner Herzschläge verbunden mit dem großen Ganzen.

> Nichts in diesem Universum ist getrennt.
> Jeder Atemzug verbindet dich mit dem Raum,
> in dem du bist, und mit jedem Wesen darin.

Der Sauerstoff, den du einatmest, wurde von den Bäumen, Gräsern und anderen Pflanzen in deiner Umgebung durch den Prozess der Fotosynthese geschaffen. Dafür wird wiederum das Licht der Sonne benötigt. Das heißt, ohne die Sonne wäre es nicht möglich, dass du jetzt atmest. Du bist unumstößlich mit der Sonne verbunden. Der Strom, der zwischen deinen Nervenzellen fließt, ist über die Sinne und andere Phänomene mit der Welt »dort draußen« in Verbindung. Es ist ein Strom des Lebens, der durch dich und durch alles fließt.

Und nicht nur das Herz, der Atem oder das Gehirn verbindet dich mit dem großen Ganzen. Jedes Atom steht in einer Verbindung zu allen Atomen dieses Universums. Das bedeutet *nicht*, dass die »Dinge« in enger Beziehung zueinanderstehen. »Dinge« sind Erfindungen unseres Geistes, eine künstliche Trennung, damit wir etwas isoliert betrachten können. Dieser Prozess unseres Geistes, die Welt gedanklich zu trennen, dient lediglich dazu, dass wir die Dinge getrennt untersuchen können. Aber wir werden dadurch blind für die Einheit, die alles ist. Unser Verstand hat die Fähigkeit zu trennen, in »Ich«, »Welt«, »Baum«, »Erde«,

»Tier«, »Universum«. Um die »Dinge« untersuchen zu können, ist die Trennung wichtig, darum liebt es die Wissenschaft, alles bis ins Kleinste zu unterteilen, und ist auf der ewigen Suche nach dem »Allerkleinsten«. Doch diese Trennung hat nie wirklich bestanden. Es war schon immer alles miteinander verbunden, und es wird immer alles verbunden sein.

Was für dich jetzt vielleicht noch ein intellektuelles Gedankenspiel ist, ist die tatsächliche Erfahrung unzähliger Meditierender. Aber nicht nur erfahrene Meditierende nehmen das Universum als eins wahr.

In diesem Moment, wo ich diese Zeilen schreibe, liegt mein Sohn neben mir und schläft seelenruhig. Noch vor dem Konditionierungsprozess, bevor Denken und Worte seine innere Wahrnehmung bestimmen, fühlt sich dieses kleine, ein paar Monate alte Wesen grenzenlos verbunden mit allem. Kein »Ich«, nur Sein, nur Erfahrung.

Ich wollte dich von dem, was ich in diesem Kapitel geschrieben habe, nicht überzeugen. Meine Intention war es, deinen Geist von dem zu befreien, was du noch nie warst, und dich dazu zu motivieren, dich selbst auf die Reise zu begeben. Wenn auch du, wie viele andere vor dir, anfängst, tiefer zu blicken, wenn du dich erkennst, wenn du erkennst, was du wirklich bist, dann nimmst du wieder wahr, dass alles ein Tanz ist und dass du dieser Tanz bist.

Wenn dich dieses Kapitel komplett verwirrt hat – gut!

Bleib genau in diesem Zustand des Nicht-Wissens. Dieser Zustand ist wahre Meditation! Wissen bedeutet festhalten, den Geist schließen. Nicht-Wissen ist Offenheit, Unschuld, der Geist eines Kindes.

Zen-Meister Dae Bong Sunim, der derzeitige Abt der »Kwan Um School of Zen«, hat einmal so schön gesagt: »Der Anfang und das Ende (der Meditationspraxis) ist derselbe. Du stellst dir die Frage: ›Was bin ich?‹ Zen-Praxis bedeutet, sich selbst zu betrachten: ›Was bin ich?‹ Bin ich dieser Körper, bin ich mein Denken, bin ich meine Emotion, meine Arbeit, meine Familie, mein Land? ›Was bin ich?‹ Wenn man sich gemäß unserer Lehre aufrichtig mit dieser Frage auseinandersetzt, wird man am Ende immer feststellen, dass man es nicht weiß. Dieser Geist, der nicht weiß, ist völlig offen, und damit kann alles in ihm sein. Er ist das, was vor dem Denken kommt. Wenn du diesen Zustand aufrechterhältst, der vor dem Denken kommt, dann gibt es keine Trennung zwischen dir und der Welt.«

Ich glaube, Menschsein bedeutet, alles verstehen und begreifen zu wollen. Und das ist wundervoll. Doch wir sollten an dieser Stelle verstehen, dass intellektuelles Wissen nur ein klitzekleiner Bruchteil vom unendlichen Kosmos ist. Wenn wir versuchen, das Universum mit unserem begrenzten Wissen zu begreifen, können wir nur scheitern. Es ist, als ob wir versuchen, mit der Hand Luft zu fangen; am Ende haben wir eine Faust mit nichts darin. Wenn du die Hand aber offen hältst, beinhaltet sie alles. Wenn du dich der Unwissenheit hingibst, dich vollkommen der bloßen Erfahrung öffnest, wirst du unendlich. Erinnere dich an den kindlichen Geist, den viele Weisheitslehrer erwähnen. Offen und unwissend, staunend das betrachtend, was auf ihn zukommt. Mit diesem offenen Geist bist du auf der direktesten Reise zu dir selbst.

Geführte Meditationen
Zu diesem Kapitel findest du auf meiner Website zwei geführte Meditationen:

- Erkenne, wer du wirklich bist
- Dein unendliches Herz

Website: www.peter-beer.de/meditation
Das Passwort für den internen Bereich ist: JETZT.

Bewusst dein Leben erschaffen

Ich wünsche mir von Herzen, dass dich die Kapitel dieses Buches dazu inspiriert haben, dem jetzigen Moment eine Chance zu geben. Dass du Meditation und Achtsamkeit in deinen Alltag verankern möchtest, um ein bewussteres Leben zu führen. Du hast viel gelernt und hoffentlich bereits die ersten Erfahrungen gemacht.

Im ersten Kapitel habe ich erwähnt, dass angelesenes Wissen ohne Erfahrung nicht mehr wert ist als die Tinte auf dem Papier, und daran möchte ich dich auch jetzt noch mal erinnern. Jetzt, nachdem du all dieses Wissen hast, gilt es, es in deinem Alltag anzuwenden. Stück für Stück, Lebensbereich für Lebensbereich, Moment für Moment.

Deine achtsame und meditative Praxis macht den Unterschied!

Es geht darum, deinen Alltag achtsam wahrzunehmen, deinen Geist zu schulen, gesünder mit deinen Emotionen umzugehen, Meditation zu praktizieren und dir regelmäßig Zeit zu schenken, in der du nach innen blickst, um dich selbst zu erforschen. Damit das nicht nur eine schöne Vorstellung in deinem Kopf bleibt, sondern zur Realität in deinem Leben wird, helfen dir gesunde (wache!) Gewohnheiten.

Gesunde Gewohnheiten

In der Psychologie werden Gewohnheiten als automatisierte Programme bezeichnet, die unseren Alltag bestimmen. So sorgen deine Gewohnheiten im Normalfall dafür, dass du einen großen Teil deines Tages wie auf Autopilot durchlebst. Sie erleichtern dir damit das Leben, geben dir Sicherheit und einen Rahmen, hindern dich leider aber auch daran, deinen Alltag ganz bewusst zu erleben.

Wenn du an dieser Stelle immer noch kritisch überlegst, warum du deinen gar nicht so spannenden Alltag überhaupt bewusster mitbekommen solltest: Ein Klient hat mir bereits nach wenigen Wochen berichtet, dass er nicht mehr das Gefühl hat, dass die Zeit rast und das Leben an ihm vorbeizieht. Seit er Achtsamkeit praktiziert, fühlt sich sein Leben wieder nach so viel »mehr« an.

Genau dabei helfen achtsam gelebte Gewohnheiten. Sie können dich beim Prozess des Bewusstwerdens sehr unterstützen. Nicht die unbewusst und automatisch ablaufenden Programme, sondern bewusste Programme, die dir dienen, indem sie dich daran erinnern, allem wach und präsent zu begegnen. Sie solltest du systematisch in deinen Alltag integrieren und pflegen.

So sind die Zen-Retreats, an denen ich zum Teil über mehrere Wochen am Stück teilnehme, minutiös geplant. 4:30 Uhr: Wecken, 4:40 Uhr: 108 Niederwerfungen (eine meditative Bewegung, die einer Verbeugung ähnelt), 5:30 Uhr: Chanting, 6:00 Uhr: Meditation, 7:00 Uhr: Frühstück, 8:30 Uhr: Arbeitsperiode, 10:00 Uhr: Meditation, 12:00 Uhr: Mittagessen und so weiter. Das Ziel dieser durchgetakteten Tage ist, dass sich das Gehirn keine Gedanken mehr machen muss, was es zu tun hat. Es sind keine Gedankenangebote nötig, und man kann völlig präsent den ganzen Tag über im Moment sein. Es sind sozusagen neue Gewohnheiten und in diesem Fall höchst bewusste Abläufe, die den Tag bestimmen.

Versteh mich bitte nicht falsch. Du musst nicht deinen Tag minuziös planen wie ein Zen-Retreat, das tue ich auch nicht. Ich möchte dir nur näherbringen, dass Gewohnheiten und Rhythmus wundervolle Grundlagen sind, um Bewusstsein ins Leben zu bringen.

Dabei bezieht sich das Wort »Gewohnheit« nicht nur auf Handlungen wie »morgens und abends Zähneputzen« oder »gern Kaffee trinken«. Es gibt drei verschiedene Arten von Gewohnheiten: Denkgewohnheiten, Gefühlsgewohnheiten und Verhaltensgewohnheiten. Diese drei bestimmen dein Leben. Und auf allen drei Ebenen können – und sollten – wir gesunde, wache Gewohnheiten schaffen.

Zu den Denkgewohnheiten gehört beispielsweise:

- was du als gut oder schlecht bewertest oder ob du überhaupt bewertest,
- wie du mit deinen Gedanken umgehst, ob du unbewusst darauf reagierst oder sie als Angebote deines Verstandes wahrnimmst,
- was du für wichtig erachtest und was für weniger wichtig,

- ob du liebevoll oder kritisch mit dir selbst sprichst,
- ob du dich in Problemen verlierst oder dir Zeit nimmst, sie mit Abstand zu betrachten,
- ob du in den immer gleichen Gedankenschleifen steckenbleibst oder dich darauf konzentrierst, was jetzt ist.

Zu den Gefühlsgewohnheiten gehört beispielsweise:

- ob du Gefühle und Emotionen generell ablehnst oder dich ihnen zuwendest,
- ob du in schwierigen Situationen verspannst oder entspannst,
- ob du vor den Emotionen wegläufst oder im Feuer stehen bleibst,
- ob du andere für deine Emotionen verantwortlich machst oder die Verantwortung übernimmst,
- ob du deinen Emotionen Raum gibst oder sie verdrängst.

Zu den Verhaltensgewohnheiten gehört beispielsweise:

- ob du eine morgendliche Meditationspraxis hast oder unbewusst und reagierend in den Tag stürzt,
- ob du dich ärgerst oder die Schlange an der Supermarktkasse als Achtsamkeitspause nutzt,
- ob du dich unentwegt von Informationen berieseln lässt oder für bestimmte Zeiträume bewusst auf Fernsehen, Netflix, Nachrichten und Ähnliches verzichtest,
- ob du den Alltag einfach laufen lässt oder dich mithilfe eines Weckers oder einer App regelmäßig daran erinnerst, bewusst innezuhalten, zu atmen und zu erfahren, wie es dir gerade wirklich geht.

Um unser Leben darauf auszurichten, bewusster zu werden, brauchen wir neue, gesunde und vor allem bewusste Gewohnheiten. Dafür lade ich am Ende meiner Seminare die Teilnehmer immer dazu ein, sich noch einmal ganz konkret damit auseinanderzusetzen, was sie in ihrem Alltag verankern und sich zur Gewohnheit machen wollen. Und genau diese Einladung spreche ich jetzt auch dir gegenüber aus: Denk mal darüber nach und halte fest, welche Gewohnheiten du etablieren möchtest, um in deinem Alltag bewusster zu werden. Vielleicht willst du eine völlig neue Morgenroutine etablieren? Oder dir einen Wecker stellen, um zu jeder vollen Stunde eine fünfminütige Minimeditation zu machen? Vielleicht meldest du dich auch für ein Meditationsretreat an. Deinen Möglichkeiten, mehr Bewusstheit in dein Leben zu bringen, sind keine Grenzen gesetzt!

Beachte nur, dass diese Übung mit einer Entscheidung beginnt. Der Entscheidung, ob du etwas verändern willst, und wenn ja, welche Gewohnheiten du in dein Leben bringen willst. Vielleicht hast du dir ja bereits das Versprechen gegeben, die Sechzig-Tage-Challenge anzunehmen, von der im fünften Kapitel zur Praxis der Meditation die Rede war. Eine solche Entscheidung ist wichtig, um das Neue auch wirklich konsequent, so gut du kannst durchzuziehen. »So gut du kannst« soll bedeuten, dass du dich nicht verurteilen solltest, wenn mal etwas nicht wie geplant oder gewünscht klappt. Es ist einfach nur wichtig, wertfrei weiterzumachen und dich wieder auf das zu fokussieren, was du mit den neuen Gewohnheiten bezwecken möchtest.

Bei den Gefühlsgewohnheiten bedeutet diese Entscheidung, den Mut aufzubringen, dich deinen Gefühlen und Emotionen zuzuwenden und nicht sofort in Ablenkungsgewohnheiten wie Fernsehen, Alkoholkonsum oder exzessiven Sport zu verfallen. Bei den Denkgewohnheiten bedeutet die Entscheidung, so oft wie möglich wach und präsent zu beobachten, was in deinem Geist passiert, und festzustellen, wann du gerade ungesund (kritisch, herablassend oder ähnlich) mit dir umgehst, um dich dann aktiv für einen gesünderen Weg zu entscheiden.

Neue Gewohnheiten für ein bewussteres Leben etablieren

Jetzt, wo du weißt, was Gewohnheiten alles einschließen kann, kannst du dir deine aktuellen Gewohnheiten einmal genauer ansehen und dann die Entscheidung treffen, welche neuen und gesünderen du in deinen Alltag integrieren möchtest. Nimm dir jetzt kurz Zeit dafür.

Sammle zunächst Ideen. Du hast in diesem Buch bereits einige Inspirationen bekommen, was du einfach umsetzen kannst:

- morgens ein paar Minuten meditieren
- dich von einem Wecker oder einer App mehrmals am Tag erinnern lassen, innezuhalten und auf den Atem zu achten
- achtsam essen, gehen, stehen
- dir allabendlich ein paar Dinge notieren, für die du dankbar bist

Wähle aus, was du ab sofort umsetzen willst und was später dazukommen soll. Verknüpfe diese Ideen dann mit Handlungen, die du bereits ausführst, das wird es dir um einiges erleichtern:

- Wenn du abends Zähne putzt, achte genau auf das Gefühl der Bürste in deinem Mund – so übst du bereits Achtsamkeit.
- Wenn du ins Bett gehst, liegt neben dir schon dein Dankbarkeitstagebuch.

- Wenn morgens dein Wecker klingelt, greifst du nicht gleich zum Smartphone, sondern streckst dich erst einmal ausgiebig und fühlst in deinen Körper hinein, zum Beispiel mit einem kleinen Bodyscan.

Und dann bleib dran und mach deine Erfahrungen. Tausch dich, wenn du möchtest, auch mit Gleichgesinnten darüber aus, um deine Fortschritte wahrzunehmen, andere zu motivieren oder dich von ihnen motivieren zu lassen.

Ein kleiner Geheimtipp, den ich dir hier noch einmal ans Herz lege: Entwickle eine Morgenroutine, in der Meditation ein fester Bestandteil ist. Jede Meditationstradition, die ich kenne, hat eine Morgenroutine, und das nicht ohne Grund. Der frühe Morgen hat eine gewisse Frische in sich, er ist wie ein unbeschriebenes Blatt. Der Alltag ist noch nicht über dich hereingebrochen, noch keine To-dos, kein Partner, keine Kinder, kein Arbeitgeber oder Mitarbeitende, die etwas wollen. Nur du mit dir und deinem Atem.

Wer sich am Morgen für Bewusstheit und Meditation entscheidet, setzt damit eine Startlinie für den Tag. Die Bewusstheit, die wir am Morgen kultivieren, tragen wir in unseren Alltag.

Eine gesunde Morgenroutine bringt Entspannung in den Alltag und reduziert den Stress, erhöht die Produktivität und schenkt mehr Energie, als jeder Kaffee es je könnte. Sie steigert unsere Konzentration und unsere Motivation. Fakt ist: Die Art und Weise, wie du in den Tag startest, bestimmt ihn größtenteils! Wenn du am Morgen bereits Bewusstheit und Frieden kultivierst, trägst du sie automatisch in deinen Alltag.

Auch wenn du deswegen vielleicht eine halbe Stunde früher aufstehen musst, es lohnt sich tausendmal! Mach es dir zur Gewohnheit, deinen Tag bewusst zu starten. Drei Dinge helfen dir, deine neuen bewussten Gewohnheiten wirklich in deinem Leben zu verankern:

1. Ein klarer Plan

Was ich in den Jahren meiner Arbeit mit persönlicher und spiritueller Entwicklung gesehen habe, ist, dass ein klarer Plan enorm dabei hilft, die Qualitäten von Liebe, Freude, innerem Frieden und Klarheit mehr und mehr im Alltag zu kultivieren. Zu wissen, was zu tun ist, hilft dem Geist, nicht ständig alles neu entscheiden und über alles Mögliche nachdenken zu müssen. Wie der minutiös geplante Tagesablauf in einem Meditationsretreat kann auch dein persönlicher Plan dir helfen, Achtsamkeit in deinen Alltag zu tragen. Dabei gilt am Anfang: Weniger ist mehr. Denn dein Leben ist kein Meditationsretreat, du hast viele Verpflichtungen, Aufgaben und Verantwortung. Der Plan muss für dein Leben passend sein und nicht umgekehrt.

Dieser Plan kann ein bestimmter Tagesrhythmus sein, wöchentliche Meditationstreffen oder ein Kurs, der dir einen Rahmen dafür schafft, Achtsamkeit und Meditation zu praktizieren. Hier an dieser Stelle natürlich auch gleich die herzliche Einladung, dir unsere Achtsamkeits-Academy anzusehen, wo du genau so etwas finden kannst.

2. Unterstützung

Ein alter und hochgeschätzter japanischer Zen-Meister fragte alle neuankommenden Schüler, die im Kloster die Erleuchtung finden wollten, was ihrer Meinung nach das Wichtigste auf der spirituellen Reise sei. Er hab ihnen drei Antwortmöglichkeiten: Ist es der Lehrer, bei dem du lernst? Ist es der Ort, an dem du praktizierst? Oder sind es deine Dharma-Brüder und -Schwestern, mit denen du in der Gemeinschaft lebst?

Andächtig antworteten die meisten der Schüler: Es ist natürlich der Meister! Gefolgt von dem Ort, an dem sie praktizieren. Die wenigsten kamen auf die Idee, ihre Mitpraktizierenden als wichtigen Faktor zu sehen. Doch die erste Lektion, die der Meister seinen Schülern gab, war, dass das Wichtigste in der Tat die Brüder und Schwestern sind, mit denen man praktiziert. »Mit ihnen verbringst du die meiste Zeit. Mit ihnen lebst du. Mit ihnen teilst du deine Freuden, aber auch dein Leid. Sie sind es, die dich inspirieren und unterstützen. Deine Brüder und Schwestern sind das Wichtigste!«

Diesen Aspekt ziehe ich bei meiner Arbeit auch immer wieder in Betracht. Mir war es schon immer wichtig, dass ich meinen Klientinnen und Klienten nicht nur Hilfestellungen anbiete, sondern auch eine Gemeinschaft gründe, die ihnen eine gewisse Zugehörigkeit verschafft und sie begleitet und auffängt.

Viele Menschen tun sich leichter, Vorsätze umzusetzen, wenn sie es innerhalb einer Gruppe tun. Vielleicht bist du ein »Einzelkämpfer«, aber möglicherweise kannst du dich auch dann an einer Gemeinschaft gleichgesinnter Menschen erfreuen. Also, such dir solche Menschen. Neben meinen Seminaren biete ich auf meiner Online-Plattform, der Achtsamkeits-Academy, zum Teil sehr tiefgreifende Online-Kurse an – und was den Mitgliedern dort mitunter am meisten hilft, ist das Wissen um die Gemeinschaft drumherum, mit der sie jederzeit in Kontakt sein können. Es gibt regelmäßig Live-Webinare mit mir, außerdem Gruppen, in denen man sich online austauschen kann, und Stammtische im ganzen deutschsprachigen Raum, wo sich die Teilnehmer live treffen. So entsteht eine wundervolle Gemeinschaft, die sich gegenseitig mit Mitgefühl und Ratschlägen unterstützt und durch alle möglichen Lebensphasen begleitet.

3. Liebevoll mit dir umgehen

Zu gesunden und bewussten Gewohnheiten unterwegs zu sein bedeutet keinesfalls, dass du dich bei jedem Abweichen vom Plan selbst verurteilst, hart zu dir bist und alles mit strenger Disziplin ausführst. So wie wir unseren Geist in der Meditation schulen, indem wir ihn immer wieder liebevoll zurück zum Atem holen, so darfst du auch liebevoll mit dir umgehen, wenn du deine neuen Gewohnheiten einmal vergessen hast. Erinnere dich freundlich daran, wieder zu ihnen zurückzukehren.

Die ersten Jahre meiner eigenen meditativen und achtsamen Reise waren zugegebenermaßen durch eine gewisse Härte geprägt, und ich habe mich oft selbst verurteilt, wenn ich bemerkte, dass ich mal wieder unbewusst war, in alte Gewohnheiten zurückfiel und etwas nicht umsetzen konnte, was ich eigentlich wusste. Erst mit den Jahren habe ich gelernt, dass ich mit dieser Haltung auf dem Holzweg war. Gerade in den Momenten, in denen wir etwas nicht schaffen – zum Beispiel unsere guten Vorsätze einzuhalten und die neuen Gewohnheiten zu leben –, dann ist es besonders wichtig, liebevoll mit sich umzugehen.

> Zu dir zu finden ist kein Wettkampf, und du kannst dabei nichts falsch machen. Schließlich bist du auf dem Weg zu deinem Kern, der reine Liebe ist. Wie könntest du über Härte, Urteile und Frust dahin gelangen?

Das erinnert mich an eine Frage, die ich vor einiger Zeit von einer Teilnehmerin meiner Academy gestellt bekam. Katharina war eine Frau in den Mittdreißigern. In ihrem Job lief es ganz gut, sie hatte einen Partner und einen Freundeskreis, aber so richtig zufrieden war sie mit ihrem Leben nicht. In ihrer Vorstellung gab es bestimmte Ziele, die sie zu erfüllen hatte, bevor sie endlich Zufriedenheit erlangen konnte. Ganz besonders schwierig war für sie das Thema Akzeptanz und Annahme. »Ich möchte doch nichts akzeptieren, das ich falsch gemacht habe oder besser machen könnte!« An diese Sätze kann ich mich gut erinnern. Ich fragte sie: »Würdest du so mit deiner besten Freundin umgehen, wenn bei ihr mal etwas schiefgegangen ist?«

Sie besuchte meinen Kurs zum Thema Selbstliebe – und was nach nur wenigen Wochen zurückkam, war wirklich herzergreifend. Sie berichtete, dass sich ihr Alltag anfühle, als hätte sie einen schweren Rucksack abgelegt. Jedes Mal, wenn sie mit sich selbst hart ins Gericht ging, dachte sie nun aktiv daran, ob sie so mit ihrer besten Freundin sprechen würde? Auf diese Weise konnte sie sich einen völlig anderen Umgang mit sich selbst antrainieren. Einen liebevollen! Sie schrieb nun auch, dass sie wieder mehr Freude an ihrer Arbeit hatte und ihre Beziehung tiefer und authentischer wurde, weil ihre Angst, etwas nicht richtig zu machen, mit jedem Tag kleiner wurde.

Vielleicht klingt das für dich nur nach einem recht unbedeutenden Beispiel für Veränderung. Doch für mich stellt es sich so dar: Auf unserem Planeten existiert jetzt eine Person mehr, die gelernt hat, liebevoll mit sich umzugehen, und die das auch in ihr Umfeld überträgt.

Dein Aufwachen ist wichtig für die Welt

Auf diesem wunderschönen Planten, der uns beherbergt, gibt es derzeit einige Herausforderungen, denen wir uns stellen dürfen. Das Klima wandelt sich, unsere Meere sind voller Plastikmüll, die Weltbevölkerung wächst rapide. Gleichzeitig schwinden die natürlichen Ressourcen; Kriege und Konflikte flammen immer wieder auf, die rasante technologische Entwicklung kann noch nicht vorhersehbare gefährliche Ausmaße annehmen. Ein Virus legt die Weltwirtschaft lahm; wir haben unfaire Löhne, Diskriminierung und Korruption, Armut und Hunger, fehlende Bildung und noch so vieles mehr.

Die gute Nachricht ist, dass wir heute in einer Zeit leben, in der es den meisten Menschen besser geht als je zuvor. Das heißt also, dass wir für so vieles bereits Lösungen gefunden haben. Viele Krankheiten können heute geheilt oder vermieden werden, es gibt insgesamt weniger Armut und weniger Kriege. Ich finde, es ist wichtig, dass wir uns das zwischendurch vor Augen halten.

Natürlich gibt es nach wie vor mehr als genug Herausforderungen für unsere Generation und die Generationen, die nach uns kommen. Die Frage ist: Wie begegnen wir diesen am besten? Eine Antwort auf das »Was« habe ich nicht. Ich kann nicht sagen, was wir tun sollten. Aber die Antwort auf das »Wie« kenne ich. Mahatma Gandhi hat sie uns zu Zeiten der bedeutendsten und größtenteils friedvollen Revolution der Menschheitsgeschichte vorgelebt.

> »Sei du selbst die Veränderung, die du dir wünschst für diese Welt«, sagte Gandhi.

Was meinte Gandhi damit?

Du weißt mittlerweile, dass deine Gedanken deine Emotionen beeinflussen und deine Emotionen deinen Körper in Bewegung und zum Handeln bringen. Also kannst du dir jetzt folgende Fragen stellen: Durch welche Energien wurde all dieses Leid auf dem Planeten im ersten Schritt erschaffen? Und kennst du diese von dir selbst?

Welche Energie steckt in jemandem, der achtlos Plastikmüll in die Meere wirft? Welche Energie steckt in Menschen, die Regenwälder abholzen oder systematisch abbrennen lassen? Welche Energie steckt in jemandem, der Kriege führt? Welche Energie steckt in jemandem, der korrupt versucht, nur seine eigene Tasche zu füllen?

Vereinfacht geantwortet sind es die Energien von Angst, Wut, Neid, Schuld, Hass und Gier, die Leid in die Welt tragen. Die Angst vor Verlust kann korruptes oder fahrlässiges Verhalten erzeugen. Mangelnde Selbstliebe lässt uns auch liebloser mit anderen Menschen umgehen. Hass und Neid sorgen für Streit und führen gepaart mit Angst letztendlich auch zu Krieg.

Nehmen wir das Beispiel der künstlichen Intelligenz. Wenn wir den Zukunftsforschern Glauben schenken, wird die künstliche Intelligenz die geistige Kapazität des menschlichen Gehirns in den nächsten Jahrzehnten überholen. In Teilbereichen hat sie das schon längst. Die spannende Frage ist nun, ob uns diese Intelligenz dienen oder uns das Leben (um es milde auszudrücken) kaputt machen wird?

Ich bin überzeugt: Wenn die Programmierer, die entsprechenden Konzerne und die Regierungen diese Entwicklung aus Gründen wie Angst, Gier und Kontrolle vorantreiben, wird das uns Menschen und unseren Planeten langfristig zerstören. Wenn die künstliche Intelligenz dagegen mit einem ethischen Kompass, aus Mitgefühl, im Wunsch, der Welt zu dienen und

Liebe und Freude zu erschaffen, weiterentwickelt wird, dann wird sie uns dienen. Egal, um welchen Bereich es sich handelt, die Richtung, in die sich die Welt entwickelt, wird in uns allen festgelegt und nicht im Außen.

Viele belächeln Menschen, die vom Weltfrieden sprechen. Für die meisten ist es ein utopisches, unerreichbares Szenario. Wenn wir aber davon ausgehen, dass Hass, Neid, Angst oder Gier immer erst mal nur in einem Menschen entstehen und wachsen, dann ist es umgekehrt genauso der Fall! Frieden kann nur Stück für Stück in die Welt gebracht werden, wenn immer mehr Menschen im Frieden mit sich selbst sind und friedfertig leben. Ebenso ist es mit der Liebe. Wenn mehr und mehr Menschen anfangen, sie in sich zu finden und sich selbst zu lieben, können sie diese Liebe Stück für Stück in die Welt bringen.

Das wiederum bedeutet, dass die Menschen die Fähigkeit erlernen müssen, schwierige Emotionen in sich zu lösen, statt sie auf die Welt zu projizieren. Sie müssen lernen, wie man Stufe um Stufe die Skala der Emotionen hinaufwandern kann. Sie müssen zu Menschen werden, die liebevoll und gesund mit sich umgehen. Zu Menschen, die fest im jetzigen Moment verankert sind.

Im Grunde ist es also ganz einfach: Wenn du dich um dich kümmerst, kümmerst du dich um die Welt. Wenn du dich um die Welt kümmerst, kümmerst du dich um dich. Du, deine Mitmenschen und die Welt sind eine Einheit.

Auch wenn du das vielleicht noch nicht direkt
in der Meditation oder im Leben erfahren hast,
ist es eine unumstößliche Wahrheit:
Du und die Welt sind eins!

Diese Wahrheit zu verstehen und zu leben schließt das Vertrauen ein, dass ein gesunder Umgang mit dir, gesunde Gedanken, positive Emotionen und damit ein friedvolles Verhalten all das auch in der Welt erzeugt. Die Welt, die du positiv beeinflusst, schenkt dir wiederum, was du zum Leben brauchst. Wenn du dich um dich und um die Welt kümmerst, sorgst du dafür, dass das Ökosystem Erde in einer harmonischen Einheit mit dem Menschen weiter funktionieren kann.

Ich bin mir vollkommen sicher, dass dieser Planet auch ganz gut ohne die Spezies Mensch auskommt. Der Weltbiodiversitätsrat zeigt auf, dass in den kommenden Jahren und Jahrzehnten eine Million Arten vom Aussterben bedroht sind – und wenn wir so weitermachen, werden wir irgendwann dazugehören. Unser Planet lässt sich nicht mit der nächsten technologischen Revolution oder Erfindung retten.

Das nötige Umdenken muss in uns passieren, indem wir anfangen, unsere emotionalen Wunden zu heilen, indem wir anfangen, liebevoller mit uns umzugehen, indem wir anfangen, achtsam unsere Gedanken wahrzunehmen. Wenn wir die Veränderung in uns leben, tragen wir sie auch nach außen und sorgen dafür, dass auch kommende Generationen das Geschenk des menschlichen Lebens erfahren dürfen. Was die Welt braucht, ist weniger Hass und mehr Liebe, weniger Angst und mehr Mut, weniger Ablehnung und mehr Mitgefühl. Weniger Gier und mehr Güte. Liebe, Mut, Mitgefühl, Güte und Freude sind natürliche Eigenschaften, die sich einstellen, wenn du aufwachst.

Indem du aufwachst, bringst du nicht nur Liebe, Freude und Schönheit in dein Leben, sondern auch in das Leben deiner Liebsten. Und diese beeinflussen wiederum ihr Umfeld. Jede und jeder Einzelne von uns kann im Kleinen oder im Großen mehr Liebe, Mitgefühl und Freude auf diesen Planeten bringen – und damit verändert sich alles!

Die Idee hinter diesem Buch war, meinem Sohn ein Werk zu hinterlassen, in dem er alles findet, um ein erfülltes Leben führen zu können. Beim Schreiben erkannte ich immer deutlicher, dass es nicht nur ein Werk für ihn, sondern für unseren Planeten ist. Für uns alle. Für dich. Du darfst (so wie wir alle) aufwachen und mit deinem erwachten Geist vorleben, wohin es für uns gehen kann. Ich bin davon überzeugt, dass wir gerade am Scheideweg unserer Menschheitsgeschichte stehen. Es gibt zwei Möglichkeiten: Wir können uns in Richtung Abgrund und Leid bewegen oder uns um 180 Grad wenden und in uns und um uns einen wundervollen Planeten erschaffen, wo wir in mehr Harmonie und Freude leben. Wenn ich in die Augen der Menschen meiner Gemeinschaft blicke, der vielen tausend Menschen, die ich in Seminaren und Coachings begleiten durfte, und der hunderttausend Menschen, denen ich online begegne, dann berührt es mein Herz und schenkt mir die Hoffnung, dass wir es gemeinsam schaffen und uns für den Weg der Bewusstheit, der Liebe und der Freude entscheiden.

Danke, dass du ein Teil dieser Gemeinschaft bist!

In großer Hochachtung und tiefer Dankbarkeit,
dein Peter Beer

Danksagung

Ein Buch kann kaum ohne Unterstützung und Inspiration entstehen. Deswegen möchte ich mir die Zeit nehmen, um danke zu sagen. Danke an all die wundervollen Menschen, die mich jeden Tag begleiten. Zuallererst natürlich meiner Frau Anna, mit der ich so liebevoll und freudvoll der Welt begegnen darf. Die mich begleitet und nicht nur in den schönen, sondern besonders in den schwierigen Zeiten immer hinter mir steht. Meinem Sohn Thomas, von dem ich täglich lernen darf. Dem ganzen Team der Achtsamkeits-Academy, das sich jeden Tag hingebungsvoll unserer Mission, die Welt aufzuwecken, widmet: allen voran Cathrina, Johanna und Elisabeth. Sie haben mich bei diesem Werk tatkräftig auch in der wissenschaftlichen Recherche unterstützt und dem ein oder anderen Satz seine besondere Note verliehen. Ein weiterer ganz besonderer Dank geht an meine Zen-Gemeinschaft, allen voraus an meinen Meditationslehrer Zen-Meister Hyon Gak Sunim, in dessen Kloster ich auch dieses Werk schreiben durfte.

Die Audios zu diesem Buch

Geführte Meditationen
Die genannten geführten Meditationen und weitere Extras zum Buch findest du unter:

Website: www.peter-beer.de/meditation
Das Passwort für den internen Bereich ist: JETZT.

Anmerkungen

1 Hier ein paar Beispiele für Studien und Schriften, die die erwähnten Wirkungen der Meditation belegen: Xu, M., Purdon, C., et al. (2017): »Mindfulness and Mind Wandering: The Protective Effects of Brief Meditation in Anxious Individuals«. *Consciousness and Cognition* 51, S. 157. Ebert, D. (1986): Physiologische Aspekte des Yoga und der Meditation. Stuttgart: G. Fischer. Stahl, J. E., et al. (2015): »Relaxation Response and Resiliency Training and its Effect on Healthcare Resource Utilization«. PLOS ONE 10(10). Black, D. S., O'Reilly, G. A., et al. (2015): »Mindfulness Meditation and Improvement in Sleep Quality and Daytime Impairment Among Older Adults with Sleep Disturbances: A Randomized Clinical Trial«. *JAMA internal medicine* 175(4), S. 494–501. Davidson, R. J., Lutz, A. (2008): »Buddha's Brain. Neuroplasticity and Meditation«. *IEEE Signal Processing Magazine* 25(1), S. 176–174. Zeidan, F., Adler-Neal, A. L., et al. (2016): »Mindfulness-Meditation-Based Pain Relief Is Not Mediated by Endogenous Opioids«. *The Journal of Neuroscience* 36(11), S. 3391–3397. Aftanas, L., Golosheykin, S. (2005): »Impact of Regular Meditation Practice on EEG Activity at Rest and During Evoked Negative Emotions«. *The International Journal of Neuroscience* 115(6), S. 893–909. Creswell, J. D., Pacilio, L. E., et al. (2014): »Brief Mindfulness Meditation Training Alters Psychological and Neuroendocrine Responses to Social Evaluative Stress«. *Psychoneuroendocrinology* 44, S. 1–12. Orme-Johnson, D. W., Barnes, V. A. (2014): »Effects of the Transcendental Meditation Technique on Trait Anxiety: A Meta-analysis of Randomized Controlled Trials«. *Journal of Alternative and Complementary Medicine* 20(5), S. 330–341. Alderman, B., Olson, R., et al. (2016): »MAP Training: Combining Meditation and Aerobic Exercise Reduces Depression and Rumination While Enhancing Synchronized Brain Activity«.

Translational Psychiatry 6. Siehe auch unter: https://www.nature.com/articles/tp2015225 [Abruf: 08.01.2021]. Bornemann, B., Herbert, B. M., et al. (2015): »Differential Changes in Self-reported Aspects of Interoceptive Awareness Through 3 Months of Contemplative Training«. *Frontiers in psychology* 5, S. 1504. Jacobs, T. L., Epel, E. S., et al. (2011): »Intensive Meditation Training, Immune Cell Telomerase Activity, and Psychological Mediators«. *Psychoneuroendocrinology* 36(5), S. 664–681

2 Zum Beispiel: Işık, Ş., Ergüner-Tekinalp, B. (2017): »The Effects of Gratitude Journaling on Turkish First Year College Students' College Adjustment, Life Satisfaction and Positive Affect«. *International Journal for the Advancement of Counselling* 39, S. 164–175

3 Csikszentmihalyi, M. (1990): Flow. Das Geheimnis des Glücks. Stuttgart: Klett-Cotta

4 Waldvogel, B., Ullrich, A., Strasburger, H. (2007): »Blind und sehend in einer Person, Schlussfolgerungen zur Psychoneurobiologie des Sehens«. *Nervenarzt* 78, S. 1303–1309

5 Lutzenberger, W., Elbert, T., et al. (1985): Das EEG: Psychophysiologie und Methodik von Spontan-EEG und ereigniskorrelierten Potentialen. Berlin/Heidelberg: Springer

6 Katie, B. (2002): Lieben, was ist: Wie vier Fragen dein Leben verändern können. München: Arkana. Heske, R. (2020): Vier Fragen, die alles verändern: Das große Praxisbuch für The Work nach Byron Katie. München: Gräfe und Unzer.

7 Damásio, A. (1994): Descartes' Irrtum: Fühlen, Denken und das menschliche Gehirn. Berlin: List

8 Brickman, P., Coates, D., Janoff-Bulman, R. (1978): »Lottery Winners and Accident Victims: Is Happiness Relative?«. *Journal of Personality and Social Psychology* 36, S. 917–927

9 Glover, V. (2015): »Prenatal Stress and its Effects on the Fetus and the child: Possible Underlying Biological Mechanisms«. *Adv Neurobiol.* 10, S. 269–283. La Marca-Ghaemmaghami, P., Dainese, S. M., et al. (2017): »Second-trimester Amniotic Fluid Corticotropin-releasing Hormone and Urocortin in Relation to Maternal Stress and Fetal Growth in Human Pregnancy«. *Stress.* 20(3), S. 231–240

10 Hawkins, D. R. (2012): Letting go: The Pathway of Surrender. London: Hay House

11 Carney, D. R., Cuddy, A. J. C., Yap, A. J. (2010): »Power Posing. Brief Nonverbal Displays Affect Neuroendocrine Levels and Risk Tolerance«. *Psychological Science* 21(10), S. 1363–1368. Siehe auch

unter: https://doi.org/10.1177/0956797610383437 [Abruf: 08.01.2021]

12 Cramer, H. (2019): »Meditation in Germany: A Nationally Representative Survey«. *Complementary Medicine Research,* S. 1–8. Siehe auch unter: https://doi.org/10.1159/000499900 [Abruf: 08.01.2021]

13 Van de Veer, E., van Herpen, et al. (2016): »Body and Mind. Mindfulness Helps Consumers to Compensate for Prior Food Intake by Enhancing the Responsiveness to Physiological Cues«. *Journal of Consumer Research* 42(5), S. 783–803. Siehe auch unter: https://doi.org/10.1093/jcr/ucv058 [Abruf: 08.01.2021]

14 Leigh, S. (2016): »Mindful Eating, Meditation May Lead to Better Metabolic Health«. Siehe auch unter: https://www.ucsf.edu/news/2016/03/402171/mindful-eating-meditation-may-lead-better-metabolic-health [Abruf: 08.01.2021]

15 Park, S.-H., Han, K. S. (2017): »Blood Pressure Response to Meditation and Yoga. A Systematic Review and Meta-Analysis«. *Journal of Alternative and Complementary Medicine* 23(9), S. 685–695.
Levine, G. N., Lange, R. A., et al. (2017): »Meditation and Cardiovascular Risk Reduction: A Scientific Statement from the American Heart Association«. *Journal of the American Heart Association* 6(10), S. 1–57. Siehe auch unter: https://www.ahajournals.org/doi/pdf/10.1161/JAHA.117.002218 [Abruf: 08.01.2021]

16 Manikonda, J. P., Störk, S., et al. (2008): »Contemplative Meditation Reduces Ambulatory Blood Pressure and Stress-induced Hypertension: A Randomized Pilot Trial«. *Journal of Human Hypertension* 22(2), S. 138–140. Siehe auch unter: https://doi.org/10.1038/sj.jhh.1002275 [Abruf: 08.01.2021]

17 Schneider, R. H., Grim, C. E., et al. (2012): »Stress Reduction in the Secondary Prevention of Cardiovascular Disease. Randomized, Controlled Trial of Transcendental Meditation and Health Education in Blacks. Circulation«. *Cardiovascular Quality and Outcomes* 5(6), S. 750–758

18 Barrett, B., Hayney, M. S., et al. (2012): »Meditation or Exercise for Preventing Acute Respiratory Infection: A Randomized Controlled Trial«. *Annals of Family Medicine* 10(4), S. 337–346

19 Carlson, L. E., Beattie, T. L., et al. (2015): »Mindfulness-based Cancer Recovery and Supportive-expressive Therapy Maintain Telomere Length Relative to Controls in Distressed Breast Cancer Survivors«. *Cancer* 121(3), S. 476–484

20 Jacobs, T. L., Epel, E. S., et al. (2011): »Intensive Meditation Training, Immune Cell Telomerase Activity, and Psychological Mediators«. *Psychoneuroendocrinology* 36(5), S. 664–681

21 Cherkin, D. C., Sherman, K. J., et al. (2016): »Effect of Mindfulness-Based Stress Reduction vs Cognitive Behavioral Therapy or Usual Care on Back Pain and Functional Limitations in Adults With Chronic Low Back Pain: A Randomized Clinical Trial«. *JAMA* 315(12), S. 1240–1249. Siehe auch unter: https://doi.org/10.1001/jama.2016.2323 [Abruf: 08.01.2021]

22 Wells, R. E., Yeh, G. Y., et al. (2013): »Meditation's Impact on Default Mode Network and Hippocampus in Mild Cognitive Impairment: A pilot study«. *Neuroscience Letters* 556, S. 15–19

23 Innes, K. E., Selfe, T. K., et al. (2017): »Meditation and Music Improve Memory and Cognitive Function in Adults with Subjective Cognitive Decline: A Pilot Randomized Controlled Trial«. *JAD* 56(3), S. 899–916

24 Hölzel, B. K., Carmody, J., et al. (2011): »Mindfulness Practice Leads to Increases in Regional Brain Gray Matter Density«. *Psychiatry Research* 191(1), S. 36–43

25 Tang, Y.-Y., Tang, R., et al. (2013): »Brief Meditation Training Induces Smoking Reduction«. *Proceedings of the National Academy of Sciences of the United States of America* 110(34), S. 13971–13975. Siehe auch unter: https://doi.org/10.1073/pnas.1311887110 [Abruf: 08.01.2021]

26 Bohm, D. (1958): Quantum Theory. New York: Dover Publications, S. 161

Register